서울대 경쟁법센터 경제법총서 02

공정거래법상 온라인 플랫폼의 자사우대

이봉의 · 윤신승 · 주진열 · 정재훈
장 품 · 심재한 · 손동환 · 이선희

박영사

머 리 말

전 세계에서 플랫폼을 중심으로 디지털경제로의 전환이 급속이 이루어지고 있다. 온라인 플랫폼은 전통산업에 대하여 파괴적 혁신자(disruptive innovator)로 등장하고 있으며, 경쟁촉진과 소비자 선택권의 확대 등 긍정적인 효과를 수반한다. 반면, 온라인 플랫폼은 양면 또는 다면시장의 특성상 교차네트워크효과(cross network externalities)와 쏠림효과(tipping effect) 등을 통하여 빠른 속도로 시장지배력을 확장할 소지가 있다. 비교적 규제로부터 자유로운 미국에서 GAFA로 불리는 빅테크가 불과 십여 년 만에 급성장한 것도 온라인 플랫폼의 특성을 잘 보여준다.

디지털경제의 진전과 함께 플랫폼에 고유한 경쟁상 위험이 무엇인지, 기존의 경쟁법적 툴(tool)이 플랫폼의 속성을 적절히 반영할 수 있는지, 데이터와 알고리즘이 어떻게 경쟁을 왜곡할 수 있는지 등 무수히 많은 문제가 제기되고 있다. 그러나 유감스럽게도 디지털경제에서 발생할 수 있는 새로운 경쟁제한행위가 무엇인지, 그러한 위험이 어떤 조건 하에서 현실화될 우려가 있는지 등에 대해서는 다양한 견해만 분분할 뿐 막상 글로벌 스탠더드나 컨센서스는 형성되지 못하고 있다.

최근 유럽의 구글 쇼핑("Google Shopping") 사건을 계기로 시장지배적 플랫폼사업자의 자사우대(self-preferencing)가 관심을 끌고 있다. 우리나라에서도 네이버 쇼핑 사건과 네이버 동영상 사건이 자사우대의 쟁점을 포함하고 있고, 현재 대법원의 판단을 기다리고 있다. 자사우대란 흔히 차별취급의 일 양태로 이해되고 있는바, 경쟁법상 다분히 낯선 평등취급의무를 전제로 온라인 플랫폼의 자사우대라는 문제를 접근하는 데에는 신중할 필요가 있다. 플랫폼 중립성이나 검색중립성이란 과거 필수설비나 그에 준하는 public utilities에 대한 규제원리에서 비롯된 측면이 있음을 부인하기 어렵고, 사후규제보다는 사전규제에 잘 어울리는 것이기 때문이다.

서울대학교 경쟁법센터는 지난 2022년 10월에 온라인 플랫폼의 자사우대 문제를 집중적으로 다루는 세미나를 개최한 바 있고, 자사우대를 공정거래법상 시장지배적 지위남용과 불공정거래행위로 나누어 발제와 토론을 진행하였다. 그 중요성에 비하여 자사우대에 관한 연구성과가 많지 않은 상황에서 세미나의 결과물을 널리 학계 및 실무계와 공유하려는 취지에서 올해 새로이 단장한「경제법총서」제2권으로 이 책을 출간하게 되었다. 자사우대란 양면 또는 다면플랫폼의 성격을 갖는 온라인 플랫폼으로서는 합리적인 전략이자 소비자의 입장에서도 서비스의 질과 선택의 폭을 넓히는 점에서 원칙적으로 유용하게 바라볼 여지가 충분하다. 다만, 제한적인 조건 하에서 시장지배적 온라인 플랫폼의 자사우대가 경쟁사업자를 방해 또는 배제하기 위한 수단으로 활용될 가능성도 배제할 수 없다. 구체적인 사례마다 엄밀한 이익형량(balancing of interests)이 필요한 이유이다.

　　자사우대라는 주제가 온라인 플랫폼을 중심으로 전개되고 있는 경쟁의 새로운 양상을 올바르게 이해할 수 있는 계기가 되고, 이 책이 향후 관련 새로운 입법이나 기존 공정거래법의 해석과 집행에 유용한 기초자료가 되기를 바란다. 이 책을 출간하기까지 여러 분들의 협조가 있었다. 세미나에서 주제발제나 토론을 맡아주었을 뿐만 아니라 추후 원고 형태로 완성하는 수고를 아끼지 않은 윤신승 교수(전남대 법전원), 주진열 교수(부산대 법전원), 정재훈 교수(이화여대 법전원), 장품 변호사(법무법인 지평), 심재한 교수(영남대 법전원), 손동환 교수(성균관대 법전원), 이선희 교수(성균관대 법전원)를 비롯하여 원고를 수합하고 편집·교정을 성실하게 담당해준 박준영 교수(경상국립대학교 법과대학)에게 진심으로 감사의 마음을 전하고 싶다. 끝으로 최근 출판계에 놀라운 변화와 발전을 보여주고 있는 박영사의 안상준 대표와 임재무 전무, 이승현 편집팀장께도 응원과 감사의 박수를 보낸다.

2023년 6월

서울대학교 경쟁법센터장　이 봉 의

차   례

제 2 편　플랫폼의 자사우대와 불공정거래행위 규제

제1편

플랫폼의
자사우대와
남용규제

제1장

디지털플랫폼의
자사 서비스 우선에 대한 경쟁법의 쟁점
— Monopoly Leverage와 Equal Treatment를 중심으로 —

이봉의

디지털플랫폼의
자사 서비스 우선에 대한 경쟁법의 쟁점
— Monopoly Leverage와 Equal Treatment를 중심으로 —

이 봉 의*

I. 서 설

1. 논의의 배경 — 산업 패러다임의 변화

전 세계적으로 거의 모든 산업에서 디지털화가 급속히 진행되고 있다. 아마존(Amazon), 구글(Google), 페이스북(Facebook) 등 미국의 글로벌 플랫폼사업자들은 각자 독자적인 생태계를 구축하면서 기존 오프라인에서의 강자들을 제치고 산업의 경계를 허물며 신산업뿐만 아니라 전통산업의 판도를 바꾸고 있다. 국내에서도 최근 네이버와 카카오는 코로나위기 상황에서 오히려 시가총액 기준 10위권 안에 자리 잡았고,[1] 이들 각각의 시가총액은 이동통신 3사의 시가총액 합계를 능가하고 있다. 4차산업혁명을 선도하는 AI, Big Data 등도 플랫폼에서 통합되어 이들의 경쟁력을 구성하는 요소로서 그 중요성을 과시하고 있다.

이처럼 현재 전 세계 산업에 불어 닥치고 있는 근본적인 변화(fundamental changes)는 플랫폼경제라는 말로 축약할 수 있다. 종래 C−P−N−D로 표현되는 ICT산업의 가치사슬에서 온라인 플랫폼을 중심으로 산업이 재편되고 있을 뿐만 아니라, 전통적인 ICT 분야를 넘어 전 산업의 핵심으로서 플랫폼이 주도권을 잡아가고 있다. 이러한 변화에 신속하게 대응하지 못한 전통적인 대기업은 생존을 걱정하는 상황이 되었고, 플랫폼분야에서도 경쟁은 무한으로 확장되고 있다.

온라인 플랫폼은 신·구산업에서 치열한 갈등을 야기하기도 하는데, 대표적

---

* 법학박사(Dr. Ius), 서울대학교 법학전문대학원 교수.
1) 2020년 7월 10일 기준으로 네이버는 시가총액 약 49조 원으로서 국내 유가증권시장에서 삼성전자와 SK하이닉스에 이어 3위를 차지하였고, 카카오는 약 31조 원의 시가총액으로 7위를 차지하였다.

으로 모빌리티의 경우 우버(Uber)를 시작으로 각국의 차량공유플랫폼이 기존의 면허제도 하에서 운영되던 택시업계와 생존을 다투고 있고, 이러한 현상은 음식 배달플랫폼이나 숙박공유플랫폼 등에서도 흔히 발견된다.[2] 이와 같은 갈등은 온라인 플랫폼이 산업간 경계를 허물면서 경쟁을 촉발하는 동인(動因)이라는 사실을 극명하게 보여준다.[3] 온라인 플랫폼은 단지 오프라인 공급자와 소비자를 연결시켜주는 역할에 그치는 것이 아니라 4차산업혁명에 수반되는 각종 기술혁신을 흡수·통합하여 소비자편익을 증대시키고 새로운 가치를 창출하고 있다. 산업정책의 관점에서도 초기 산업화에 뒤진 우리나라가 디지털산업에서 주도권을 갖기 위해서는 플랫폼경제에 대한 깊은 이해와 관심이 필요하고, 그에 맞는 규제개혁과 제도정비가 시급한 과제라고 할 수 있다.

2. 플랫폼의 경쟁법적 이슈

온라인 플랫폼은 혁신과 경쟁을 촉진하고 소비자후생에 기여하는 측면이 강한 반면, 경쟁정책상 새로운 도전을 던지고 있다. 양면 플랫폼의 교차네트워크효과(cross network effect)에 기초하여 급속하게 독과점이 진행되기도 하고, 플랫폼들 간의 M&A는 데이터의 집중이라는 새로운 이슈를 야기하며,[4] 종전에는 생각할 수 없던 알고리즘(algorithm) 담합은 기존의 '합의' 개념을 다시 생각하게 하고, 플랫폼에 종속된 공급업자에 대한 각종 불공정거래행위가 사회문제로 제기되기도 한다. 대규모 플랫폼의 등장은 기존의 재벌체제와 경제력집중 억제시책에 대해서도 근본적인 재검토를 요구하고 있다.

보다 구체적으로 플랫폼이 가치사슬의 핵심으로 등장하면서 경쟁법분야에서는 전에 없던 논쟁이 치열하게 전개되고 있다. 먼저, 플랫폼이 양면 또는 다면시

---

2) 이봉의, "4차 산업혁명시대, 정부규제의 역할은 무엇인가", 「대한민국 ICT의 미래, 어떻게 준비할 것인가」, 한울아카데미, 2018, 196면 이하.

3) 예컨대, 소셜커머스로 출발한 쿠팡은 직매입에서 중개서비스로 전환한데 쿠팡잇츠 서비스를 출시함으로써 배달의 민족이나 요기요 등 종래 별개의 서비스로 여겨지던 음식배달서비스를 중개하는 플랫폼들과 경쟁관계에 돌입하게 되었다.

4) 흔히 사용되는 데이터 독점(data monopoly)이라는 용어는 다른 기업이 시장에 진입하기 곤란할 정도도 특정 기업만이 보유하고 있는 데이터(proprietary data)를 독점의 일 형태(a form of monopoly)로 고려할 수 있다는 의미로서 전통적인 경쟁법에서 상정하는 시장의 독점과는 차이가 있다. 배타적으로 보유한 데이터가 진입장벽으로 작용할 수 있다는 주장으로는 Kira Radinsky, "Data Monopolists Like Google Are Threatening the Economy", Harvard Business Review March 2015, p.2.

장의 성격을 갖는다는 점에서 관련시장을 전체 플랫폼으로 획정할 것인지 아니면 각 면(side)으로 획정할 것인지가 다투어지고 있다. 전자의 경우 교차외부효과에 착안하여 양면을 종합적으로 고려하여 경쟁관계를 파악하여야 한다는 취지로서, 최근 미국의 AMEX 판결[5]을 계기로 나름 설득력을 얻어가고 있다. 반면, 후자의 경우에는 이른바 수요시장관념(Bedarfsmarktkonzept)이 여전히 유효하고 각각의 이용자그룹에 따라 가격탄력성이 상이하다는 점을 들어 각각의 면별로 거래상대방의 관점에서 시장을 획정하여야 한다는 입장이다. 종래 공정거래위원회의 실무나 다수설은 후자의 입장을 취하고 있는 것으로 보인다.[6] 여전히 난점은 어떤 플랫폼이 새로운 서비스를 출시한 경우에 그와 유사한 기존 서비스를 하나의 관련시장으로 볼 것인지 여부이다. 개별 사례에 따라 달라질 수 있으나, 적어도 이들 간에 상당한 대체가능성이 인정될 경우에는 그 중 신규서비스에 제로 레이팅(zero rating)을 적용하더라도 관련시장 전체적으로는 경쟁제한효과가 발생하기 어렵다는 지적은 나름 경청할 만하다.[7]

플랫폼을 둘러싼 또 다른 쟁점은 시장지배력 내지 시장지배적 지위를 어떻게 판단할 것인지에 관한 것으로서, 특히 플랫폼이 이용자에게 무료 서비스(free service)를 제공하는 경우에도 경쟁법상 '시장'을 인정할 수 있는지, 일견 가격이 존재하지 않는 시장에서 지배력은 어떤 기준으로 판단할 것인지가 다투어지고 있다. 독일 경쟁제한방지법 제9차 개정에서는 무료서비스라고 하여 경쟁법상 시장의 존재를 부인할 수 없다는 점을 명시적으로 선언하였으나 이론적으로는 여전히 다툼의 소지를 안고 있다.[8]

이 글에서는 관련시장 획정과 지배력 판단을 거쳐 일응 어떤 플랫폼이 기존의 (무료)서비스시장에서 지배적 지위를 갖는 경우에도 그 지배력을 인접시장으로 전이한다는 논리가 과연 공정거래법상 시장지배적 지위남용을 인정하는 규범

---

5) US Supreme Court, Ohio v. American Express Co., 585 U.S. __(2018).

6) 이봉의, "ICT 분야 플랫폼의 개념과 경쟁법적 함의", 『경쟁과법』 제7호(2016. 10), 15, 16면 이하.

7) Denger/Herfort, "Predatory Pricing Claims after Brooke Group", 62 Antitrust Law Journal 551 (1994).

8) 무료서비스시장에 대해서는 Kahlenberg/Heim, Das deutsche Kartellrecht in der Reform: Überblick über die 9. GWB−Novelle, Betriebs−Berater, 2017, S.1155, 1156. 그렇다고 해서 무료서비스가 제공되는 경우에 자동적으로 경쟁법상 의미 있는 '시장'이 성립한다는 것은 아니다. 이와 다른 견해로는 Petra Pohlmann, "9. GWB Novelle und Digitalisierung: Innovative oder innovationshemmende Gesetzgebung?" WuW 2016.12, S.563.

적 기초로 수용될 수 있는지를 비판적으로 살펴보고자 한다. 특히, 시장지배적 플랫폼이 인접시장으로 지배력을 전이하는 수단으로 지적되는 '자사서비스 우선' 정책을 중심으로 살펴보기로 한다. 이 글에서는 공정거래위원회 실무나 판례와 마찬가지로 지배력전이와 레버리지이론을 동일한 의미로 사용하기로 한다.[9]

3. 문제제기 및 논문의 구성

시장지배적 플랫폼사업자는 자신의 상품이나 서비스를 광고하거나 판촉활동을 수행함에 있어서 경쟁자의 상품이나 서비스를 자신과 동일하게 취급하여야 할 경쟁법적 의무를 지는가? 이른바 동등취급의무를 논하는 법적 근거는 무엇이고, 시장지배적 플랫폼사업자가 자사의 상품이나 서비스를 우선하는 행위가 동 의무를 위반하는 차별취급으로서 당연히(*per se*) 남용으로 규제되어야 하는가? 레버리지이론과 동등취급의무는 어떻게 연결되어 있는가? 궁극적으로 공정거래법상 남용심사에서 레버리지이론이 규범적 의미를 가질 수 있는가?

이와 같은 일련의 의문을 갖게 된 결정적인 계기는 바로 2017년 유럽집행위원회가 내린 "구글 쇼핑" 결정[10]이다. 이 사건에서는 구글이 일반검색서비스의 검색결과 페이지에서 경쟁관계에 있는 다른 비교쇼핑서비스를 불리하게 노출한 행위 ─ 결과적으로 자신의 비교쇼핑서비스를 유리하게 노출한 행위 ─ 를 유럽기능조약 제102조 본문이 정하는 남용(동조 c호의 차별취급이 아님!)에 해당하는지가 다투어졌고, 유럽집행위원회는 구글의 전문검색알고리즘의 설계(design) 자체를 문제 삼은 것이 아니라 일반검색서비스시장에서의 시장지배력을 비교쇼핑서비스시장으로 전이하였다는 이유로 남용을 인정하였던 것이다.[11]

공정거래위원회가 유럽의 사례를 중요한 선례로 참고하는 최근의 경향을 감안할 때, 국내에서 주요 플랫폼사업자들이 자사서비스를 우선하는 전략을 채택할 경우 자칫 언제든지 지배력전이를 이유로 금지될 수 있다는 점에서 동 이론에 대

---

9) 신영수, "최근의 방송─통신 결합판매에 관한 경쟁법적 쟁점"『IT와 법연구』, 제7집(2013), 48면; 주진열, "티브로드 사건에 대한 고찰: 시장지배력전이 이론을 중심으로", 『경쟁법연구』 제25권(2012), 244면.

10) EU Commission, Case AT.39740 ─ Google Search (Shopping), 27. 06. 2017. Google Search 사건이라고도 불린다.

11) 2017년 구글 사건을 소개하는 문헌으로 이기종, "다면시장에서의 배제적 행위와 시장지배적 지위 남용금지 ─ EU의 구글 쇼핑 심결과 구글 안드로이드 심결을 중심으로", 『경제법연구』 제17권 제3호(2018), 191~210면.

한 법적 분석과 평가는 매우 중요한 의미를 가진다. 이러한 배경 하에 이 글에서는 먼저 플랫폼경제에서 나타나는 주요 특징들을 살펴보고, 그것이 시장경쟁을 위협하는 도전인지 아니면 경쟁과 혁신을 촉진하고 소비자이익을 획기적으로 제고할 수 있는 기회인지를 살펴보고, 바람직한 경쟁법·정책의 방향을 제시하고자 한다(Ⅱ). 이어서 주요국, 대표적으로 미국과 유럽에서 레버리지이론을 어떻게 이해하고 있는지, 동 이론이 경쟁법에 수용될 수 있는 법리(legal doctrine)로서 자리 잡고 있는지 여부를 살펴보고, 무엇보다 전통적인 레버리지이론에 따를 경우 남용을 인정하기 위한 핵심요소가 무엇인지를 찾아보고자 한다(Ⅲ).

나아가 "구글 쇼핑" 사건을 중심으로 레버리지이론과 함께 동등취급의무와 그 밑에 깔려 있는 이른바 특수책임론(special responsibility)을 살펴보고, 공정거래법상 이들 법리가 실무상 어떤 실익을 가질 수 있는지, 유럽의 사례를 참고함에 있어서 유의하여야 할 점은 무엇인지를 비판적인 시각에서 살펴보고자 한다(Ⅳ). 이를 기초로 공정거래법상 남용심사에 있어서 지배력전이를 둘러싼 몇 가지 쟁점을 차례로 분석하기로 한다(Ⅴ). 무엇보다 공정거래법상 지배력전이가 별도의 남용유형에 해당할 수 있는지, 포스코 판결[12]에 비추어 지배력전이가 어떤 조건 하에서 경쟁제한성(의도/목적)과 관련성을 가질 수 있는지, 지배력전이와 관련하여 경쟁당국의 입증책임은 어떻게 달라지는지 등을 살펴볼 것이다.

Ⅱ. 플랫폼경제의 주요 특징: 경쟁에 대한 도전인가 기회인가?

1. 플랫폼의 다각화와 경쟁효과의 양면성

디지털 플랫폼이 주도권을 갖는 분야에서 기업들은 플랫폼의 구축과 확장에 사활을 걸 수밖에 없다. 플랫폼시장은 초기에 네트워크 외부효과(network externalities)나 승자독식효과(winner-takes-it-all effect)로 인하여 급속히 집중되는 경향을 보이기도 한다.[13] 이러한 효과를 강조할 경우에는 특정 플랫폼이 시장지배력을 쉽게 얻을 수 있다는 점에 주목하게 되나, 구체적인 사례에서는 가격·

---

12) 대법원 2007. 11. 22. 선고 2002두8626 전원합의체 판결. 경쟁제한효과가 이미 발생한 경우에는 그러한 의도가 사실상 추정될 수 있다.

13) 송태원, 『인터넷 플랫폼 시장에서의 공정경쟁 확보에 관한 법적 연구』, 고려대학교 법학박사 학위논문(2018), 24면 이하, 26면.

품질경쟁 외에 서비스경쟁 내지 혁신경쟁이 제대로 작동하고 있는지를 면밀히 살펴볼 필요가 있다.

그런데 이용자의 입장에서 멀티호밍(multi-homing)이 이루어지는 경우에는 잠금효과(lock-in effect)가 크지 않고 그만큼 전환비용도 낮으므로 막상 온라인 플랫폼분야에서 독과점이 장기간 고착되기란 매우 어렵다. 더구나 전통산업에서 기왕의 독과점구조란 혁신적인 새로운 플랫폼의 등장으로 인하여 깨지기 쉽다. 플랫폼 간 치열한 경쟁과정에서 새로운 플랫폼은 양면에 놓인 서비스공급자와 이용자에게 보다 매력적인 플랫폼이 되기 위하여 꾸준히 새로운 특성과 장점을 가진 서비스를 추가하거나 인접시장의 스타트업을 M&A하는 방식으로 다각화를 이루어가고, 이것이 바로 근자에 전 세계적으로 목격되는 플랫폼의 다각화 (conglomerate) 현상인 것이다.[14]

대표적으로 온라인쇼핑에 있어서 인터넷검색서비스의 의미와 기능이 근본적으로 변화하고 있다. 쇼핑검색의 경우 페이스북이나 카카오와 같이 SNS분야에서 막강한 지배력(super power)을 보유한 플랫폼사업자가 다양한 상품·서비스를 검색하는 기능을 제공하고 있을 뿐만 아니라 심지어 동영상검색에 관한 한 글로벌 No.1인 유튜브 조차 쇼핑검색에 활용되고 있다. 전통적인 포털사이트는 물론이고 오픈마켓 또한 매우 광범위한 쇼핑검색기능을 갖추고 있음은 물론이다.

또한 쇼핑검색서비스를 제공하는 플랫폼은 단순히 특정 상품·서비스를 판매하는 사업자를 검색결과로 나열하여 보여주는데 그치지 않고 소비자의 편의에 맞게 선택에 필요한 상품정보를 제공할 뿐만 아니라, 이를 통하여 소비자와 판매업자를 직·간접적으로 중개하고, 나아가 결제와 배송까지 서비스영역을 확장하고 있다.[15] 이와 같이 검색에서 중개·결제 및 배송으로의 서비스 확장은 전 세계적으로 대부분의 유통플랫폼에서 목격되는 현상이다. 이를테면 트립어드바이저(TripAdvisor)나 트리바고(trivago)와 같은 메타검색엔진(meta search engines)은 단순한 가격비교에서 출발하였으나 급속히 중개서비스로 영역을 확장한 바 있다.[16] 가히 '복합기업의 귀환'(return of the conglomerate)[17]이라고 할 만하다.

---

14) 일찍이 Rakesh Sharma, "Amazon, Facebook, Google, And The New Tech Conglomerate", Forbes Aug. 9. 2014.

15) Daniel A. Crane, "Search Neutrality as an Antitrust Principle", Public Law and Legal Theory Working Paper Series Working Paper No. 11-016, University of Michigan Law School Empirical Legal Studies Center, 2011.

따라서 주로 전통적인 일반검색서비스를 염두에 두고 경쟁관계를 파악하거나 급변하는 온라인쇼핑시장에서의 지배력을 분석할 경우에는 플랫폼 기반의 경쟁에 내재된 동태적 성격을 간과할 우려가 있고, 과거 특정 시점의 협소한 시장획정에만 의존하여 쇼핑검색과 중개, 결제 등을 각기 따로 분석함으로써 이들 연관서비스를 망라하는 새로운 통합서비스의 제공에 따른 경쟁촉진효과를 포착하지 못할 우려가 있다.

어떤 플랫폼이 초기의 서비스분야에서 혁신과 효율을 기반으로 일시적인 지배력을 확보하게 되더라도 그것은 무료서비스를 통한 이용자확보에 기반을 두는 경우가 대부분이다. 따라서 안정적인 수익을 확보하기 위하여 이들은 흔히 기존 서비스분야의 경쟁력을 기반으로 인접서비스(adjacent offerings)를 비롯한 관련 서비스분야로 확장하는 추세를 보이게 된다. 이때, 플랫폼이 서비스 다각화를 추진하면서 발생하는 다양한 양태를 경쟁법상 문제 삼는 대표적인 이론적 근거는 바로 '지배력전이' 이론(leverage theory)이다. 이때 레버리지를 위한 대표적인 수단 중 하나가 바로 자신의 인접서비스를 보다 유리하게 취급하는 것이고, 구글쇼핑의 자사 서비스 우대조치(self-favouring)나 애플의 Music Streaming에 대한 페이 서비스 등도 이와 유사한 맥락에서 다투어지고 있다.[18] 전통적인 레버리지 이론은 끼워팔기나 결합판매, 거래거절이나 이윤압착(margin squeeze)을 남용으로 파악하는 논리로 활용된바 있으나, 이때 지배력전이란 어디까지나 지배력의 '이전'(transfer)이지 A시장에서의 장점(merits)을 활용하여 B시장에서 지배력을 형성·강화하는 것은 아니라는 점에 유의하여야 한다.

여기서 확실한 것은 레버리지를 위한 수단은 매우 다양하고 그에 따른 경쟁효과는 많은 경우에 양면적이라는 점이다. 다각화의 과정에서 플랫폼이 취하는 전략적 선택이 자신의 성과와 무관하게 지배력을 이전하는지 여부가 중요한 것이다. 그럼에도 불구하고 자사서비스 우선과 같이 일부 행위는 그것이 성과경쟁(competition on the merits)에 부합하는지 여부가 명확하지 않다는 점에서 경쟁

---

16) Christoph Stadler, "Me first! or Why The Bundeskartellamt Approach in the Hotel Platform Cases Is an Unfortunate Precedent", ZWeR 2016.1, S.5.

17) Yong Lim, "Tech Wars: Return of the Conglomerate — Throwback or Dawn of a New Series for Competition in the Digital Era?", Journal of Korean Law, Vol. 19, February 2020, pp.48~53.

18) EU Commission, Press Release "Antitrust: Commission opens investigations into Apple's App Store rules", 16 June 2020.

법상 다툼의 소지는 여전히 남아 있다.

2. 플랫폼 경쟁정책의 방향

플랫폼사업자의 서비스 다각화는 그 성질상 인접 내지 관련 시장에 대한 진입을 의미한다. 이때 제기되는 레버리지의 우려는 한 시장에서의 독점력을 이용하여(use; exploit) 다른 인접시장에서 경쟁상 이점(competitive advantages)을 누린다는 것으로서, '인접시장에 대한 진입'과 '레버리지를 통한 지배력전이'는 내용적으로 밀접하게 연계되어 있게 마련이다. 그런데 전자가 경쟁촉진을, 후자가 경쟁제한의 가능성을 내포하고 있다는 점에서 플랫폼의 다각화는 그 관점에 따라 상충되는 효과를 모두 가지게 된다.[19]

과거 지배력전이 이론은 독점력 자체에 대한 불신에서 출발하여, 어느 한 시장에서 지배력을 갖는 플랫폼의 서비스 확장이 일응(prima facie) 경쟁제한의 의도나 효과만을 갖는 것으로 이해하였다.[20] 신(新) 브랜다이지언(Neo—Brandeisians)에서 나타나는 플랫폼 공포증(platforbia)도 근본적으로 이와 다르지 않다.[21] 이에 대하여 시카고학파는 효율성 증대나 소비자후생 증대를 가져오는 레버리지도 종종 발생하며, 특히 플랫폼경제에서는 이것이 오히려 일반적인 현상이라는 점을 지적하고 있다.[22] 이러한 긍정적 효과는 예컨대 포털이 운영하는 유통플랫폼의 경우 쇼핑검색과 쇼핑몰개설, 결제서비스 등을 통합하여 원스톱 서비스를 제공하고, 그 결과 기존의 소수 사업자가 시장을 장악하고 있던 오픈마켓시장에 강력한 경쟁압력을 제공하는 경우에 두드러지게 나타날 수 있다.

이러한 현상을 달리 표현하자면 기존의 플랫폼이 추가로 다른 서비스시장에 진입하는 형태로 진화·발전하고 있고, 경쟁법·정책은 이러한 다각화에 내재된 경쟁촉진의 잠재력을 감안하여 이용자 후생을 증대시키고 기존의 독과점을 완화

---

19) 신·구산업이 충돌하는 지점에서 이 문제는 종종 플랫폼 대기업의 시장진입과 중소사업자·자영업자 보호의 이슈와 맞물리기도 한다. 우리나라에서는 '타다'를 둘러싼 논란은 플랫폼을 둘러싸고 이용자이익과 경쟁촉진의 장점과 기존 면허사업자의 이익 사이의 충돌로 드러난 바 있다.

20) Patrick F. Todd, "Digital platforms and the leverage problem", 98 Neb. L. Rev. 487, 504, (2019).

21) Lina M. Khan, The New Brandeis Movement: America's Antimonopoly Debate, 9 J. Eur. Competition L. & Practice 131 (2018).

22) 이른바 경쟁촉진적 레버리지에 대해서는 O'Donoghue/Padilla, The Law and Economics of Article 102 TFEU, 2nd ed., Hart Publishing, 2013, p.251.

하는 혁신플랫폼의 등장을 촉진하면서 혹시라도 발생할 수 있는 경쟁제한의 폐해를 합리적인 방식으로 제거하는 데에 관심을 두어야 한다. 가장 최악의 시나리오는 경쟁당국이 기존의 소수 기득권사업자의 유지·존속에 초점을 맞추어 경쟁법을 과잉집행(over-enforcement)함으로써 새로운 혁신서비스의 출시를 억제하고 결과적으로 유효경쟁 및 소비자후생을 저해하는 것이다.[23]

시장지배적 지위남용 규제가 비록 과거의 행태에 대하여 공정거래법의 잣대를 대는 것이기는 하나, 부당성 내지 경쟁제한효과를 판단함에 있어서 관련 산업의 특성(예컨대, 시장구조와 동태적 성격 여부, 혁신의 중요성 등)을 적극적으로 고려하여 미래지향적인 관점을 유지할 필요가 있는 것이다. 적어도 혁신을 선호하는 소비자선택이 다른 경쟁사업자의 고객을 빼앗는다는 지극히 경쟁적인 과정을 막연히 결과만을 놓고 경쟁을 제한하는 행위로 파악하는 우(愚)를 범해서는 안 될 것이다.

Ⅲ. '지배력전이' 관련 비교법적 검토

지배력의 전이(leveraging)란 그 개념이 모호할 뿐만 아니라 다분히 이론 (theory)의 성격이 강하다. 이를테면 지배력전이란 "하나의 상품시장에서 독점력을 가지고 있는 사업자가 이를 이용하여 자신이 독점적 지배력을 가지고 있지 않은, 다시 말해서 유효경쟁이 지배하고 있는 다른 상품시장에서 경쟁상 우위를 누리려는 행위"(leveraging conduct)로 이해되기도 하고,[24] "하나의 상품시장에서 누리고 있는 독점력을 이용하여 다른 시장까지 독점화하는 효과", 흔히 지렛대 효과(leverage effect)를 가리키는 의미로도 쓰이고 있다.

그렇다면 미국 셔먼법 제2조의 독점화 및 독점화시도 금지나 유럽기능조약 제102조의 시장지배적 지위남용 규제와 관련하여 '지배력전이' 이론이 어떤 법적 의미를 가지는지, 동 이론을 수용하는 경우에 레버리지의 핵심요소는 무엇인지를

---

23) Lim, *supra*, p.60. 특히 이 논문에서는 다각화된 플랫폼이 진입장벽을 오히려 낮추는 측면을 지적하고 있으며, 이러한 측면은 특히 규모의 경제나 노하우를 갖고 있는 플랫폼이 인접서비스로 '효율성을 전이'시킬 수 있는 경우에 더욱 개연성이 크다고 한다.

24) 독점사업자가 한 시장에서 갖고 있는 지배력을 다른 시장에서 경쟁상 이점(a competitive advantage)을 얻기 위하여 사용하는 행위로 지배력전이를 정의하는 것도 마찬가지이다. Sullivan/Grimes, The Law of Antitrust, West, 2006, p.118.

살펴보자.

1. 미국의 경우

미국에서 지배력전이 이론은 한 시장에서의 독점력을 인접시장에서 경쟁상 유리하도록 이용하는 데에 초점을 맞추고 있으며, 그러한 행위의 위법성은 기존의 경제력을 악용(abuse)하는 데에 있는 것이지 인접시장에서 독점이 형성될 우려에 따른 것이 아니다.[25] 그런데 시장지배력전이의 유용성과 관련하여 셔먼법 제2조 위반 여부를 다루었던 과거 판례의 태도는 이론적으로나 실무상 더 이상 유효하지 않다. 클레이튼법의 개정 법률로 제정된 1936년의 로빈슨-팻트만법(Robinson-Patman Act)이 차별취급을 널리 규제하는 근거법이기는 하나, 동법에 관하여는 여러 곳에서 소개된 바 있으므로[26] 이 글에서는 셔먼법과 관련하여 지배력전이 이론이 미국에서 어떤 흐름을 겪어왔는지를 간략히 살펴보자.

먼저, 지배력전이 이론에 근거한 대표적인 셔먼법 제2조 사건으로 1979년의 Eastman Kodak 판결[27]을 들 수 있다. 이 사건에서는 코닥이 끼워팔기의 방법으로 필름 및 카메라시장에서의 독점력을 이용하여 현상 및 인화시장에서 경쟁상 이점을 얻고자 하였는지가 다투어졌고, 제2연방항소법원은 지배력전이가 셔먼법 제2조의 독립적인 적용사유에 해당하고 다른 시장의 독점화시도 등 종래 제2조의 적용에 요구되는 엄격한 요건을 충족하지 않더라도 지배력전이가 인정될 경우에는 법위반이 성립한다고 보아 동조의 적용대상을 대폭 확대하였다.[28]

---

25) Herbert Hovenkamp, Federal Antitrust Policy: The Law of Competition and Its Practice, 3rd ed., Thomson West, 2005, p.321.

26) 동법은 중소판매업자 보호를 위하여 제정되었으나, 그 효과에 관하여는 회의적인 견해가 지배적이다. 아울러 동법에서 차별취급에 대해서는 비용상의 항변이 가능하며, 레버리지이론과 유사하게 경쟁제한효과에 대한 엄격한 증명을 요하지 않는다는 점에서 일종의 맹아적 접근이라는 비판도 있다. 대표적으로 Robert H. Bork, 신광식 역, 『반트러스트의 모순』, 교보문고 (1991), 467면.

27) Berkey Photo, Inc. v. Eastman Kodak Co., 603 F.2d 263, 276(2d Cir. 1979). 그에 앞서 United States v. Griffith Amusement Co. et al. - 334 U.S. 100, 68 S. Ct. 941 (1948) 판결에서 미국 연방최고법원은 경쟁을 봉쇄하거나 경쟁상 우위를 얻거나 또는 경쟁자를 제거하기 위하여 독점력을 이용(use)하는 행위는 위법이라고 판시한 바 있으나, 레버리지라는 용어를 직접 사용하지는 않았다.

28) Supra, at 275, 276. "Social and economic effects of an extension of monopoly power militate against such conduct". 그밖에 이와 동일한 취지의 항소심판결로는 Kerasotes Michigan Theatres, Inc. v. National Amusements, Inc., 854 F.2d 135 (6th Cir. 1988).

　　그 후 법학계와 경제학계는 물론이고 법원 내부에서도 이견이 표출되어 왔다. 이들이 제기하는 문제의 핵심은 과연 지배력전이가 어떤 시장에서 경쟁을 제한하는지, 경쟁을 제한하기 위한 구체적인 조건은 무엇인지, 어떤 유형의 행위가 여기에 해당할지 등에 관한 것이었고, 이 점에서 종래의 지배력전이는 말 그대로 하나의 이론에 불과하다는 것이다. 무엇보다 지배력전이 이론은 독점력의 획득 자체를 법원이 의심스러운 눈으로 바라보던 시기의 산물로서,[29] 동 이론의 난점은 무엇보다 한 시장에서의 지배력을 다른 시장에서 지배력이 아니라 경쟁상 이점(competitive advantage)을 얻기 위하여 사용하는 것을 문제 삼는 데에 있다.

　　위에서 살펴본 코닥 판결 이후 최근까지 미국 연방항소법원의 판결들을 보자면 지배력전이를 인정한 경우도 있고 이를 부정한 경우도 있으며,[30] 전자의 경우에도 레버리지행위가 존재할 경우 당연위법식으로 보지 않고 지배력의 확장을 통해 "보다 나은 상품을 개발하거나 다른 적절한 경쟁상 이점을 가져오지 않는 한" 경쟁을 저해하는 것으로 본다는 점에서 일견 변화를 시도한 판결도 있다.[31] 가장 최근에는 단일독점이윤이론(single monopoly profit theory)[32]을 근거로 지배력전이 이론의 설득력이 부인된 바 있다.[33] 특히 유의할 것은 연방대법원이 동 이론에 내재된 모호함과 논쟁의 소지를 감안하여 셔먼법 제2조 사건에 관한 한 아직까지 명확한 입장을 밝힌 예가 전혀 없다는 사실이다.

　　셔먼법 제2조가 금지하고 있는 독점화시도(attempted monopolization)를 해석함에 있어서 연방대법원이 제시한 일련의 원칙을 간략하게 소개하면 다음과 같다. 셔먼법 제2조가 적용되는 것은 제1조와 달리 독점력 보유 여부와 무관하게 한 사업자의 일방적 행위(unilateral conduct)이고, 많은 경우에 치열한 경쟁행위

---

29) Joseph Kattan, "The Decline of the Monopoly Leveraging Doctrine", 9 Antitrust 41 (1994).

30) Alaska Airlines, Inc. v United Airlines, Inc., 948 F.2d 536 (9th Cir. 1991); Fineman v. Armstrong World Industries, Inc., 980 F.2d 171 (3d Cir. 1992).

31) Kerasotes Michigan Theatres, Inc. v. National Amusements, Inc., 854 F.2d 135, 137 (6th Cir. 1988).

32) Louis Kaplow, Extension of Monopoly Power through Leverage, 85 Colum. L. Rev. 515, 517 (1985).

33) Schor v. Abbott Laboratories, 457 F.3d 608 (7th Cir. 2006). "[A] firm that monopolizes some essential component of a treatment (or product or service) can extract the whole monopoly profit by charging a suitable price for the component alone … The monopolist can take its profit just once; an effort to do more makes it worse off and is self−deterring."

와 중·장기적인 관점에서 경쟁제한을 가져오는 행위를 준별하기가 매우 곤란하기 때문에,[34] 오로지 당해 행위가 "실제로"(actually) 독점화를 가져올 우려가 있는 때에만 위법할 수 있다.[35] 나아가 연방대법원은 치열한 경쟁이 비효율적인 경쟁사업자를 제거하더라도 궁극적으로 소비자이익을 촉진한다면 그것은 불합리한 것이 아니고, 이러한 의미에서 셔먼법 제2조가 경쟁을 조장하기보다 오히려 경쟁을 냉각시키는 방향으로 해석되어서는 안 된다는 점을 강조하였다.[36]

요컨대, 미국의 경우 당연위법이 지배하던 짧은 기간에 하급심에서 레버리지이론을 일부 원용한 바 있으나 이미 30여 년 전에 사실상 폐기된 것이나 마찬가지이고, 연방최고법원도 동 이론을 명시적으로 수용한 바 없다. 레버리지이론은 클레이튼법(Clayton Act) 및 차별취급을 규제하는 로빈슨-패트만법(Robinson-Patman Act)의 제정으로 한때 풍미하던 이른바 맹아(萌芽)이론(incipiency theory)의 변형된 형태로서, 독점을 초래할 막연한 가능성("may" be substantially to lessen competition; "tend to" create a monopoly)만으로 이를 금지한다는 점에서 경제적 합리성에 대한 의문이 제기될 수밖에 없다. 무엇보다 레버리지이론은 경쟁법의 영역에 보호주의의 바이러스(protectionist virus)[37]를 들여오는 것이라는 보크(Bork) 판사의 지적은 시사하는 바가 크다.

2. EU의 경우

유럽기능조약(TFEU) 제102조의 해석과 관련하여 학설과 실무는 한 시장에서 지배적 지위에 있는 사업자가 그 지배력을 시장지배적 지위에 있지 않은 인접시장에서 경쟁상 이익을 얻기 위하여 이용하는 행위는 정당한 이유가 없는 한, 다른 시장에서 시장지배적 지위가 형성될 개연성이 입증되지 않더라도 남용에 해당될 수 있다고 한다. 유럽의 경우 시장지배적 지위남용을 인정함에 있어서 레버리지 이론을 비교적 적극적으로 수용하고 있는 것이다.[38] 가장 비근한 사례가 바

---

34) Copperweld Corp. v. Independence Tube Corp., 467 U.S. 752, 767~768 (1984).

35) Spectrum Sports, Inc. v. McQuillan, 506 U.S. 447, 459 (1993).

36) Ibid, at 458~459.

37) Richard Bork, The Place of Antitrust Among National Goals, in Basic Antitrust Questions in the Middle Sixties, Fifth Conference on the Impact of Antitrust on Economic Growth 12 (Nat'l Indus. Conf. Bd. 1966), p.22.

38) 권남훈, "방송통신 산업의 결합판매와 시장지배력전이 판단기준", 『경제규제와 법』 제10권 제2호(2017), 267면.

로 뒤에서 자세히 살펴보는 바와 같이 인터넷 일반검색시장에서 시장지배력을 가진 구글이 인터넷 비교쇼핑시장에서 자사서비스를 우대한 행위를 남용으로 판단한 사례이다.[39]

유럽에서도 레버리지가 문제되는 대표적인 남용행위로는 끼워팔기[40]나 거래거절[41]을 들 수 있으며, 특히 유럽집행위원회는 디지털경제에서 플랫폼 사업자의 행위가 문제되는 경우, 플랫폼 사업이 가지고 있는 다면시장적 성격에 의해 레버리지 문제가 보다 적극적으로 고려될 수 있음을 천명한 바 있다.[42] 유럽법원 (European Court of Justice; CJEU) 역시 시장지배력을 가지지 않은 시장에서의 남용이 성립하기 위해서는 비록 '특별한 상황'에 의해 정당화되어야 한다는 단서를 달고는 있으나 지배력전이를 적극 인정하고 있다.

대표적으로 마이크로소프트 사건[43]에서 유럽집행위원회는 동사가 컴퓨터 운영체계인 윈도(Windows)를 공급하면서 윈도 미디어 플레이어(Windows Media Player; WMP)를 끼워팔기한 행위를 두고, 컴퓨터 운영체계 시장의 지배적 사업자인 마이크로소프트가 미디어플레이어 시장에 자신의 지배력을 전이하기 위한 남용행위로 판단하였다. 최근 들어서는 특히 구글, 애플 등 양면시장 내지 다면시장에서 활동하는 글로벌 플랫폼사업자의 끼워팔기에 의한 레버리징에 대해 경쟁법 위반 여부를 면밀히 살펴보려는 경향이 나타나고 있는바,[44] 그 배경에는 디지털경제에서 거대 플랫폼 사업자는 네트워크 효과와 빅데이터를 통하여 경쟁상의 우위를 가지기 때문에 시장지배력전이의 우려가 심각하다는 인식이 자리 잡

---

39) 그밖에 이윤압착(margin squeeze)의 경우도 레버리지이론으로 설명이 가능하다. 수직통합사업자가 후방시장에서 경쟁자를 배제하기 위하여 이윤을 누릴 수 없을 정도로 높은 가격을 책정하는 것은 전방시장에서 보유하고 있는 막강한 시장지배력에서 비롯되는 것으로 볼 수도 있기 때문이다. 이에 관한 유럽경쟁법의 태도에 대해서는 이봉의, "이윤압착을 통한 배제남용의 법리", 『특별법연구』, 사법발전재단(2019), 152면 이하 참조.

40) Jones/Surfin, EU Competition Law — Text, Cases, and Materials(5th ed.), Oxford, 2014, p.393; Case C-333/94 P, Tetra Pak International SA v. Commission [1996] ECR I-5951.

41) Cases 6 and 7/73, Istituto Chemioterapico Italiano Spa & Commercial Solvents v. Commission [1974] ECR 223, [1974] 1 CMLR 309; Case 311/84, Contre Belge däEtudes du Marché-Télémarketing v. Compagnie Luxembourgeoise de Télédiffusion SA and Information Publicité Benelux SA [1985] ECR 3261.

42) EU Commission, Competition Policy for the digital era, 2019, pp.65~68.

43) COMP/C-3/37.792, 24 March 2004, [2005] 4 CMLR 965; Case T-201/04 Microsoft v. Commission [2007] ECR II-3601.

44) EU Commission, Competition Policy for the digital era, 2019, pp.65~68.

고 있다.

한편, 경우에 따라서는 약탈가격도 레버리지의 수단 중 하나로 설명되기도 한다. 온라인 플랫폼의 경우 지배력을 보유한 면에서는 높은 가격을 유지하고, 새로 진입한 면에서는 무료가격을 책정하는 경우가 생겨날 수 있다. 이때, 전자로부터 후자로 지배력을 전이한다는 의혹이 제기될 수 있고, 그 근거로 제시되는 것이 바로 교차보조(cross−subsidisation) 이론이다. 시장지배력을 보유한 면에서 높은 가격으로 축적한 자금, 이른바 deep pocket이 신규서비스의 무료요금제(zero rating)를 지원한다는 것이다. 여기서 약탈의 의심을 사고 있는 무료서비스를 제공하기 위한 자금원이 무엇인지는 중요하지 않은데, 특히 플랫폼과 같은 혁신시장에서는 장래의 성장가능성을 고려한 벤처캐피탈의 투자 등 여러 경로로 자금조달이 이루어질 수 있기 때문이다.[45]

그밖에 주의할 것은 유럽기능조약 제102조 c호는 남용행위의 일 유형으로 차별취급을 규정하면서 남용의 요건으로 거래상대방에게 '경쟁상 불이익'을 가하는 것으로 족하다고 명정하고 있다는 점이다. 시장지배적 사업자가 다른 사업자를 경제적으로 불리하게 취급하였다면 당해 사업자가 경쟁상 불리해질 것은 지극히 당연한 논리적 귀결이라는 점에서 사실상 '정당한 이유가 없는 한' 당연위법과 마찬가지라는 비판이 가해지는 이유이다. 유럽의 경우에 학설과 실무는 레버리지이론을 남용규제에 적극 원용하고 있는바, 이를 법리로서 구체화하려는 노력이 눈에 띈다. 동 이론의 특징을 정리하면 다음과 같다. 이러한 특징들은 "구글 쇼핑" 결정에서도 잘 드러나는 것은 물론이다.

① 레버리지이론은 그 자체가 하나의 독자적인 남용유형이나 남용요건이 아니라 시장지배적 사업자의 배제행위를 설명하기 위한 도구의 성격을 갖는다. 거래거절이나 끼워팔기, 차별취급이나 약탈가격 등 다양한 남용유형을 레버리지의 관점에서 설명할 수 있다는 것이다. 따라서 동 이론으로부터 구체적인 남용요건을 도출하기란 처음부터 가능하지도 않고 타당하지도 않다.

---

45) Gunnar Niels/Helen Jenkins, Predation or innovation? How competition authorities deter dominant firms from entering new markets, ECLR. 2000, 21(6), p.287, 289. 여기서는 시장지배적 사업자의 신규 무료서비스에 대한 경쟁당국의 규제가 오히려 시장진입을 억제할 수 있음을 지적하고 있다.

② 레버리지이론은 시장지배적 사업자에게 적극적으로 성과경쟁에 부합하도록 행위하여야 할 이른바 특수한 책임(special responsibility)[46]을 부과하고, 이를 기초로 거래거절이나 차별취급 등을 사실상 당연위법에 가깝게 해석하게 하는 기능을 갖고 있다. 독일 및 유럽에서 '특수한 책임'이란 역사적으로 주요 국·공영기업 및 이들의 민영화에서 비롯되었고, 이들에게 경쟁을 왜곡하지 않을 책무를 부담시킨다는 사고를 기초로 하고 있다.[47] 필수설비에 대한 거래의무를 인정하거나 비용에 기반한 합리적 사유가 없는 한 차별취급을 남용으로서 금지하는 것이 대표적이다.

Ⅳ. 레버리지이론과 자사서비스 우선

우리나라에서 레버리지 내지 지배력전이 이론은 2000년대 이후 방송·통신분야에서 주로 활용되었다. 비교적 최근까지도 이 분야에서 지배력전이는 시장지배적 사업자의 기업결합에 대한 반대논리로 과도하게 주장되는 측면이 있었고, 통신분야 2~3위 사업자가 1위 사업자의 결합판매를 통한 점유율 확대 가능성을 막연하게 지배력전이로 주장한 측면도 엿보인다.[48]

반면, 유럽에서는 시장지배적 지위남용과 관련하여 지배력전이가 종종 활용되었고, 2017년의 "구글 쇼핑" 결정은 시장지배적 플랫폼이 인접서비스시장으로 지배력을 전이한 것을 문제 삼은 대표적인 사례로서, 레버리지의 요건과 특히 자

---

46) 시장지배적 사업자는 왜곡되지 않은 경쟁을 침해하지 않을 의무를 진다는 것이다. CJEU, Case 85/76 Hoffmann-La Roche v. Commission ECR 461 (1979). 그밖에 Case 322/81 Michelin (1983), para.57. "A finding that an undertaking has a dominant position is not in itself a recrimination but simply means that, irrespective of the reasons for which it has such a dominant position, the undertaking concerned has a special responsibility not to allow its conduct to impair genuine undistorted competition on the common market."; CJEU, Case 322/81, NV Nederlandsche Baden-Industrie Michelin vs. Commission (1983), ECR 3461, para.57; CJEU, Case C-23/14 Post Danmark A/S v. Konkurrencerådet EU:C:2015:651 ("Post Danmakr Ⅱ") para.71.

47) 이봉의, "포스코판결과 방해남용의 향방", 『경쟁저널』, 공정경쟁연합회, 2008. 9, 14면.

48) 권남훈(주 38), 264면. SK텔레콤과 CJ헬로비전의 기업결합을 둘러싸고 경쟁사들은 추후 SK텔레콤이 신규 결합상품의 출시를 통하여 초고속인터넷 및 유료방송시장에서의 점유율을 높일 것이라고 보고, 그것을 SK텔레콤의 이동전화시장에서의 지배력이 다른 시장으로 전이되는 현상이라고 주장하였다.

사서비스 우선에 대한 경쟁법적 접근에 대하여 시사하는 바가 크다. 아래에서는 동 사건을 중심으로 레버리지이론의 쟁점과 자사서비스 우선에 대한 법적 쟁점을 살펴보기로 한다.

1. 레버리지의 핵심 요소들

(1) 인접한 두 개의 관련시장

일응 레버리지이론을 적용하기 위해서는 먼저 시장지배적 사업자가 존재하는 시장(A시장)과 그 지배력이 전이되는 시장(B시장)이 획정되어야 한다. A시장과 B시장이 어떤 관계에 있어야 하는지, 당해 시장지배적 사업자가 B시장에서 지배력을 보유하고 있어야 하는지 등에 관하여는 아직 확실하게 정리된 내용이 없어 보인다. 두 시장에서 제공되는 서비스가 일정한 관련성을 가질 뿐이다. 그런데 온라인 플랫폼이 양면 또는 다면시장에 해당한다는 점을 감안하면 —비록 논쟁의 소지는 있으나— 각 면을 중심으로 서로 관련성 있는 A‒B시장을 쉽게 상정할 수도 있을 것이다. 이때, 온라인 플랫폼의 시장획정이 매우 중요하면서도 어려운데,[49] 이 글에서는 따로 다루지 않는다.

(2) 행위개념으로서 레버리지와 성과경쟁

경쟁법의 관점에서 지배력전이는 그 자체로는 가치중립적이며, 단순히 전이를 이유로 남용이라는 규범적 무가치판단을 내릴 수 없다. 통상 지배력전이를 행위개념으로 이해할 경우 어느 한 시장에서의 독점력을 다른 시장에서 '경쟁상 이점'(competitive advantage)을 얻기 위한 지렛대로 사용하는 행위로 정의할 수 있는 반면, 효과개념으로 이해할 경우에는 하나의 시장에서 누리고 있는 독점력이 제3의 시장으로 확장되는 형태의 경쟁제한 효과를 가리키는 것으로 이해할 수 있다. 남용규제의 관점에서는 레버리지를 전자로 이해하고, 기업결합심사의 경우에는 후자로 파악하는 것이 일반적인 듯하다.

"구글 쇼핑" 사건에서 유럽집행위원회는 경쟁사업자의 비교쇼핑서비스가 후순위에 노출되도록 알고리즘을 구성한 것은 결국 성과경쟁(competition on the

---

49) 양면 또는 다면시장이라는 맥락에서 기술발전과 사업자의 전략에 따라 인터넷 검색을 둘러싼 관련시장의 획정은 매우 유동적이다. 조성국·이호영, "인터넷 검색사업자의 경쟁법적 규제에 관한 연구 — 검색중립성 논의와 규제사례 및 그 시사점을 중심으로 —", 『경쟁법연구』 제31권(2015), 271면.

merits)에 해당하지 않는다고 판단하였다. 유럽이나 미국에서 성과경쟁이라는 컨셉은 종전에도 남용 여부 판단에 종종 사용되어 왔고, 특히 레버리지로 활용된 수단 내지 행위가 시장지배적 사업자에게 요구되는 '성과경쟁을 해야 할 의무'(duty to compete on the merits)에 반하는 것으로 판단되는 경우에는 남용에 해당하는 것이다.[50]

여기서 '성과경쟁'은 레버리지에 따른 경쟁제한효과에 남용이라는 불법을 인정하기 위한 핵심요소로 등장하게 된다. 그런데 성과경쟁이 무엇인지, 어떤 행위가 성과경쟁에 부합하는지에 관하여 국내외에서 확립된 이론이나 법리를 찾기 어렵다. 경제적 접근방법을 강조하는 입장에서 보자면 매우 모호한 개념이기도 하다.[51] 유럽법원은 일관되게 시장지배적 사업자가 성과경쟁에 해당하지 않는 방법으로 경쟁자를 배제하는 행위를 남용으로 파악하고 있는바,[52] 동시에 그 반대해석으로 시장지배적 사업자 또한 성과경쟁에 반하지 않는 방법으로 경쟁할 자유가 있음은 물론이다.

2. 자사서비스 우선과 평등취급의무

(1) 주요 쟁점

유럽집행위원회는 구글이 경쟁 비교쇼핑서비스를 평균적으로 검색결과 화면의 4쪽 이후로 불리하게 노출시키도록 알고리즘을 설정함으로써 결과적으로 자신의 비교쇼핑서비스를 검색결과 상위에 노출되도록 한 행위가 성과경쟁에 부합하지 않는다고 보았고, 약 42억 유로의 제재금(fine)과 함께 시정조치로서 구글로 하여금 자신과 경쟁자의 비교쇼핑상품에 대한 검색결과에 있어서 "평등취급의 원칙"(principle of equal treatment)을 준수하도록 요구하였다. 이를 위하여 구글은 자신의 검색결과를 보여주는 과정에서 경쟁자의 비교쇼핑서비스의 위치와 노출(position and display)에도 전혀 동일한 "과정과 방법"(processes and methods)을 적용하지 않으면 안 된다.[53] 여기서 주의할 것은 경쟁자의 비교쇼핑서비스를 구

---

50) 일반사업자와 달리 시장지배적 사업자에게 성과경쟁을 적극적으로 요구하는 배경에는 바로 '특수한 책임'의 법리가 존재한다.

51) O'Donoghue/Padilla, *supra*, p.218.

52) CJEU, AKZO v. Commission, C-62/86, [1991] ECR I-3359, para.70.

53) Antitrust: Commission fines Google € 2.42 billion for abusing dominance as search engine by giving advantage to own comparison shopping service, Commission Press Release 27 June 2017.

글 자신과 검색결과를 보여주는 위치와 노출 면에서 동일하게 취급할 것을 요구
한 것이 아니라 위치와 노출을 정하는 과정과 방법이 동일하여야 한다는 것이다.

아래에서는 시장지배적 사업자에게 직접 또는 간접적으로 자사서비스를 우선
하지 않고 경쟁사업자를 차별하지 않을 의무, 다시 말해서 동등취급의무(duty of
equal treatment)를 경쟁법상 일반적으로 인정할 수 있는지, 이를 위한 규범적 근
거는 무엇인지, 나아가 자사서비스 우선이 성과경쟁에 반하는지 여부를 살펴보기
로 한다.

(2) 특수한 책임과 동등취급의무

평등취급의무의 규범적 근거는 바로 시장지배적 사업자의 '특수한 책임'이다.
시장지배적 사업자가 자신의 서비스와 경쟁자의 서비스를 대등하게 취급하는 경
우에만 경쟁과정이 왜곡되지 않을 수 있다는 것이다. 그리고 유럽법원은 여러 차
례 왜곡되지 않은 경쟁을 실현하기 위하여 필요한 조건은 바로 경쟁자들 사이에
기회의 평등(equality of opportunities)임을 강조한 바 있다. 비차별, 기회평등과
다원주의는 모든 기업과 소비자가 별다른 제약을 받지 않고 참여할 수 있는 효과
적인 경쟁과정을 표현하는 것이라는 지적도 이와 같은 맥락이다.[54]

이처럼 비차별의무 내지 동등취급의무에 따르자면 향후 수직적으로 통합된
시장지배적 사업자는 자신의 관련 서비스를 경쟁사에 비하여 유리하게 하는 행
위를 중단하여야 하고, 나아가 필요하다면 인접시장에서 활동하고 있는 경쟁사업
자 및 이들의 서비스를 지원하지 않으면 안 될 것이다. 이러한 결과는 유럽 산업
전반에 하나의 절대적인 혁명(an absolute revolution)일 것이라는 지적에서 짐작
할 수 있는 바와 같이 유럽경쟁법상 비차별의무는 경제적으로나 규범적으로 과
도하다는 지적이 유력하다.[55]

이와 관련된 비판의 출발점은 무엇보다 특수한 책임과 그에 따른 평등취급의무
란 종래 유럽법원의 거래거절에 관한 판례상 필수설비(essential or indispensible
facilities)의 접근과 관련해서만 상정될 수 있었다는 점에서 찾을 수 있다.[56] 그리

---

54) Renato Nazzini, The Foundations of European Union Competition Law. The Objective and
    Principles of Article 102, Oxford University Press, 2011, p.120.
55) Eduardo Aguilera Valdivia, The Scope of the 'Special Responsibility' upon Vertically
    Integrated Dominant Firms after the Google Shopping Case: Is there a Duty to Treat Rivals
    Equally and Refrain from Favouring Own Related Business?, World Competition 41, no.1
    (2018), p.46.

고 필수설비와 무관하여 평등취급의무, 다시 말해서 거래의무(duty to deal)가 인정되지 않음에도 불구하고 차별취급을 원칙적으로 금지한다면 시장지배적 사업자로서는 차라리 경쟁사업자와 거래하지 않는 손쉬운 방법을 택하게 될 것이고, 이러한 결과가 경쟁상 더욱 바람직하지 않을 것임은 두말할 나위가 없다. 그밖에 평등취급의무를 엄격하게 요구할 경우에는 남용 판단에 있어서 실제로 차별이 일어나는 시장의 경쟁의 정도를 고려할 수 없고, 차별에 따른 경쟁상 이점을 정당화할 객관적 사유를 간과하게 되며, 후방시장의 경쟁사업자들에게 혁신과 투자에 대한 유인을 감소시킬 수밖에 없고, 나아가 모두에게 유리한 취급보다는 모두에게 불리한 취급으로 평등화가 이루어짐으로써 오히려 독점력의 행사가 다른 방식으로 행해지는 등의 부정적인 효과를 야기할 소지가 크다.[57]

그렇다면 특수한 책임의 법리가 다른 나라에서도 통용될 수 있을 것인가? 회의적이다. 특수책임론의 연원을 감안할 때 독과점의 연원, 정부의 지원역할, 시장에 대한 신뢰 등을 종합적으로 고려하여 시장지배적 사업자에게 보다 적극적인 의무를 인정할 것인지를 검토하지 않으면 안 된다. 여기서 유의할 점은 기술혁신경쟁이 빠르게 전 지구적 차원에서 전개되고 있는 디지털경제 내지 플랫폼경제 하에서는 독과점의 형성과정에 정부의 지원이나 규제가 개입될 소지가 지극히 적고, 우리나라의 경우 전후 경제성장을 주도했던 재벌과의 연관성도 거의 없으며, 무엇보다 치열한 글로벌 경쟁 하에서 시장 및 경쟁에 대한 신뢰가 매우 높다는 사실이다. 공정거래법상 특수책임론의 수용이나 일반화에 신중을 요하는 이유이다.

(3) 자사서비스 우선과 성과경쟁

일찍이 유럽1심법원(현재는 일반법원)의 장을 역임했던 베스터도르프(Vesterdorf)는 당시 유럽에서 진행 중이던 "구글 서치"(Google Search) 사건(우리나라에서는 주로 구글 쇼핑 사건으로 알려져 있음)과 관련하여 검토할 수 있는 쟁점은 필수설비에 대한 접근거절밖에 없다는 입장을 밝혔다. 그는 "시장지배적 사업자도 자신의 성과에 기초하여 경쟁할 권리를 가진다"는 대원칙에 입각하여 다음과 같은

---

56) Joined Cases C-241/91 P and C-242/91 P Magill [1995] ECR 1995 I-00743; Case C-7/97 Bronner [1998] ECR 1998 I-07791; Case C-418/01 IMS Health [2004] ECR 2004 I-5039.

57) 자세한 내용은 Eduardo Aguilera Valdivia, *supra*, p.50.

주장을 전개하였다.[58]

① 시장지배적 사업자라도 필수설비에 해당하지 않는 한 자사서비스를 우선 하지 말아야 할 의무란 존재할 수 없다. 다시 말해서 매우 제한적인 상황 에서만 인정될 수 있는 필수설비가 문제되는 경우가 아니라면 평등취급의 무란 인정되지 않는다.

② 성과경쟁이란 그 효과와 무관하게 시장지배적 사업자의 행위를 남용으로 볼 수 없게 한다.

이에 대하여 구글 쇼핑 사건에서 신고인인 ICOMP 측에서 유럽집행위원회에 의견서를 제출한 바 있는 Nicolas Petit 교수는 베스터도르프의 논리를 몇 가지 점에서 반박하였다. 이를테면 필수설비가 아니더라도 자사서비스 우선행위가 남 용에 해당될 수 있고, 이윤압착과 같이 거래의무가 없더라도 가격을 통한 남용은 여전히 성립할 수 있으며, 성과경쟁이라는 것은 본질적으로 정책슬로건에 불과할 뿐 규범적인 내용을 거의 갖지 않는다는 것이다.[59]

여기서 어느 한쪽의 논리가 절대적으로 옳고 그른지를 따지기 보다는 두 주 장 모두 나름의 타당성을 갖는 공통분모를 가지고 있음에 주목하고자 한다. 즉, 자사서비스를 우선하는 모든 행위가 당연히 남용에 해당하는 것은 아니고, 거래 의무가 없다면 동일한 조건으로 거래할 의무는 당연히 도출될 수 없다는 점이다. 나아가 시장지배적 사업자가 일단 자발적으로 거래하기로 한 이상 거래를 거절 할 수 없다. 즉 거래의무가 발생한다거나 성과경쟁이 별다른 규범력이 없다는 쁘 띠(Petit) 교수의 견해는 다분히 이례적인 판결에 기초하거나[60] 학계에서 널리 인 정되는 것과는 거리가 있다는 점에 유의할 필요가 있을 뿐이다.

그밖에 필수설비에 해당하지 않음에도 불구하고 시장지배적 사업자라면 일단 거래를 개시한 이상 거래를 거절하는 것이 일종의 금반언에 반하는 남용(Estoppel

---

58) Bo Vesterdorf, Theories of Self—Preferencing and Duty to Deal ‐ Two Sides of the Same Coin, 1(1) Competition Law & Policy Debate 4 (2015).

59) Nocolas Petit, Theories of Self—Preferencing and the wishful prerequisite of the essential facilities doctrine: A reply to Bo Vesterdorf, 1(3) Competition Law & Policy Debate 4 (2015).

60) CJEU, Konkurrensverket v. TeliaSonera Sverige AB, C—52/09, [2011] ECR I—00527.

abuse)[61]이라는 식의 접근은 거래의무 및 남용을 지나치게 확대하는 것이고, 성과경쟁에 반하는지 여부는 특히 레버리지 여부를 판단함에 있어서 학설과 실무상 핵심적인 요소에 해당된다는 점에서 쁘띠 교수의 견해를 그대로 받아들이기는 어렵다. 오히려 이 논쟁에서 중요한 시사점은 공히 자사서비스 우선을 시장지배적 지위남용으로 문제 삼을 수 있는 법적 근거(차별취급, 끼워팔기 등)를 기초로 관련 규정의 해석과 판례에 충실하게 그 해당 여부를 따져볼 필요가 있다는 점이다. 아울러 적어도 필수설비나 그에 준하는 정도의 필요설비에 해당하지 않는 한 시장지배적 사업자에게 거래의무를 부과할 수는 없으며, 거래의무가 없는 한 동등취급의 의무는 논리적으로 성립할 수 없다는 점도 빼놓을 수 없는 시사점이라고 할 만하다.

V. 공정거래법상 자사서비스 우선과 남용법리

1. 공정거래법상 지배력전이의 현 상태(*status quo*)

(1) 법령상 근거 유무

시장지배적 지위남용을 금지하는 공정거래법 제3조의2에는 '지배력전이'에 대한 언급이 전혀 없고, 기타 시행령이나 고시, 즉 「시장지배적 지위 남용행위 심사기준」[62](이하 "심사기준")에서도 그에 관한 명시적인 규정이나 내용적으로 레버리지 이론에 상응하는 판단기준을 전혀 찾을 수 없다.[63] 따라서 지배력전이가 공정거래법상 어떤 법적 지위를 가지는지, 구체적인 요건이 무엇인지는 학설과 판례에 맡겨져 있는바 그나마 학설은 기업결합 심사와 관련된 레버리지효과를 일부 다루고 있을 뿐이고, 판례는 이에 관하여 명확한 입장을 밝힌 바 없다.

(2) 실무상 나타난 지배력전이

공정거래위원회의 실무나 특히 법원의 판례가 시장지배적 지위남용과 관련하

---

61) Kevin Coates, The Estoppel Abuse, at http://www.twentyfirstcenturycompetition.com/2013/10/the-estoppel-abuse/.

62) 공정거래위원회 고시 제2015-15호, 2015.10.23.

63) 과거 전기통신사업법상 금지행위와 관련하여 시장지배적 전기통신사업자가 지정된 전기통신 서비스의 지배력을 다른 시장에 전이하지 않는 등 공정경쟁을 저해하지 않는 범위에서 결합 판매가 금지되었다. 이때, 지배력전이의 의미는 여전히 모호한 채로 남아 있으나, 공정경쟁과 결부시키고 있는 점은 시사하는 바가 있다.

여 지배력전이를 수용한 예가 있는가? 몇몇 사례를 생각할 수 있는바, 자칫 오해의 소지가 있어 짚고 넘어가기로 한다.

먼저, SK DRM 사건의 원심판결[64] 일부를 들 수 있다. 여기서 서울고법은 "시장지배적 사업자가 자신이 지배하는 시장뿐만 아니라 그 이전 또는 다음 단계의 인접시장에서 자신의 지배력을 전이(轉移 : leveraging)하여 그 시장에서 다른 사업자의 활동을 부당하게 방해하는 경우도 시장지배적지위의 남용에 해당된다는 것이 현행법의 해석"이라고 언급하고 있기 때문이다. 그런데 위 판결은 말그대로 서울고등법원에서 방론으로 언급된 것에 불과하여 엄밀한 의미에서 판례로 보기 어려울 뿐만 아니라, 그 후 대법원은 해당 사건의 판결문에서 '전이'라는 용어 자체를 사용하지 않고 있다. 오히려 판시내용 중에서 눈에 띄는 것은 SK텔레콤이 그 지배적 지위를 전이하여 이동통신서비스와 상호 밀접한 관련이 있는 인접시장에서 용역의 구매를 "사실상 강제"하는 효과를 거두었다고 판단한 부분이다. 즉, 이 사건에서 레버리지의 수단으로 문제된 번들링이 사실상 끼워팔기와 마찬가지로 인접서비스의 거래를 강제하는 측면에서 마이크로소프트 사건과 유사하고, 그러한 강제성이란 어떤 레버리지전략이 성과경쟁에 반하는지를 좌우하는 결정적인 요소인 것이다. 또한 대법원은 레버리지나 경쟁제한효과에 초점을 맞추지 않고, SK텔레콤에게 경쟁제한의 의도가 없었다거나 나름 정당한 사유가 있었다는 이유로 남용에 요구되는 부당성을 인정하지 않았다.[65]

또한 티브로드 강서방송 판결[66]에서는 양면 플랫폼시장을 전제로 "양 시장의 거래내용, 특성, 시장지배적 지위남용행위의 규제목적, 내용 및 범위 등을 비롯한 여러 사정을 종합적으로 고려하면, 프로그램 송출시장에서 시장지배적 사업자인 티브로드의 시장지배력이 프로그램 송출서비스시장으로 전이된다고 볼 만한 근거를 찾아 볼 수도 없다."고 판시하였는데, 이것은 지배력전이를 위한 구체적

---

64) 서울고등법원 2007. 12. 27. 선고 2007누8623 판결. 공정거래위원회는 SK텔레콤의 폐쇄적 DRM 탑재로 인하여 경쟁제한이 나타나는 시장은 'mp3파일 다운로드서비스 시장'이라고 보았고, 2005년 국내 10개 온라인음악업체 매출액 기준으로 동사의 시장점유율이 74.1%(온라인 음악시장에서는 56.4%)이고 멜론이 음악서비스를 시작한 지 1년 정도 지난 2005. 12.경 방문자수를 기준으로 한 점유율이 약 18%에 달한다는 사실만을 들어 이동통신시장에서의 시장지배적 지위가 온라인 음악시장에서 멜론의 시장점유율 확대로 전이된 것을 보여준다고 결론짓고 있다.
65) 대법원 2011. 10. 13. 선고 2008두1832 판결.
66) 대법원 2008. 12. 11. 선고 2007두25183 판결.

인 요건을 설시하였다기보다는 대법원이 문제의 채널변경행위가 이루어진 이 사건 관련시장인 프로그램송출서비스시장에서 막연한 지배력전이를 전제로 티브로드가 시장지배적 지위에 있다고 볼 수 없다고 판시한 점에 그 의의가 있다. 이를 해석하자면 양면플랫폼을 운영하는 티브로드가 이용자집단에 대해서는 시장지배적 지위에 있으나 그 지위가 채널사용사업자집단에 전이되었다고 볼 만한 근거가 없는 한 불이익제공행위가 다투어진 해당 면에서 시장지배적 지위를 추단할 수 없다는 것이다. 동 판결은 공정거래위원회가 지배력전이를 주장하기 위해서는 이를 가능케 하는 수단과 효과 등에 대한 적극적 입증이 필요한 것이고 막연한 추론은 허용되지 않음을 밝히고 있는 것으로 이해함이 타당하다.

오히려 전원합의체 판결로 방해남용의 요건을 처음으로 제시한 포스코 판결[67]은 지배력전이와 관련해서도 의미하는 바가 적지 않아 보인다. 이 사건에서는 일견 필수요소의 성격이 강한 '열연코일'의 공급거절이 남용에 해당하는지 여부가 문제되었는데, 포스코는 열연코일시장에서 독점적 지위에 있었고 이를 후방시장인 냉연강판시장에 신규 진입한 경쟁사업자인 현대하이스코에게 공급하지 않음으로써 후방시장에서 자신의 지위를 유지하고자 하였다는 것이 당초 공정거래위원회의 문제의식이었다. 법리를 구성하기에 따라서는 전방시장(열연코일)에서의 독점력을 인접한 후방시장(냉연강판)의 지배력 유지를 위하여 사용하였다는 의미에서 지배력전이로 파악하는 것도 충분히 가능하였을 것이다. 그러나 공정거래위원회는 물론이고 서울고법이나 대법원 모두 이 사건을 지배력전이의 관점에서 접근하지 않았고, 지배력이 존재하는 시장 = 남용행위가 발생하는 시장 ≠ 경쟁제한효과가 발생하는 시장이라는 전제 하에 열연코일의 공급거절행위로 인하여 제3의 냉연강판시장에서 경쟁이 제한되었거나 제한될 우려가 있는지를 중심으로 판단하였다.[68] 이와 같은 접근방법이 타당함은 물론이다.

요컨대, 종래 공정거래위원회나 법원의 실무상 '지배력전이' 이론이 남용을 인정하는 규범적 근거로 활용된 예는 없다. 대법원이 지배력전이를 이유로 남용을 문제 삼은 적도 없고, 그 당연한 결과로 동 이론에 따른 남용의 요건에 대해서도

전혀 언급한 바 없는 것이다.

2. 레버리지 '행위' ― 별도의 남용유형?

(1) 공정거래법상 레버리지행위의 독자성 및 유용성 여부

종래 미국이나 유럽에서 지배력전이가 주로 원용된 적이 있는 남용행위의 유형으로는 끼워팔기나 결합판매, 배타적 거래와 (필수설비에 대한) 거래거절 등을 들 수 있는바, 이때 지배력전이는 다양한 경쟁제한행위에서 발견되는 나름 공통의 요건을 제시하는 법리(legal theory)가 아니며, 시장지배적 사업자의 전략적 행위에 남용이라는 규범적 징표를 부여하는 핵심징표도 아니다. 더구나 끼워팔기나 거래거절 등의 행위표지에서 알 수 있는 바와 같이 지배력전이라는 것 자체가 별개의 독자적인 남용행위 유형은 전혀 아니다.[69]

끼워팔기나 필수요소의 공급거절 등에서 알 수 있는 바와 같이 지배력전이 이론이 공정거래법상 방해남용의 해석에 필요하고도 유용한 논리를 제공해줄 것인지도 매우 의문스럽다. 굳이 그 법적 성격도 모호한 지배력전이 이론을 끌어오기보다는 포스코 판결 이후 학설과 판례상 확립된 남용법리에 따라 문제된 행위를 분석하는 것으로 족한 것이다. 무엇보다 지배력전이란 한 시장에서의 독점력을 다른 시장에서 경쟁상 이점을 얻기 위하여 사용한다는 것인데, 이로부터 곧바로 경쟁제한효과를 도출할 수 없을 뿐만 아니라 독점력의 사용 그 자체는 양면성을 갖는 것이어서 혁신이나 효율성증대를 가져올 수도 있으므로 적절한 비교형량이 요구되는바,[70] 당연위법에 가까운 지배력전이 이론과 부합하기 어렵다는 점도 간과할 수 없다.

뿐만 아니라 그간 일련의 대법원 판결은 거래거절, 불이익제공 등이 다루어진 사례에서 시장지배적 지위가 존재하는 시장과 문제된 행위로 인하여 경쟁제한효과가 발생하는 시장은 상이할 수 있음을 일관되게 인정하고 있어서,[71] 레버리지

---

69) 마찬가지로 권남훈, "방송통신 산업의 결합판매와 시장지배력전이 판단기준", 『경제규제와 법』 제10권 제2호, 서울대학교 공익산업법센터(2017), 264면 이하.

70) Bork/Sidak, "What Does the Chicago School Teach About Internet Search and the Antitrust Treatment of Google", 8 Journal of Competition Law & Economics 662, 663(2012); Manne/Wright, "If Search Neutrality is the Answer, What's the Question?", ICLE Antitrust & Consumer Protection Program White Paper Series, April 7. 2011, at 25~27.

71) 대법원 2011. 10. 13. 선고 2008두1832 판결("SK DRM" 사건); 대법원 2008. 12. 11. 선고 2007두25183 판결("티브로드 강서방송" 사건) 외.

이슈와 같이 지배력을 다른 인접시장으로 확장하는 행위가 광범위하게 현행법상 남용규제에 포섭될 수 있다. 굳이 그 개념과 요건도 모호한 레버리지이론을 원용할 실익이 없는 것이다. 더구나 레버리지를 논할 여지가 있는 행위는 빠짐없이 공정거래법상 남용행위의 유형으로 명정되어 있기 때문에 지배력전이 없이는 포섭할 수 없는 남용행위란 상정할 수 없다.

생각건대, 지배력전이란 기존의 독점사업자가 자신의 장점을 활용하여 인접시장에 진출하여 자신의 지위를 확장한다는 의미에서는 시장경제에서 지극히 자연스러운 경쟁전략이다. 독점적 지위와 무관하게 어떤 사업자라도 인접시장에 진출하자면 당연히 기존의 시장에서 자신이 가지는 사업상 장점, 이를테면 독보적인 기술이나 우월한 품질, 판매망 등을 최대한 활용하여야 성공가능성이 높을 것이기 때문이다. 시장지배적 지위남용이 성립하기 위해서는 문제된 행위가 인접시장에서 경쟁을 제한하기 위한 수단 내지 방법으로서 성과경쟁에 부합하지 않고, 실제로 당해 시장에서 가격인하나 산출량감소 등을 가져올 정도로 상당한 경쟁제한효과가 발생하거나 발생할 우려가 인정되어야 하는 것이다. 지극히 복잡한 개별 시장의 특성을 고려하지 않은 막연한 지배력의 전이란 현실의 경쟁양상을 정확하게 반영하기보다는 이념에 기초한 가상의 현실(virtual reality)에 가까운 것이다.

(2) 자사서비스 우선의 남용 카테고리

온라인 플랫폼이 자사서비스를 우선하는 전략을 취하는 경우 제일 먼저 생각할 수 있는 남용행위의 유형은 차별취급이다. 차별취급이란 시장에서 매우 흔하게 행해지는 것으로서, 수직통합된 시장지배적 사업자가 흔히 가격이나 기타 거래조건을 통하여 후방시장에서 경쟁사업자의 비용을 상승시키는 방법(raising rivals' cost)으로 봉쇄효과를 야기할 수 있는 것으로 알려져 있다. 차별행위가 인접시장에서 자신의 서비스를 유리하게 취급하기 위하여 기존의 시장에서 지배력을 이용하는 형태로 이루어질 경우에 흔히 레버리지문제가 발생한다고도 한다.[72]

그런데 비차별원칙 내지 동등취급의무는 바람직하지도 않고 유럽에서도 학계의 폭넓은 비판을 받고 있다. 이러한 의무란 어떤 형태의 자사서비스 우선이든 결국 차별에 해당하게 되어 자동적으로 남용에 해당한다는 의미에서 당연위법의

---

72) O'Donoghue/Padilla, *supra*, p.250.

책임을 수반하게 마련이다. 그리고 당연위법이란 남용규제에 있어서 법적으로나 경제적으로 받아들여지지 않고 있다. 즉, 수직통합된 시장지배적 사업자가 후방 시장의 경쟁사업자를 차별취급할 유인이 충분하더라도 그로부터 상당한 경쟁제한효과를 추단할 수는 없으며, 매우 제한적인 조건 하에서만 그러한 부정적 효과가 나타날 수 있다.[73] 즉, 자사서비스 우선이란 것도 구체적인 사안에 따라 일정한 요건 하에서만 남용에 해당할 수 있는 것이다. 차별취급이 어떤 조건 하에서 경쟁제한효과를 가질 수 있는지는 이론적으로 이미 충분한 논의가 이루어졌으므로,[74] 여기서는 차별취급이 가질 수 있는 긍정적 효과를 간략하게 살펴봄으로써 공정거래법상 자사서비스 우선을 일률적으로 금지하는 형태의 동등취급의무를 일반화할 수 없음을 지적하고자 한다.

먼저, 차별취급은 대부분 차별이 없을 경우, 이를테면 단일가격(uniform pricing)에 비하여 경제적 효율성과 소비자후생을 증대시킨다는 의미에서 경쟁촉진효과를 갖는다. 반대로 차별을 금지할 경우에는 소비자 간에 엉뚱한 소득재분배효과가 발생하게 된다.[75] 거래상대방이 지불의사나 지불능력 면에서 상이한 경우에 시장지배적 사업자는 차별취급을 통하여 효율적으로 고정비용을 회수할 수 있게 되는바, 이 점은 특히 디지털 상품이나 플랫폼의 개발에 막대한 비용이 소요되고, 그 결과 높은 고정비용과 매우 낮은 한계비용을 특징으로 하는 신경제(the new economy)에서 더욱 두드러지게 나타날 수 있다.[76]

3. 포스코 판결과 레버리지이론의 수용가능성

포스코 판결은 여러 논란에도 불구하고 공정거래법상 방해남용을 해석하는

---

73) Geradin/Petit, Price Discrimination Under EC Competition Law: Another Antitrust Doctrine in Search of Limiting Principles?, 2(3) Journal of Competition Law & Economics 479, 520 (2006). 차별이 행해지는 구조나 대상, 구체적 내용에 따라 경쟁에 미치는 효과 또한 달라질 수 있다는 지적도 이와 유사한 맥락에서 이해할 수 있다. 이효석, "독점규제법상 차별취급의 부당성 판단기준", 『경쟁법연구』 제25권, 2012, 법문사, 169면 참조.

74) 홍명수, "독점규제법상 차별적 취급", 『비교사법』 제12권 제2호, 2005, 647면 이하.

75) Whish/Bailey, EU Competition Law 8th ed., Oxford University Press, 2015. p.803.

76) Jones/Sufrin, EU Competition Law: Text, Cases, and Materials 6th ed., Oxford University Press 2016, p.381; OECD, Policy Roundtables. Price Discrimination. Background Note by the Secretariat, 2016, p.32 http://www.oecd.org/competition/pricediscrimination.htm; Massimiliano Kadar, European Union Competition Law in the Digital Era 6 (2015), https://ssrn.com/abstract=2703062.

선례로서의 중요성을 잃지 않고 있다. 경쟁제한의 의도와 효과라는 표현에 지나
치게 얽매이지 않을 경우, 동 판결은 다양한 맥락에서 여러 형태로 나타나는 시
장지배적 사업자의 행위를 남용의 관점에서 이해하는 기본틀을 제공함에 손색이
없어 보인다.[77] 여기서는 포스코 판결의 의미를 플랫폼과 레버리지와 관련하여
재조명함으로써 자사서비스 우선이라는 플랫폼 전략을 굳이 레버리지이론으로
설명하여야 하는지, 시장지배적 사업자에게 유럽식의 특수한 책임을 명시적으로
나 암묵적으로 인정하고 있는지를 살펴보고자 한다. 이러한 분석을 기초로 공정
거래법 제3조의2 제1항이 온라인 플랫폼의 방해남용을 포섭함에 있어서 충분히
유용하고 어떠한 규제상 흠결도 없다는 점을 보이고자 한다.[78]

(1) 경쟁제한효과의 우려

시장지배적 플랫폼이 자사서비스를 우선하는 경우에 남용이 성립하기 위해서
요구되는 경쟁제한효과란 어떤 것이어야 하는가? 먼저, 포스코 판결은 불공정거
래행위와 시장지배적 지위남용의 부당성을 준별하면서 후자의 경우에는 단지 특
정사업자가 사업활동에 곤란을 겪게 되었다거나 곤란을 겪게 될 우려가 발생하
였다는 것과 같이 특정사업자가 불이익을 입게 되었다는 사정만으로는 그 부당
성을 인정하기에 부족하다고 밝히고 있다.[79] 포스코 판결이 예시하고 있는 바와
같이 가격상승, 산출량 감소, 혁신 저해, 유력한 경쟁사업자의 수의 감소, 다양성
감소 등의 효과가 발생할 우려가 있음이 경쟁당국에 의해 입증되어야 하는 것이
다. 따라서 특정 플랫폼이 자사서비스를 우선하더라도 그로 인해서 인접시장의
경쟁사업자가 사업상 어려움을 겪게 되는 것, 다시 말해서 시장지배적 플랫폼이
상대적으로 경쟁상 이점을 얻는다는 것만으로는 남용에 요구되는 경쟁제한효과
는 인정되기 어려워 보인다.

다른 한편으로 디지털시장의 경우 경쟁제한효과를 측정하는 대리변수(proxy)
에 변화가 필요한지도 논쟁의 대상이다. 흔히 온라인 플랫폼에 의한 레버리지가

---

77) 포스코 판결에서 언급한 경쟁제한효과를 지나치게 경제적 의미로만 해석할 것은 아니다. 남용
  에 요구되는 경쟁제한효과에 지나치게 엄격한 요건을 부과하는 것은 그 후 일련의 대법원 판
  결과 부합하지 않는 것으로 보이며, 일부 남용사건에서는 사실상 '성과경쟁'에 반하는지 여부
  가 중요하게 고려된 것으로 보인다. 이에 관하여는 이봉의, "공정거래법상 부당한 사업활동방
  해의 경쟁제한성 판단 — 현대기아차 판결을 중심으로", 『법학논문집』, 중앙대학교 법학연구
  원, 제41권 2호(2017), 147면 이하.

78) 권남훈(주 69), 265면.

79) 대법원 2007. 11. 22. 선고 2002두8626 전원합의체 판결.

문제되는 경우에 우려되는 경쟁제한효과는 구글 쇼핑 사건에서와 마찬가지로 자신의 플랫폼으로 이용자의 트래픽을 유도하는 형태를 생각할 수 있다. 이를테면 자사서비스 우선의 경우에 경쟁 비교쇼핑서비스로 갈 트래픽을 자신의 비교쇼핑서비스로 전환(diversion)시켰다는 논리이다.[80] 그런데 여기에는 몇 가지 난점이 있어 보인다.

하나는 일정 기간 자사 플랫폼에 발생한 트래픽(traffic), 보다 정확하게는 트래픽의 증가분이 문제된 레버리지행위로 인한 것인지 여부이다. 이것은 레버리지행위와 그로 인하여 인위적으로 전환된, 레버리지가 없었다면 가지 않았을 트래픽의 양을 산정하는 문제로서 이른바 "but for" 방식의 가정에 기초할 수밖에 없다는 점에서 트래픽의 순(net) 증분을 입증하기란 지극히 어려울 것이다.

다른 하나는 보다 근본적인 문제로서 트래픽의 전환을 곧바로 경쟁제한효과로 포착할 수 있는지 여부이다. 예컨대, 비교쇼핑서비스 또는 오픈마켓 플랫폼의 경우에 자사서비스를 우선하여 노출하는 등의 행위가 있고, 결과적으로 자사 플랫폼으로 트래픽이 상당부분 전환되었다고 가정하더라도 온라인 쇼핑 분야에서 멀티호밍이 널리 보편화되어 있는 상황이라면 이용자들은 단순히 여러 상품을 비교검색하려는 이른바 정보수집의 목적으로 해당 플랫폼을 방문하는 경우도 적지 않을 것이기 때문에 증가된 트래픽만큼 매출액과 시장점유율이 증가할 것이라는 가정, 나아가 트래픽의 증가분의 몇 퍼센트 정도가 실제 매출로 이어질 것이라는 추단은 현실에 맞지 않을 수 있는 것이다. 온라인 플랫폼의 자사서비스 우선이 문제되는 경우에도 경쟁제한효과 판단 시 관건은 인접시장에서 시장점유율이 상승하는 부분이다.[81] 여기서 문제의 핵심은 온라인 플랫폼에게 쏠린 트래픽의 양을 매출액이나 점유율로 단순 환산할 수 없다는 데에 있다.

끝으로 빠른 기술변화와 혁신을 특징으로 하는 디지털경제 하에서 경쟁제한효과가 발생할 우려가 있는지 여부는 특히 문제된 시장의 진입장벽 여하에 크

---

80) EU Commission, Case AT.39740 – Google Search (Shopping), 27. 06. 2017, pp.123.

81) 권남훈(주 69), 269면. 이와 달리 독점력의 life cycle을 전제로 주상품 시장에서 지배력 감소를 억제하기 위하여 레버리지행위가 이루어질 수 있다는 주장도 있다. 이른바 방어적 레버리지이론(defensive leverage theory)이라 불리는바, 동 이론은 흔히 레버리지의 수단으로 활용되는 끼워팔기 등의 '동기' 내지 '의도'가 인접시장으로 독점력을 확대하여 추가적인 독점이윤을 얻는 것이 아닐 수 있음을 강조하는 것으로 이해할 수 있다. 동 이론에 관해서는 Robin Cooper Feldman, "Defeisive Leveraging in Antitrust", Georgetown Law Journal, vol. 87, no. 6, June 1999, p.2079.

게 좌우된다. 플랫폼이 급속히 서비스를 늘려가는 상황에서 종전의 거래관계
(vertical)가 경쟁관계(horizontal)로 전환되는 추세가 뚜렷해지고 있는바, 이러한
현상은 곧 플랫폼 관련 서비스에 관한 한 진입장벽이 매우 낮음을 추론하게 한
다. 전술한 플랫폼의 다각화란 인접시장으로의 서비스 확대과정이자 경쟁관계의
새로운 중첩이라는 의미를 가지며, 이는 곧 플랫폼간의 경계를 모호하게 함과 아
울러 서비스별로 신규진입이 원활하게 이루어지고 있음을 시사하는 바, 경쟁제한
효과 판단시 간과해서는 안 될 요소이다.

(2) 경쟁제한의 의도

레버리지이론을 비합리적이라고 비판한 시카고학파의 주장은 공정거래법상
남용요건의 하나인 경쟁제한의 의도나 목적을 이해하는데 유용한 측면이 없지
않다.[82] 대표적으로 포스너(Posner) 판사는 끼워팔기의 셔먼법 제2조 위반 여부
와 관련하여 독점사업자가 종상품(tied product) 시장으로 지배력을 전이하더라도
그가 얻을 수 있는 이윤의 합은 종전과 동일하여 추가적인 독점이윤을 얻을 수
없다고 지적하였다.[83] 다시 말하자면 레버리지이론이 상정하는 독점력의 이전·
확대 유인을 합리적으로 설명할 수 없다는 것이다. 이를 포스코 판결에 적용하면
다음과 같은 추론이 가능해진다. 시장지배적 플랫폼이 자사서비스를 우선하는 전
략을 채택한 이유가 인접시장에서 경쟁제한효과, 그 중에서 대표적으로 가격인상
의 의도나 목적을 갖는지를 따져보아야 한다는 것이다.

여기서 시장지배적 사업자가 레버리지행위로 나아간 의도는 여러 객관적인
여러 정황을 종합적으로 고려하여 판단할 수밖에 없다. 이 문제는 결국 사례에
따라 개별적으로 판단할 수밖에 없을 것이다. 예컨대, "구글 쇼핑"의 사례라면
검색알고리즘을 설정하는 단계에서 일견 경쟁사업자의 비교쇼핑서비스를 일관되
게 검색결과의 뒤쪽에 노출시키려는 의도를 다른 이유로 설명하기 어려울 듯하
다. 반면, 경우에 따라서는 이용자의 합리적 선택을 용이하게 하거나 판매업자의
다양성을 확보하거나 또는 중소사업자를 보호한다는 차원을 고려하여 검색알고
리즘을 설정할 수 있을 것이고, 그 결과 일부 경쟁사업자가 사업상 불리해지는

---

82) 셔먼법 제2조 위반에 요구되는 구체적 의도(specific intent) 역시 문제된 행위가 독점이라는
결과를 야기한 경우에는 입증할 필요가 없으며, 그러한 결과에 이르지 못하는 경우에 필요한
요건이라는 점에서 일견 미국 판례의 태도와 유사한 측면을 발견할 수 있다. 대표적으로
United States v. Griffith Amusement Co. et al. - 334 U.S. 100, 68 S. Ct. 941 (1948) 참조.
83) Richard A. Posner, Antitrust Law, 2nd ed., University of Chicago Press, 2001, pp.197~202.

측면이 있더라도 이를 들어 처음부터 경쟁제한의 의도가 있었다고 추단하는 것
은 타당하지 않을 것이다.[84]

(3) 비교형량의 문제

보크 판사와 같이 다분히 순수한 경쟁법(purified antitrust)을 근거로 레버리지
이론을 비판하는 입장에 서지 않더라도 공정거래법은 시장지배적 지위남용을 판
단함에 있어서 '부당성'을 통하여 효율성이나 소비자후생뿐만 아니라 경쟁의 자
유나 국민경제의 발전 등 폭넓은 사회·경제적 가치(values)를 종합적으로 고려
하도록 하고 있는 점은 레버리지에 관한 도그마틱을 정립함에 있어서 매우 중요
한 의미를 갖는다. 반면, 자사서비스 우선을 시장지배적 사업자의 동등취급의무
위반으로서 남용에 해당된다고 볼 경우에는 '부당성' 요건이 형해화될 수밖에 없
으며, 남용규제에 있어서 이와 같은 사실상 당연위법의 잣대는 존재할 수 없다.

한편, 시장지배적 사업자의 레버리지가 문제되는 경우에는 흔히 경쟁중립적
이거나 심지어 경쟁을 촉진하거나 소비자후생을 증진시키는 행위가 다투어진다.
번들링(bundling)의 경우가 대표적이다. 그런데 시장지배적 플랫폼이 레버리지의
수단으로 활용하는 번들링이란 흔히 소비자에게 가격상의 이점을 제공하고 경쟁
사업자에 비하여 더 큰 효용을 제공하거나 소비자의 선택지를 늘리는 효과를 가
질 수 있다. 따라서 그러한 레버리지의 결과로 —상당인과관계가 인정되는 범위
에서— 경쟁제한효과가 발생할 우려가 있더라도 다른 한편으로 긍정적 효과와
의 비교형량을 거치지 않으면 안 된다. 반면, 레버리지이론이나 동등취급의무란 이
와 같은 형량의 여지를 남기지 않는다는 점에서 공정거래법상 수용하기 어렵다.

아울러 '부당성'을 판단하는 과정에서 —유럽경쟁법의 예와 마찬가지로— 레
버리지의 수단으로 활용된 행위가 무엇인지, 즉 비록 인접시장에서 매출액이나
점유율이 올라가는 효과가 발생하더라도 그 수단이 과연 성과경쟁에 반하는 것
인지를 고려하지 않으면 안 된다. 성과경쟁에 부합하는 방식으로 인접시장에서
지배력을 확보하게 되는 것을 전이효과만을 들어 문제 삼을 수는 없고, 경쟁제한
의 결과라는 것은 당해 플랫폼의 혁신과 우월한 효율성에서 비롯될 수도 있기 때

---

84) 이처럼 사업자는 단지 가격인상을 통한 이윤극대화가 아니라 시장점유율을 늘리거나 진입장
벽을 높이는 등 다양한 유인을 가지고 경쟁을 제한할 수 있다는 접근은 후기시카고학파의 문
제의식과도 연결되는 부분이다. 이러한 관점에서 끼워팔기의 독점유인을 설명하는 견해로는
Barry Nalebuff, "Bundling, Tying and Portfolio Effects", DTI Economics Papers no. 1,
Department of Trade and Industry, London, UK, 2003, pp.22~27.

문이다. 문제된 행위가 성과경쟁에 반하는지 여부가 불명확한 경우에는 결국 그
러한 행위로 나아간 의도 내지 목적에 대한 객관적 정황을 통하여 부당성에 관한
최종적인 결론에 도달할 수 있을 것이다.[85]

4. 입증의 문제

전술한 바와 같이 레버리지가 문제되는 행위유형은 그 효과 면에서 경쟁중립
적이거나 경우에 따라서 경쟁을 촉진할 수 있다는 점에서 양면성(ambivalence)을
갖는다. 이러한 경우에 경쟁당국이 레버리지에 따른 경쟁제한효과를 어떻게 입증
할 것인지는 매우 중요한 의미를 갖는다. 이른바 직권규제주의[86] 하에서 원칙적으
로 경쟁당국이 경쟁제한효과와 경쟁촉진 내지 효율성 증대효과를 적절히 비교형량
하여 부정적 효과가 훨씬 더 크다는 점을 입증하지 않으면 안 되기 때문이다.[87]

예컨대, 레버리지를 위한 수단으로 흔히 언급되는 번들링 내지 결합판매의 경
우를 살펴보면, 번들링 그 자체로는 이른바 번들할인(bundled discount) 형태의
가격인하가 필수적으로 이루어지고 그것은 경제적 의미에서 경쟁촉진효과 내지
효율성 증대효과를 보여주는 대리변수에 해당한다. 반면, 그러한 번들링 전략으
로 인하여 결합상품시장에서 경쟁사업자가 배제될 우려가 있다면 결국 결합판매
에 따른 경쟁효과란 동전의 앞뒤와 같이 상반된 효과를 모두 내재하게 되고, 경
쟁당국으로서는 양자를 비교형량하여 긍정적 효과가 상당히 더 크다는 근거를
제시하지 않으면 안 되는 것이다.

다른 한편으로 남용규제에 있어서 경쟁당국에게 요구되는 입증책임은 원칙적
으로 기업결합의 경우에 비하여 더욱 무겁다는 점도 간과해서는 안 된다. 기업결
합 심사는 사전규제의 성격이 강하고 그만큼 신속한 처리를 요하기 때문에 상대
적으로 경쟁제한효과에 대한 입증의 정도가 낮아도 무방한 반면, 시장지배적 지
위남용인 경우에는 보다 장기간에 걸친 심사가 가능하므로 해당 산업의 구조와

---

85) 이와 같은 맥락에서 '효과' 외에 부당성을 준별하는 요소로서 경쟁제한의 의도나 목적에 대해
서는 이봉의(주 77), 164면 참조.

86) 직권규제주의의 절차법상 의미에 대해서는 박준영, 『공정거래절차의 법리』, 경인문화사(2020),
78, 80면.

87) 여기서 경쟁제한효과나 효율성 증대효과를 산정함에 불가피하게 수반되는 불확실성을 감안할
때 경쟁당국으로서는 전자가 후자보다 조금이라도 크다는 이유로 남용을 인정해서는 안 되며,
전자가 후자보다 "상당히" 크다는 정도의 입증을 할 수 있는 경우라야 나름 재량판단에 대한
최소한의 통제가 가능할 것이다.

특성, 경쟁상황의 전개에 대한 폭넓은 조사와 분석을 거쳐 보다 신빙성 있는 증거가 제시되어야 할 것이다.

끝으로 레버리지에 관한 입증을 어렵게 하는 부분은 인접시장에서 점유율 상승이 확인되더라도 그것이 과연 문제된 레버리지 '행위'로 인하여 발생한 것인지 여부이다. 이때의 난점은 단지 플랫폼에 유입된 트래픽의 증가분 중에서 문제된 행위와 인과관계가 인정되는 부분만을 골라내는 작업에 그치지 않는다. 나아가 트래픽 증가 외에 시장구조의 변화를 직접 보여주는 매출액의 증가를 논하는 경우에도 마찬가지로 그것이 문제된 레버리지 행위로 인한 것인지, 이를 달리 표현하자면 당해 플랫폼의 경쟁력에서 비롯된 것인지 아니면 경쟁력과 무관하게 주된 서비스시장에서의 지배력에 기인한 것인지를 경쟁당국이 준별하여 입증하지 않으면 안 되는 것이다.

이와 관련하여 간접적 네트워크효과는 자사서비스 우선행위와 경쟁제한효과 사이의 인과관계 입증을 더욱 어렵게 한다. 양면 또는 다면 플랫폼은 네트워크효과를 주요 특징으로 하는바, 네트워크 외부효과라고도 불리는 이러한 효과는 어떤 서비스의 이용자의 수가 증가할수록 해당 서비스의 편익 내지 가치가 증가하는 것을 가리킨다. 그 결과 신규진입한 플랫폼은 기존에 다수의 이용자를 확보한 플랫폼보다 나은 서비스나 낮은 가격만으로는 시장에 안착하기에 충분하지 않을 수 있다. 다시 말해서 네트워크 외부효과는 가격이나 품질 면에서 보다 나은 플랫폼이라도 기존의 지배적 플랫폼을 대체하기 어렵게 한다. 이와 같은 기존 사업자의 이점(incumbency advantage)은 멀티호밍이나 데이터 이동성(data portability) 등 여러 가지 요인에 의해서 그 정도가 달라진다.

여기서 흥미로운 점은 양면플랫폼의 경우 네트워크 외부효과는 하나의 이용자그룹에서 다른 공급자그룹으로 지배력이 전이되는 것과 흡사한 양상을 나타낸다는 점이다. 이를테면 무료서비스로 제공되는 이용자그룹이 크기가 커져서 지배적 지위에 이르는 경우, 그 결과로서 다른 유료서비스시장에서도 공급자가 유입되어 해당 플랫폼으로 트래픽이 쏠리는 현상이 나타나게 마련인 것이다. 이러한 메커니즘은 양면플랫폼에 내재된 특성임에도 불구하고 자칫 무료서비스시장에서의 지배력이 인접시장으로 전이된 것으로 오인될 소지가 있는 것이다. 경쟁당국이 법집행에 있어서 주의해야 할 부분이다.

VI. 결 론

1. 디지털경제에서는 플랫폼이 대세를 형성하고 있다. 대체로 플랫폼은 처음에 특정 무료서비스에서 출발하여 일정한 이용자를 확보하고 나면, 축적된 기술과 노하우, 특히 그간 확보한 빅데이터를 기반으로 또는 다른 관련 기업을 인수·합병하는 방법으로 인접서비스로 진출하는 모습을 보이고 있다. 그 결과 온라인 플랫폼에서는 전 세계적으로 '복합기업의 귀환'(return of the conglomerate)이라고 할 만한 현상이 뚜렷해지고 있다. 여기서 서로 다른 분야에서 활동하던 플랫폼들 사이에 경쟁관계가 형성되고 있다. 동태적 경쟁이 이루어지는 양면 플랫폼시장에서 레버리지란 막연한 잠재적 설정(potential constellation)에 불과하며, 이를 근거로 남용의 성립을 인정하기는 어렵다. 플랫폼의 다각화현상을 이론적으로도 다소 진부한 지배력전이의 관점에서 문제시하는 태도는 오히려 플랫폼 간 동태적 경쟁을 저해할 우려가 있기 때문이다. 디지털경제 하에서 경쟁당국은 플랫폼을 둘러싼 현재의 경쟁상황을 미래지향적으로 조망하여야 하고, 이를 통하여 가까운 장래에 해당 플랫폼이 어떻게 진화·발전해갈 것인지를 면밀하게 예측해볼 필요가 있다.

2. "구글 쇼핑" 사건에서 드러난 유럽집행위원회의 레버리지에 대한 태도란 시장지배적 사업자의 특수한 책임을 전제로 성과경쟁에 부합하지 않는 방법으로 인접시장에서 지배력을 형성 또는 강화하는 행위를 남용으로 파악한다는 것이다. 여기서 핵심개념은 바로 '성과경쟁'이고, 핵심쟁점은 구글이 경쟁사업자의 비교쇼핑서비스를 후순위에 위치하도록 알고리즘을 설정하는 행위가 과연 성과경쟁에 부합하지 않는 것인지 여부이다. 그런데 성과경쟁이란 지극히 난해한 개념이어서 자칫 경쟁당국이 이를 자의적으로 활용할 경우에는 효율성을 증대시키고 소비자후생을 증대시키는 서비스 제공조차 남용으로 보아 과도하게 금지됨으로써 오히려 플랫폼경제에서 나타나는 동태적 경쟁을 저해할 우려가 있다. 플랫폼이 혁신적인 서비스를 통하여 인접시장에 진입하여 점유율을 꾸준히 증대시키고 있다는 것은 지극히 자연스러운 경쟁의 결과로 보는 것이 현실에 부합할 것이다.

3. 공정거래법상 시장지배적 지위남용에 관한 한 레버리지이론을 수용해야 할 법적 근거는 없다. 공정거래위원회의 실무나 판례도 레버리지를 남용 판단에 고려할 수 있을 만큼 구체적인 개념과 요건을 제시하지 못하고 있다. 나아가 방해·배제남용에 관한 포스코 판결이 제시한, 나름 확고한 부당성 판단에는 경쟁제한의 효과와 그러한 효과를 야기하려는 의도·목적이 요구될 뿐이고, 여기에 레버리지이론을 동원해야 할 필요성이나 실익을 찾기 어렵다. 단지 경쟁당국의 입증 상 편의를 위하여 레버리지이론을 동원할 수는 없는 일이다. 다만, 경쟁제한의 의도를 판단함에 있어서 시장지배적 플랫폼이 인접시장에서 지배력을 확장하려는 유인과 의도를 갖는지를 고려할 수 있을 것이다. 그밖에 자칫 레버리지이론을 플랫폼의 성공적인 서비스 확장에 독점력의 확장(extension of monopoly power)이라는 족쇄를 채우는 당연위법식의 법집행에 활용하려는 태도는 경계하지 않으면 안 된다. 레버리지이론은 경제이론상으로도 그 근거가 약하고, 공정거래법의 해석론으로는 불필요하거나 기존 판례와 부합하지 않으며, 경쟁정책상으로도 바람직하지 않다.

[참고문헌]

권남훈, "방송통신 산업의 결합판매와 시장지배력전이 판단기준", 『경제규제와 법』 제10권 제2호, 2017

박준영, 『공정거래절차의 법리』, 경인문화사, 2020

송태원, 『인터넷 플랫폼 시장에서의 공정경쟁 확보에 관한 법적 연구』, 고려대학교 법학박사학위논문, 2018

신영수, "최근의 방송―통신 결합판매에 관한 경쟁법적 쟁점", 『IT와 법연구』, 제7집, 2013

신광식 역, Robert H. Bork 『반트러스트의 모순』, 교보문고, 1991

이기종, "다면시장에서의 배제적 행위와 시장지배적지위 남용금지 ― EU의 구글 쇼핑 심결과 구글 안드로이드 심결을 중심으로", 『경제법연구』 제17권 제3호, 2018

이봉규·황용석 외, 「대한민국 ICT이 미래, 어떻게 준비할 것인가」, 한울아카데미, 2018

이봉의, "포스코판결과 방해남용의 향방", 『경쟁저널』, 공정경쟁연합회, 2008

이봉의, "ICT 분야 플랫폼의 개념과 경쟁법적 함의", 『경쟁과법』 제7호, 2016.10

이봉의, "공정거래법상 부당한 사업활동방해의 경쟁제한성 판단 ― 현대기아차 판결을 중심으로", 『법학논문집』, 중앙대학교 법학연구원, 제41권 2호, 2017

이봉의, "이윤압착을 통한 배제남용의 법리", 『특별법연구』, 사법발전재단, 2019

조성국·이호영, "인터넷 검색사업자의 경쟁법적 규제에 관한 연구 ― 검색중립성 논의와 규제사례 및 그 시사점을 중심으로―", 『경쟁법연구』 제31권, 2015

주진열, "티브로드 사건에 대한 고찰: 시장지배력전이 이론을 중심으로", 『경쟁법연구』 제25권, 2012

홍명수, "독점규제법상 차별적 취급", 『비교사법』 제12권 2호, 2005

Barry Nalebuff, "Bundling, Tying and Portfolio Effects", DTI Economics Papers no. 1, Department of Trade and Industry, London, UK, 2003

Bo Vesterdorf, Theories of Self−Preferencing and Duty to Deal - Two Sides of the Same Coin, 1(1) Competition Law & Policy Debate 4 (2015)

Bork/Sidak, "What Does the Chicago School Teach About Internet Search and the Antitrust Treatment of Google", 8 Journal of Competition Law & Economics 662, 663(2012)

Christoph Stadler, "Me first! or Why The Bundeskartellamt Approach in the Hotel Platform Cases Is an Unfortunate Precedent", ZWeR 2016

Daniel A. Crane, "Search Neutrality as an Antitrust Principle", Public Law and Legal Theory Working Paper Series Working Paper No. 11−016, University of Michigan Law School Empirical Legal Studies Center, 2011

Denger/Herfort, "Predatory Pricing Claims after Brooke Group", 62 Antitrust Law Journal 551 (1994)

Eduardo Aguilera Valdivia, The Scope of the 'Special Responsibility' upon Vertically Integrated Dominant Firms after the Google Shopping Case: Is there a Duty to Treat Rivals Equally and Refrain from Favouring Own Related Business?, World Competition 41, no.1 (2018)

Geradin/Petit, Price Discrimination Under EC Competition Law: Another Antitrust Doctrine in Search of Limiting Principles?, 2(3) Journal of Competition Law & Economics 479, 520 (2006)

Herbert Hovenkamp, Federal Antitrust Policy: The Law of Competition and Its Practice, 3rd ed., Thomson West, 2005

Jones/Sufrin, EU Competition Law: Text, Cases, and Materials 6th ed., Oxford University Press 2016

Joseph Kattan, "The Decline of the Monopoly Leveraging Doctrine", 9 Antitrust 41 (1994)

Kahlenberg/Heim, Das deutsche Kartellrecht in der Reform: Überblick über die 9. GWB−Novelle, Betriebs−Berater, 2017

Kira Radinsky, "Data Monopolists Like Google Are Threatening the Economy", Harvard Business Review March 2015

Louis Kaplow, Extension of Monopoly Power through Leverage, 85 Colum. L. Rev. 515, 517 (1985)

Lina M. Khan, The New Brandeis Movement: America's Antimonopoly Debate, 9 J. Eur. Competition L. & Practice 131 (2018)

Manne/Wright, "If Search Neutrality is the Answer, What's the Question?", ICLE Antitrust & Consumer Protection Program White Paper Series, April 7. 2011

Nocolas Petit, Theories of Self−Preferencing and the wishful prerequisite of the essential facilities doctrine: A reply to Bo Vesterdorf, 1(3) Competition Law & Policy Debate 4 (2015)

Niels/Jenkins, Predation or innovation? How competition authorities deter dominant firms from entering new markets, ECLR. 2000, 21(6)

O'Donoghue/Padilla, The Law and Economics of Article 102 TFEU, 2nd ed., Hart Publishing, 2013

Patrick F. Todd, "Digital platforms and the leverage problem", 98 Neb. L. Rev. 487, 504, (2019)

Petra Pohlmann, "9. GWB Novelle und Digitalisierung: Innovative oder innovations− hemmende Gesetzgebung?" WuW 2016.12

Renato Nazzini, The Foundations of European Union Competition Law. The Objective and Principles of Article 102, Oxford University Press, 2011

Richard Bork, The Place of Antitrust Among National Goals, in Basic Antitrust Questions in the Middle Sixties, Fifth Conference on the Impact of Antitrust on Economic Growth 12 (Nat'l Indus. Conf. Bd. 1966)

Richard A. Posner, Antitrust Law, 2nd ed., University of Chicago Press, 2001

Robin Cooper Feldman, "Defeisive Leveraging in Antitrust", Georgetown Law Journal, vol. 87, no. 6, June 1999

Sullivan/Grimes, The Law of Antitrust, West, 2006

Whish/Bailey, EU Competition Law 8th ed., Oxford University Press, 2015

Yong Lim, "Tech Wars: Return of the Conglomerate — Throwback or Dawn of a New Series for Competition in the Digital Era?", Journal of Korean Law, Vol. 19, February 2020

제2장

온라인 플랫폼의
자사우대(Self-preferencing) 규제에 관한 일고(一考)
—공정거래법상 시장지배적 지위 남용행위 해당 여부를 중심으로—

윤신승

온라인 플랫폼의
자사우대(Self-preferencing) 규제에 관한 일고(一考)*
— 공정거래법상 시장지배적 지위 남용행위 해당 여부를 중심으로 —

윤 신 승**

I. 서   론

온라인 플랫폼 사업자의 이른바 '자사우대(self-preferencing)'란 온라인 플랫폼 사업자가 플랫폼 자체를 제공하는 것과 동시에 자사의 플랫폼을 이용하여 상품이나 서비스를 제공하는 경우, 자사의 상품이나 서비스를 그와 경쟁관계에 있는 상품이나 서비스보다 유리하게 취급하는 행위를 말한다.[1] 특히 온라인 플랫폼 사업자 중 구글(Google), 네이버(Naver)와 같은 검색 플랫폼을 제공하는 사업자의 자사우대 행위가 경쟁법을 위반하는 행위인지가 논란의 대상이 되고 있는데, 이러한 검색사업자의 자사우대에 관해서는 '검색편향(search bias)'[2]이라는 용어가 사용되기도 한다. 미국, 캐나다, 대만, 영국 등에서는 일반 검색에서 쇼핑이나 지역정보 등 자사의 수직 검색 서비스를 우대하는 구글의 행위에 대하여 경쟁법 위반을 인정하지 않는 법원 판결 또는 경쟁당국의 결정이 있었던 반면에,[3] EU 집행위원회는 2017년 구글의 자사 비교쇼핑서비스(comparision shopping services)[4]의 우대행위가 「유럽기능조약(Treaty of the Functioning of the European

---

이 논문은 전남대학교 학술연구비(과제번호: 2022-2657) 지원에 의하여 연구되었음.

** 전남대학교 법학전문대학원 교수, 변호사, 뉴욕주 변호사

1) 이호영, 『독점규제법』(홍문사, 2022), 78~79면. '자사우대'라는 용어 대신 '자기우대' 또는 '자기편애'라는 용어를 사용하기도 한다. 장품·박상진, "플랫폼 사업자의 자기우대 규제—EU 구글쇼핑 사건을 중심으로—", 법무법인(유) 지평, 『플랫폼 경쟁법』(박영사, 2021), 51면.

2) 이황, "디자인 변경에 대한 경쟁법 규제와 구글쇼핑 사건", 『선진상사법률연구』(법무부, 2020), 통권 제90호, 94면.

3) 장품·박상진(주 1), 79면.

4) '비교쇼핑서비스(comparison shopping service)'라 함은 전문검색서비스(specialized search services)로서 (i) 사용자들로 하여금 복수의 온라인 소매업자(online retailers) [온라인 판매업

Union)」(이하 "TFEU"라고 한다) 제102조[5]에 위반된다는 결정을 내렸고, 이에 대하여 구글이 EU 일반법원(General Court)에 제소한 소송에서, 일반법원은 사실상 EU 집행위원회의 결정을 지지하는 판결을 선고하였다.[6]

자사우대 문제와 관련하여 우리나라 공정거래위원회는 2021년 비교쇼핑서비스를 제공하는 네이버쇼핑이 비교쇼핑서비스의 알고리즘을 변경하여 자사 오픈마켓을 우대한 행위가 시장지배적 지위 남용행위에 해당한다는 결정을 내리면서 시정명령 및 과징금납부명령(약 266억 원)을 하였는데,[7] 이에 대하여 네이버(주)가 제기한 행정소송에서 서울고등법원은 네이버의 청구를 기각하였다.[8] 나아가 공정거래위원회는 최근 카카오모빌리티의 가맹택시 우대 논란에 관하여도 네이버쇼핑과 유사한 취지의 의결을 하였다.[9] 한편 공정거래위원회는 2023. 1. 12. 「온라인 플랫폼 사업자의 시장지배적지위 남용행위에 대한 심사지침」(공정거래위원회 예규 제418호)을 제정·시행하고 있는데, 동 심사지침은 온라인 플랫폼의

자(online merchants)라고도 부름] 및 판매업자 플랫폼(merchant platforms) [온라인 마켓플레이스(online marketplaces)라고도 부름]이 제공하는 상품을 검색하고 그들이 제공하는 가격과 특징을 비교할 수 있게 해 주며, (ii) (직접적으로, 또는 하나 또는 복수의 후속 연결페이지를 통하여) 온라인 소매업자 또는 판매업자 플랫폼의 웹사이트로 연결되는 링크를 제공하는 서비스를 말한다. *Google Search (Shopping)*, Case AT.39740, Commission Decision of 27 June 2017 (이하 "구글쇼핑 EU 집행위원회 결정"이라고 한다), ¶191. 우리나라 공정거래위원회 역시 이와 같은 EU 집행위원회 결정에서 이루어진 '비교쇼핑서비스'의 정의를 원용하고 있다. 공정거래위원회 2021. 1. 27.자 의결 제2021-027호(이하 "네이버쇼핑 의결"이라고 한다), ¶8.

5) "Any abuse by one or more undertakings of a dominant position within the internal market or in a substantial part of it shall be prohibited as incompatible with the internal market in so far as it may affect trade between Member States.

Such abuse may, in particular, consist in:

(a) directly or indirectly imposing unfair purchase or selling prices or other unfair trading conditions;

(b) limiting production, markets or technical development to the prejudice of consumers;

(c) applying dissimilar conditions to equivalent transactions with other trading parties, thereby placing them at a competitive disadvantage;

(d) making the conclusion of contracts subject to acceptance by the other parties of supplementary obligations which, by their nature or according to commercial usage, have no connection with the subject of such contracts."

6) Google and Alphabet v Commission, Case T-612/17, ECLI:EU:T:2021:763.

7) 네이버쇼핑 의결(주 4).

8) 서울고등법원 2022. 12. 14. 선고 2021누36129 판결.

9) 공정거래위원회, "자신의 가맹택시에게 콜 몰아준 카카오모빌리티 제재", 2023년 2월 14일자 보도자료. https://ftc.go.kr/www/selectReportUserView.do?key=10&rpttype=1 (최종방문일 2023. 2. 22.).

'자사우대'를 주요 경쟁제한행위 중 하나로 규정하고 있기도 하다.[10]

구글쇼핑 사건과 관련하여 시장지배력 전이 이론 적용의 타당성, 디자인 변경(design changes)에 대한 경쟁법 적용의 문제점 등과 관련하여 논란이 있고, 미국·유럽의 경쟁당국이 서로 상반된 결론을 내리는 등 자사우대 문제는 논쟁의 여지가 많은 문제이다.[11] 또한 온라인 플랫폼들이 기존 서비스 분야의 경쟁력을 기반으로 관련 서비스 분야로 사업을 확장하여 나가는 추세, 즉 '플랫폼의 다각화 현상'을 보이고 있는 점[12]을 고려하면 앞으로 자사우대 문제는 지속적으로 논란의 대상이 될 것으로 보인다. 우리나라에서도 비록 공정거래위원회와 서울고등법원이 네이버쇼핑의 행위에 대하여 「독점규제 및 공정거래에 관한 법률」(이하 "공정거래법"이라고 한다) 제5조[13]의 시장지배적지위 남용행위에 해당한다는 판단을 내리기는 하였으나, 법리적인 측면에서 이른바 시장지배력 전이 이론 적용의 타당성 여부, 자사우대가 이른바 '장점에 기한 경쟁' 또는 '능률경쟁'(competition on the merits), 또는 정상적 경쟁(normal competition)에 위반되는 행위인지 여부, 어떤 시장에서 지배적 지위를 차지하고 있는 온라인플랫폼 사업자에게 동등대우 의무를 인정할 수 있는지 여부, 자사우대를 차별취급, 끼워팔기, 거래거절 등 기존의 시장지배적 지위남용 유형과는 독립된 새로운 또는 별도의 남용행위 유형으로 파악할 것인지 여부 등 법리적 측면에서 아직 논란이 많은 주제로 보인다. 특히 자사우대는 일응 '자사 또는 다른 거래상대방 대비 가격 또는 거래조건을 차별하는 행위'에 해당될 수 있다는 점에서 공정거래법 제5조에서 규정하는 시장지배적 지위 남용행위 중 부당한 사업활동방해(동조 제1항 제3호), 그 중에서도 차별취급[14]에 해당될 수 있는데, 차별취급 유형의 시장지배적 지위남용에 대

---

10) 「온라인 플랫폼 사업자의 시장지배적지위 남용행위에 대한 심사지침」(공정거래위원회 예규 제418호) Ⅲ. 2. 다.

11) Robert O'Donoghue QC & Jorge Padilla, The Law And Economics Of Article 102 TFEU 1091 (3rd ed. 2020).

12) 이봉의, "디지털플랫폼의 자사 서비스 우선에 대한 경쟁법의 쟁점 ─ Monopoly leverage와 Equal Treatment를 중심으로 ─", 『법학연구』 제30권 제3호(연세대학교 법학연구원, 2020), 371면.

13) 2022. 12. 30. 법률 제17799호로 개정되기 이전의 구 공정거래법 제3조의2에 해당하는 조항이다.

14) 「시장지배적지위 남용행위 심사기준」(공정거래위원회 고시 제2021-18호; 이하 "시지남용 심사기준"이라고 한다) Ⅳ. 3. 라. (3). 동 조항은 "자사 또는 다른 거래상대방 대비 가격 또는 거래조건을 부당하게 차별하는 행위"를 규정하고 있는데, 동 조항 중 "자사 또는" 부분은 2021. 12. 30. 시행된 공정거래위원회 고시 제2021-18호에서 새로 추가된 부분이다.

해서는 아직까지 대법원 판결을 통해 그 법리가 설시된 바는 없다.[15] 따라서 대법원이 온라인 플랫폼 사업자의 자사우대가 차별취급 형태로 이루어지는 경우 어떠한 위법성 판단기준을 적용할 것인지 쉽게 예측하기는 어려운 상황이다.

이에 본 논문에서는 자사우대 문제에 관한 EU, 미국 및 우리나라에서 실제 집행사례를 계기로 이루어진 기존의 논의 동향을 살펴 본 후, 우리나라 공정거래법상 자사우대 행위가 시장지배적 지위남용에 해당되는지 여부와 관련하여 제기되는 주요 쟁점들을 살펴보고자 한다.[16]

II. 자사우대 행위의 경쟁법적 평가에 관한 EU 및 미국의 집행동향 및 논의

1. EU의 집행동향 및 논의

(1) 구글쇼핑(Google Shopping) 사건

구글은 2011년경부터 검색알고리즘을 변경하여 'Panda' 알고리즘을 적용하였는데, 이러한 변경에 따라 타사 비교쇼핑서비스(comparison shopping services)와 제휴한 상품은 일반검색결과 페이지에서 노출순위가 종전보다 하락하여 4번째 페이지 또는 그 이후에 보이게 된 반면, 자사 비교쇼핑비스인 구글쇼핑(Google Shopping)[17]의 검색결과는 타사 비교쇼핑서비스와 달리 Panda 알고리즘의 적용

---

15) 공정거래위원회는 제1차 퀄컴 사건(공정거래위원회 2009. 12. 30.자 의결 제2009-281호), 지멘스 유지보수 서비스 사건(공정거래위원회 8, 3. 13.자 의결 제2018-094호) 등에서 차별적 취급 유형의 시장지배적사업자 지위남용을 인정하였으나, 아직까지 대법원 판결을 통해 해당 조항의 적용이 긍정된 사례는 발견되지 않는다.

16) 우리나라 경쟁법 논의에서도 자사우대 문제는 시장지배적 지위남용 해당 여부와 관련하여 최근 매우 높은 관심을 받고 있는 주제라 할 수 있다. 이에 관한 문헌으로서는 이황, 앞의 논문(주 2); 장품·박상진, 앞의 논문(주 1); 이봉의, 앞의 논문(주 12) 이외에도, 김성만·송태원, "네이버쇼핑 자사서비스 우대 심결사건에 대한 법적 검토 — 시장지배적 지위 남용행위 적용을 중심으로 — ",『경제법연구』제20권 1호(한국경제법학회, 2021); 강지원·임지영, "온라인 플랫폼 사업자의 자사우대에 대한 경쟁법상 허용범위의 한계 — 네이버쇼핑 사건과 EU Google Shopping 사건, 영국 Streetmap 사건을 중심으로",『경쟁법연구』제44권(한국경쟁법학회, 2021); 이기종, "다면시장에서의 배제적 행위와 시장지배적지위 남용금지 — EU의 구글쇼핑 심결과 구글 안드로이드 심결을 중심으로 — ",『경제법연구』제17권 3호(한국경제법학회, 2018); 심재한, "자사우대 행위에 대한 공정거래법 적용 — 네이버쇼핑 사건을 중심으로 — ",『유통법연구』제9권 제1호(한국유통법학회, 2022) 등을 들 수 있다.

17) 구글은 2002년에 "Froogle"이라는 이름으로 미국에서 비교쇼핑서비스를 개시하였다가 2007년 같은 서비스의 이름을 "Google Product Search"로 변경하였고, 2012년에 다시 해당 서비스의

을 받지 않았다. 또한 일반검색에서 쇼핑 관련 검색어가 입력되었을 때, 구글이 제공하는 비교쇼핑서비스(Google Shopping)의 제휴상품은 타사의 비교쇼핑서비스와 제휴한 상품과 달리 일반검색결과 페이지에서 사진이나 부가정보, 가격 등과 함께 눈에 띄는 형식으로 표시되도록 하였다.[18] 그 결과 구글의 일반검색결과 페이지에서 구글의 비교쇼핑서비스는 경쟁 비교쇼핑서비스보다 소비자들에게 훨씬 더 잘 눈에 띄게 되었다.[19] EU 집행위원회는 위와 같은 구글의 행위에 대하여, 구글이 일반검색서비스 시장에서의 지배적 지위를 남용하여 비교쇼핑서비스 시장 등에서 경쟁을 제한하였다고 판단하고, 2017년 구글에게 약 24억 유로(Euro)의 과징금을 부과하는 결정을 내렸다. 구글은 이러한 EU 집행위원회의 결정에 불복하여 EU 법원에 소송을 제기하였으나, EU 일반법원(General Court)은 2021. 11. 구글의 청구를 기각하는 판결을 선고하였다.[20]

EU 집행위원회는 하류시장인 비교쇼핑서비스 시장에서의 경쟁에서 인터넷 트래픽이 중요한 요소임을 지적하면서, 구글이 위와 같은 행위를 통해 자신의 일반검색 결과 페이지에서 타사의 비교쇼핑서비스로 이어지는 트래픽을 감소시키는 한편 자사의 비교쇼핑서비스로 이어지는 트래픽을 증대시킬 수 있었다는 점을 지적하였다. 그리고 경쟁 비교쇼핑서비스의 입장에서는 구글의 일반검색을 통해 유입되는 트래픽이 상당히 큰 비중을 차지하고 이는 다른 경로에 의하여 효과적으로 대체될 수 없기 때문에, 구글의 행위로 인한 트래픽 손실은 경쟁 비교쇼핑서비스에 상당한 영향을 미칠 수밖에 없다고 보았다. 이러한 분석을 바탕으로

이름을 "Google Shopping"으로 변경하였다. 구글쇼핑 EU 집행위원회 결정(주 4), ¶¶ 27, 28, 31.

18) General Court of the European Union 보도자료, "The General Court largely dismisses Google's action against the decision of the Commission finding that Google abused its dominant position by favouring its own comparison shopping service over competing comparison shopping services", General Court of the European Union (2021. 11. 10.), https://curia.europa.eu/jcms/upload/docs/application/pdf/2021-11/cp210197en.pdf (최종방문일 2023. 2. 22.).
그 밖에 장품·박상진(주 1), 55~56면; 강지원·임지영(주 16), 186~187면 등 참조.

19) European Commission 보도자료, "Antitrust: Commission fines Google €2.42 billion for abusing dominance as search engine by giving illegal advantage to own comparison shopping service" (2017. 6. 27.), https://ec.europa.eu/commission/presscorner/detail/en/IP_17_1784 (최종방문일 2023. 2. 22.).

20) 구글은 이러한 EU 일반법원의 판결에 대하여 EU 최고법원(CJEU)에 상고를 제기하였다. Competition Policy International, *Google Appeals €2.4B Antitrust Fine At Top EU Court*, Jan. 23, 2022. https://www.competitionpolicyinternational.com/google-appeals-e-2-4b-shopping-fine-at-top-eu-court/ (최종방문일 2023. 2. 22.).

EU 집행위원회는 구글의 행위가 일반검색 시장에서의 시장지배적 지위를 비교 쇼핑서비스 시장으로 전이(leverage)하는 경쟁제한효과를 발생시킬 우려가 있다고 판단하였다.[21]

(2) 자사우대 규제에 관한 논의

EU에서는 구글쇼핑 사건에 대한 EU 집행위원회 심의 당시부터 자사우대가 TFEU 제102조를 위반하는 행위인지 여부와 관련하여 치열한 논쟁이 전개되었는 바, 아래에서 그 내용을 간략히 소개한다.

1) 자사우대 규제에 부정적인 견해

전(前) 유럽 1심법원 법원장이었던 Bo Vesterdorf는 2가지 차원에서 구글의 행위가 TFEU 제102조에 위반되지 않는다고 주장하는데, 그 하나는 구글의 행위가 '장점에 의한 경쟁' 또는 '능률경쟁'(competition on the merits)을 벗어나지 않는다는 것이고, 다른 하나는 EU 경쟁법 법리상 자사우대를 금지할 근거를 찾기 어렵다는 것이다. 우선 Vesterdorf는 시장지배적 사업자라 하더라도 문제되는 경쟁 수단이 '장점에 의한(on the merits)' 것이고 '정상적인 경쟁(normal competition)' 으로부터 벗어난 수단이 아닌 한 자유롭게 경쟁할 수 있어야 한다는 점을 지적한다. Vesterdorf는 TFEU 제102조 적용에 관한 EU 집행위원회 지침[22]에서, 시장지배적 사업자 역시 장점에 의한 경쟁의 자유가 있으며, 그로 인하여 소비자들은 "낮은 가격, 더 좋은 품질, 그리고 새로운 또는 개선된 상품 및 서비스에 대한 더 넓은 선택권"과 같은 이익을 향유하게 된다고 규정하였음을 지적하면서, 여기서 '능률경쟁'이란 품질, 가격과 디자인, 혁신, 마케팅 및 판촉행위, 판매 전 및 판매 후 서비스, 생산자 또는 상품·서비스의 명성 등을 포함한다고 설명한다. 따라서 시장지배적 사업자는 당연히 자기 상품에 대하여 광고, 전시 또는 프로모션과 같은 판촉행위를 통해 경쟁할 자유가 있으며, 마찬가지로 디자인 또는 자기 상품의 매력과 효용을 증진시키기 위한 그 밖의 혁신에 기반하여 경쟁할 자유가 보장되어야 한다는 것이다.[23] 이러한 근거에서 Vesterdorf는 시장지배적 사업자의 자사

---

21) 구글쇼핑 EU 집행위원회 결정(주 4), ¶¶334, 652; 이황(주 2), 84~85면.

22) Communication from the Commission - Guidance on the Commission's enforcement priorities in applying Article 82 of the EC Treaty to abusive exclusionary conduct by dominant undertaking, https://eur-lex.europa.eu/legal-content/EN/ALL/?uri=CELEX%3A52009XC02 24%2801%29 (최종방문일 2023. 2. 22.).

23) Bo Vesterdorf, *Theories of self-preferencing and duty to deal-two sides of the same*

우대는 비록 그것이 경쟁사업자를 한계기업으로 만들거나 심지어 시장에서 퇴출시키는 경우에도, 그것이 능률경쟁인 한에서는 반경쟁적이라고 볼 수 없다고 한다.[24]

다음으로, Vesterdorf는 시장지배적 사업자가 경쟁사업자에 대하여 거래의무를 부담하는 경우는 해당 사업자가 활동하는 상류시장(upstream market)의 상품 또는 서비스가 이른바 '필수설비(essential facilities)'에 해당하는 경우뿐인데, EU 법원은 이른바 Bronner 사건[25]에서 어떠한 재화가 '필수설비'에 해당될 수 있는 조건을 매우 엄격하게 제시[26]하였다는 점을 지적한다. Vesterdorf는 어떠한 시장지배적 사업자가 경쟁사업자와 거래하기로 선택한 경우 만약 그 시장지배적 사업자가 Bronner 판결의 법리 하에서 경쟁사업자와 거래할 의무가 인정되지 않는 사업자라면, 하물며 그 사업자에게 경쟁사업자의 상품 또는 서비스를 자사의 상품 또는 서비스와 동일하게 대우할 의무, 즉 동등대우 의무를 부과하는 것은 더더욱 허용될 수 없는 것이라고 주장한다. 그리고 그에 앞서 설령 시장지배적 사업자의 상품 또는 서비스가 '필수설비'에 해당하는 경우라 하더라도, 자기 상품 또는 서비스와 동등하게 대우할 의무까지 인정되는 것은 아니라고 한다.[27] 따라서 문제되는 상품 또는 서비스가 '필수설비'에 해당하는 경우라 하더라도 단지 시장지배적 사업자가 경쟁사업자 또는 다른 사업자보다 자신에게 더 유리한 조건을 적용하였다는 것만으로, 즉 다른 사업자를 동등하게 대우하지 않았다는 것만으로 TFEU 제102조 위반이 인정될 수는 없다고 한다. Vesterdorf는 TFEU 제102조 하에서 동등대우 의무가 성립하는 경우가 있을 수 있지만 동등대우 의무가

---

coin?, 1 COMPETITION LAW & POLICY DEBATE 4, 5 (2015).

24) Bo Vesterdorf(주 23), 6면. 또한 Pablo I. Colomo, *Self-Preferencing: Yet Another Epithet in Need of Limiting Principles*, 43 WORLD COMPETITION 417, 422 (2020) 역시 같은 취지의 주장으로 볼 수 있다.

25) Case C-7/97, Oscar Bronner GmbH & Co. KG v. Mediaprint Zeitungs und Zeitschriftenverlag GmbH & Co. KG, Mediaprint Zeitungsvertriebsgesellschaft mbH & Co. KG and Mediaprint Anzeigengesellschaft mbH & Co. KG, EU:C:1998:569.

26) Bronner 사건에서, EU 법원은 어떠한 상품 또는 서비스가 '필수설비'에 해당하기 위해서는 ① 그러한 상품 또는 서비스의 거래거절이 접근을 요청하는 사업자(Bronner)가 활동하는 시장에서 '모든' 경쟁을 제거할 우려가 있고, ② Bronner가 접근을 요청한 서비스가 Bronner가 사업을 영위함에 있어서 필수불가결할 것(해당 서비스에 대한 실제적 또는 잠재적 대체재가 존재하지 않는다는 의미에서)이라는 요건을 충족해야 한다고 판시하였다. Bo Vesterdorf(주 23), 7면.

27) Bo Vesterdorf(주 23), 7면.

성립하는지 여부는 주어진 사실관계에 대한 구체적인 분석을 필요로 하며, 여기서 결정적으로 중요한 것은 개별 경쟁사업자들의 특정한 이익을 보호하기 위해서가 아니라 하류시장 또는 인접시장에서 "유효한 경쟁과정(effective competitive process)"을 보호하기 위해서 동등대우가 필요한지 여부라고 주장한다.[28]

한편 Robert O'Donoghue QC & Jorge Padilla 역시 유사한 논리에서 EU 집행위원회의 입장을 비판하고 있다.[29] 첫째, TFEU 제102조에 따른 거래거절의 위법성 요건을, 다면플랫폼 운영사업자(multi-sided platform operator)가 제3자에게 자신의 광고 게시 공간(ad display space)에 대한 접근을 허용할 의무가 있는가라는 문제에 적용해 본다면 "자사우대"라는 패러다임은 필요조건도, 충분조건도 아니라고 한다. 이는 거래거절 법리의 핵심 논리는, 시장지배적 사업자라 하더라도 일반적으로는 자신을 '우대(favour)'하는 것이 허용되고,[30] 다만 예외적인 상황에서만 제3자에게 접근을 허용할 의무가 발생한다는 것이다. 둘째, 차별(discrimination)이라는 시각에서 배제적 남용에 해당하는지 여부를 심사함에 있어서는 남용행위로 인정되는 차별취급에 해당하기 위한 "모든(all)" 요건이 충족되어야 하는데, TFEU 제102조가 적용되기 위한 최소한의 요건은 특히 ① 대등한 거래, ② 차별적 취급, ③ 불리한 대우를 받은 당사자의 경쟁상 불이익, ④ 반경쟁적 효과, 그리고 ⑤ 객관적 정당화 사유의 부존재 등 5가지이다. 따라서 차별적 취급의 존재를 증명하는 것만으로는 부족하다. 다만 EU 집행위원회는 구글쇼핑 사건에서 '우대' 문제를 다룸에 있어 차별취급에 관한 조항인 TFEU 제102조(c)의 요건을 적용하지 않았는데 그 이유는 명확하지 않다. 한편 구글쇼핑 사건에 대한 적용법조의 문제와 관련하여, TFEU 제102조(c)는 "다른 거래상대방(other trading parties)"간의 차별을 요건으로 하므로 자기 자신(구글의 비교쇼핑서비스)과 거래상대방 간 차별에 적용될 수 없는 점, 또한 구글의 일반검색 페이지에 노출되는 비교쇼핑서비스들이 구글의 "거래상대방(trading parties)"에 해당된다고 보기 어려운 점 등을 이유로 구글쇼핑 사건은 TFEU 제102조(c)의 요건을 충족하지 않는다는 견해가 있다.[31][32]

---

28) Bo Vesterdorf(주 23), 6면.
29) Robert O'Donoghue QC & Jorge Padilla(주 11), 1091~1094면.
30) 이러한 주장은 필수설비를 보유한 시장지배적 사업자가 경쟁사업자에게 해당 필수설비에 대한 접근을 거절하는 것이야 말로 가장 강력한 형태의 자기 '우대'에 해당한다는 논리에 근거한 것이라고 할 수 있다.

셋째, Robert O'Donoghue QC & Jorge Padilla는 "자사우대" 주장은 정당한 상품개선(product improvement)을 정당하게 고려하지 않는 점에서 특히 문제가 있다고 주장한다. 즉 자사우대 분석에 따르면, 상품개선의 결과로 인해 경쟁상품에게 차별의 효과가 발생하는 경우에도 차별 대우가 일응 남용행위로 추정(prima facie abusive)된다는 것이다.

한편 Pablo Ibanez Colomo는 기업은 자신의 경쟁상 이점을 경쟁기업에게 나누어 줄 일반적인 의무를 부담한다고 할 수 없는데, 이는 수직적·수평적 통합기업[33]의 경우도 마찬가지라고 한다. EU 판례법에 의하면 경쟁자에 대한 거래거절은 해당 통합기업이 통제하는 투입재(input) 또는 플랫폼에 대한 접근이 인접시장에서의 경쟁에서 필수불가결한 경우에 한하여 남용행위가 될 수 있는데, EU 법원은 IMS Health 사건에서 어떠한 상품이 단지 그에 대한 대체 상품보다 우월하다는 것만으로는 필수불가결한 것으로 볼 수 없다고 판시한 점을 고려할 때, 어떠한 투입재 또는 플랫폼이 통합기업에게 경쟁상 우위를 부여한다는 사실만으로는 남용행위로 인정될 수 없다고 주장한다. 즉 투입재 또는 플랫폼에 대한 접근이 거절되었다는 것이 인접시장에서 경쟁하는 것을 '불가능(impossible)'하게 하거나 '불합리할 정도로 어렵게(unreasonably difficult)' 하는 경우임이 입증되어야 한다는 것이다.[34] Colomo는 특히 수직적 통합에 의하여 얻어지는 경쟁상 이득을 그 밖의 일반적인 경쟁상 이득과 다르게 취급할 필요가 없다는 점을 강조한다. 예를 들어 어떠한 응용프로그램이 운영체제와 통합되어 있는 결과로 누리게 되는 이득은 능률경쟁의 표현이 아니라 보호가치 없는 횡재(windfall)에 해당한다는 인식이 있고, 이러한 인식이 Microsoft 사건의 근본적인 인식이었다고 한다.

---

31) Pinar Akman, *The Theory of Abuse in Google Search: A Positive and Normative Assessment under EU Competition Law*, U. ILL. J.L. TECH. & POL'y 301, 329-332 (2017).

32) TFEU 제102조 (a) 내지 (d)의 남용행위 유형은 한정적 열거가 아니라 예시적 열거의 성격을 갖는 것으로 보기 때문에, EU 집행위원회가 TFEU 제102조 (a) 내지 (d)에 열거된 남용행위 유형을 적용하지 않고 TFEU 제102조 본문을 직접 적용하는 것 역시 가능한 것으로 이해된다. RICHARD WHISH & DAVID BAILEY, COMPETITION LAW 198 (10th ed. 2021); 구글쇼핑 EU 집행위원회 결정(주 4), ¶335.

33) Colomo는 이른바 'Big Tech' 기업과 관련하여, 운영체제 및 그 운영체제 상에서 작동하는 응용프로그램을 소유하고 있는 기업, 온라인 마켓플레이스이면서 동시에 그러한 마켓플레이스에서 영업하는 온라인 판매업자 지위를 동시에 보유하고 있는 기업, 또는 검색엔진과 온라인 예약서비스를 동시에 운영하는 기업 등을 예로 들고 있다. Pablo I. Colomo(주 24), 418면.

34) Pablo I. Colomo(주 24), 422면.

즉 EU 집행위원회는 Microsoft 사건에서 시장지배적 사업자의 응용프로그램들이 달성한 우위는 해당 응용프로그램들의 내재적 가치의 결과가 아니며(즉 능률경쟁의 결과가 아니며), 그 응용프로그램이 운영체제와 통합되어 있다는 사실의 결과일 뿐이라고 지적하면서, 구글쇼핑 사건에서도 유사한 인식이 발견되는데,[35] 통합 기업이 제2 시장(예를 들어 웹 브라우저 시장)에서 누리는 경쟁상 이득이 제1 시장 상품(예를 들어 운영체제)의 개발 과정에서 이루어진 투자와 혁신의 결과라는 점을 고려하면 제2 시장에서의 경쟁상 이득을 다른 원인에 의한 경쟁상 이득과 다르게 취급할 이유는 분명하지 않다고 주장한다.[36]

2) 자사우대 규제에 긍정적인 견해

Nicolas Petit은 위에서 살펴 본 Bo Vesterdorf의 주장을 정면으로 비판하면서, EU법상 자사우대는 차별취급(discrimination), 끼워팔기(tying), 가격남용(unfair pricing), 배타조건부거래(exclusive dealing) 등 필수설비 요건에 대한 판단을 요구하지 않는 다른 행위유형으로서 금지될 수 있다고 주장하였다.[37] 예를 들어, Deutsche Bahn 사건[38]에서 EU 집행위원회는 관련 설비가 필수설비에 해당하는지에 대한 판단 없이, 독일 철도 운영회사의 해운 자회사인 Transfracht 가 철도 설비 이용에 대하여 경쟁사보다 낮은 요금을 적용받은 행위가 차별취급에 해당한다는 이유로 TFEU 제102조(c)에 위반된다고 판단하였다.[39] 또한 GT-Link 사건[40]에서는, 상업항구를 소유·운영하는 공기업(DSB)이 자사가 운영하는 하류시장(downstream market)의 페리 서비스 및 거래상대방 중 일부 기업에 대하여 항구 사용료(port duties)를 면제한[41] 반면에, 경쟁 페리 회사에 대해서는 항구 사용

---

35) 구글쇼핑 사건에서, EU 집행위원회는 구글의 행위가 비교쇼핑서비스 시장에서 잠재적인 반경쟁적 효과를 가진다는 근거 중 하나로서, 구글의 행위가 "구글로서는 현재 경쟁 비교쇼핑서비스들과 능률에 의한 경쟁을 할 필요가 없기 때문에, 구글이 자신의 비교쇼핑서비스의 품질을 개선할 유인을 감소시킨다"는 점을 들고 있다. 구글쇼핑 EU 집행위원회 결정, ¶596.

36) Pablo I. Colomo(주 24), 423~424면.

37) Nicolas Petit, *Theories of self-preferencing and the wishful prerequisite of the essential facilities doctrine: A reply to Bo Vesterdorf*, 1 COMPETITION LAW & POLICY DEBATE 4, 4~7 (2015).

38) GC, Deutsche Bahn AG v Commission, T-229/94, ECR [1997] II-1689.

39) 그리고 이러한 판단은 EU 일반법원(General Court)에서도 유지되었다. Nicolas Petit(주 37), 5면.

40) CJEU, GT-Link A/S and De Danske Statsbaner (DSB), C-242/95, ECR [1997] ECR I-4449.

41) DSB는 Deutsche Bahn(DB)의 자회사(DFO)에 대하여 항구사용료를 면제하였는데, 이에 대한

료를 요구한 행위가 문제되었다. 이에 대하여 EU 최고법원(CJEU)은 이러한 행위
가 TFEU 제102조(c)에 의한 위법한 차별취급에 해당한다고 판시하였다. Petit 은
이 사건들에서 문제된 재화가 필수설비에 해당할 가능성도 있으나, 법률적으로
필수설비 법리가 원용되지는 않았다는 점을 강조한다.[42]

　　Nicolas Petit은 자사우대에 대하여 '배타조건부 거래(exclusive dealing)'로서
규제될 수 있다는 점에 대한 예시로서 Van den Bergh Foods 사건[43]을 제시한
다. 동 사건에서 시장지배적 지위를 가진 아이스크림 생산자인 HB는 아일랜드
소매업자들에게 무료로 냉동고 캐비닛(freezer cabinets)을 제공하였는데, 그 대가
로 HB의 아이스크림만 냉동고 캐비닛에 저장할 것을 약속하였다. 이에 대하여
EU 집행위원회와 EU 일반법원은 HB가 TFEU 제102조를 위반하였다고 판단하
였다. 이 사건은 전형적인 배타조건부 거래행위로서 다루어졌으나, '자사우대'의
측면을 가지고 있다는 점 역시 분명하다는 것이 Petit의 해석이다. 즉 냉동고 배타
조건 조항에 의하여, HB는 냉동고 캐비닛에 대한 소유자로서의 통제력(proprietary
control)을 이용하여 자신의 제품을 우대하고 이를 통해 경쟁자에게 손해를 가한
것으로 볼 수 있다는 것이다.[44]

　　Petit은 또한 필수설비 요건이 충족되어야 한다는 Vesterdorf의 주장을 반박하
는 논거로서 TeliaSonera 판결[45]을 제시한다. 동 사건에서는 가격압착(margin
squeeze) 법리가 Bronner 사건에서 판시된 요건들이 적용되는 필수설비 법리의
한 가지 유형에 해당하는지 여부가 문제되었는데, CJEU는 가격압착은 거래거절
과는 "구별되는(distinct)" "독립적인(independent)" 형태의 남용행위라고 판시하였
다. 동 법원은 나아가 가격압착 이외의 다른 남용행위와 관련해서도, Bronner 판
결에서 판시한 거래거절의 위법 요건이 언제나 충족되어야 한다고 해석하는 것은
TFEU 제102조의 유효성을 부당하게 감소시키는 것이 된다는 입장을 취하였다.
Petit은 이상과 같은 논의를 바탕으로 필수설비 법리에 따른 거래의무가 발생하지

　　대가로서 DSB는 DB가 소유한 항구의 사용료를 면제 받았다.

42) Nicolas Petit(주 37), 5면. Petit 은 위 2가지 선례와 더불어 ITT Promedia 사건도 함께 인용하
　　고 있다. ITT Promedia 사건에 대해서는 EU Commission Press Release, IP/97/292, Brussels,
　　11 April 1997 참조.

43) Van den Bergh Foods Ltd v Commission, T-65/98, [2003] ECR II-4653.

44) Nicolas Petit(주 37), 7면.

45) Konkurrensverkehr v Teliasonera Sverlge AB, C-52/09, [2011] ECR I-00527.

않는 한 경쟁법 상 동등대우 의무 역시 발생하지 않는다는 Bo Vesterdorf의 주장
은 타당하지 않다고 반박한다.[46]

한편 Jacques Cremer 등은 EU 집행위원회의 요청에 따라 발간한 'Competition
Policy for the digital era'(2019)라는 보고서[47]에서, 시장지배적 플랫폼이 자기
자신의 상품 또는 서비스가 다른 사업자들이 제공하는 상품 등과 경쟁관계에 있
을 때 자신의 상품 등에 대하여 더 유리한 대우를 제공하는 것, 즉 자사우대는
플랫폼이 자신의 시장지배력을 다른 시장으로 전이하는 여러 가지 기법 중 하나
라고 보았다. 동 보고서는 자신의 상품 또는 서비스에 대하여 더 유리한 대우를
하는 것은 플랫폼의 운영에 대한 적절한 보상이라는 주장도 가능하지만, 반면에
시장지배적 플랫폼이 자사우대를 하는 경우 하류시장(downstream market)에서의
왜곡효과가 상당히 클 수 있으며, 이 경우 자사우대는 결국 불합리하게 과도한
보상이 될 수 있다고 하였다. 또한 동 보고서는 EU의 확립된 판례에 의하면 필
수설비의 소유자는 자사우대가 금지되나, 시장지배적 기업의 자사우대는 필수설
비의 요건에 미치지 못하는 경우에도 그 행위가 친경쟁적 정당화 사유에 의하여
합리화되지 않고 시장지배력의 전이를 가져올 우려가 있는 경우에는 남용행위가
될 수 있다고 본다. 달리 말하면, 자사우대는 당연히(*per se*) 남용행위가 되는 것
은 아니고 효과기준(effect test)에 따라 남용행위 여부가 판단되어야 한다는 것이
다.[48] 또한 동 보고서는 특별히 진입장벽이 높은 시장에 존재하는 수직통합된 시
장지배적 디지털 플랫폼의 경우에, 그리고 그 플랫폼이 특별한 중요성을 갖는 중
개설비(intermediation infrastructure)로 기능하는 경우에는, 플랫폼이 시장 규제자
로서 기능하는 범위에서, 자사우대가 장기에 걸쳐 상품시장에서 배제적 효과
(exclusionary effects)를 초래하지 않는다는 점에 대한 증명책임을 부담하게 할
것을 제안한다.[49] 동 보고서의 위와 같은 제안이 받아들여진다면, 지배적 플랫폼
으로서는 반경쟁적 효과의 부존재를 증명하거나 또는 반경쟁적 효과를 초과하는
효율성의 존재를 증명할 책임을 부담하게 될 것이다.[50]

---

46) Nicolas Petit(주 37), 8면.

47) Jacques Cremer, Yves—Alexandre De Montjoye & Heike Schweitzer, Competition Policy
    For The Digital Era (Final Report) (European Commission, 2019).

48) J. Cremer et. al.(주 47), 66면.

49) R. O'Donoghue QC & J. Padilla는 이러한 제안은 입법론으로서는 가능할지 몰라도, 현행법
    의 해석론으로서는 받아들이기 어렵다고 한다. Robert O'DOnoghue QC & Jorge Padilla(주
    11), 1092면.

2. 미국의 집행동향 및 논의

(1) 연방거래위원회의 조사결과

미국 경쟁당국 역시 EU 집행위원회가 문제 삼은 것과 유사한 구글의 행위에 대하여 조사를 진행하였다. 미국에서는 구글의 행위가 제기하는 문제에 대하여 '검색편향(search bias)'이라는 용어를 사용하였는데, 미국에서 문제된 행위 역시 구글이 검색결과 페이지의 디자인, 알고리즘 변경을 통하여 쇼핑, 여행 등 자사 전문검색결과가 일반검색결과 페이지 상단에 배치되고, 경쟁사의 전문검색결과는 종전보다 아래 부분에 노출되도록 한 것이었다.[51] 미국 연방거래위원회(US Federal Trade Commission, 이하 'US FTC')는 구글이 검색결과 페이지를 변경한 것이 주로 경쟁자들을 배제하고 경쟁과정을 제한하기 위한 것이었는지, 아니면 반대로 검색 상품의 품질과 전반적인 사용자 경험을 개선하기 위한 것이었는지가 핵심적인 문제라고 보았다.[52] 그 결과 US FTC는 관련 증거를 종합하여 볼 때, 구글의 디자인 변경은 검색결과의 품질을 개선하기 위한 것이고, 경쟁자들에게 발생하였을 가능성이 있는 부정적인 결과는 능률경쟁(competition on the merits)에서 발생하는 부수적 결과에 불과하다고 판단하면서, 무혐의 결정을 내렸다. US FTC는 구글이 일반검색(universal search)을 비롯한 검색엔진에 일정한 변경을 가한 결과 다른 경쟁사업자들의 검색결과 정렬 순위가 강등되었고(demoted), 그 결과 이들이 트래픽 감소 등 경쟁상 불이익을 겪었을 가능성 자체를 부정하지는 않았지만, 이와 별개로 제품설계의 변경이 혁신(innovation)으로서 구글 상품과 이용자 경험을 개선하고 편익을 증진시켰다는 점에서 합리적인 사업상 정당화사유(legitimate business justification)가 있어 독점금지법 위반으로 볼 수 없다고 판단하였다.[53][54]

---

50) J. Cremer et. al.(주 47), 66~67면.

51) Federal Trade Commission 보도자료, "Statement of the Federal Trade Commission Regarding Google's Search Practices" (2013. 1. 3.), (이하 "FTC Statement"), 1~2. https://www.ftc.gov/sites/default/files/documents/public_statements/statement-commission-regarding-googles-search-practices/130103brillgooglesearchstmt.pdf (최종방문일 2023. 2. 22.).

52) FTC Statement(주 51), 2.

53) FTC Statement(주 51), 3~4; 이황(주 2), 83~84면.

54) 미국 외에 캐나다 경쟁당국도 같은 사안에 대하여 조사한 끝에 무혐의로 종결하였다고 한다. 이황(주 2), 84면.

EU와 미국이 동일한 사실관계를 두고 서로 상반된 결론에 이르게 된 것에 관하여는, US FTC는 구글의 디자인 변경이 소비자에게 편익을 제공한 것으로서 '상당한 개선'을 달성하였기 때문에 능률경쟁(competition on the metrits)에 해당된다고 판단한 반면에, EU집행위원회는 디자인 변경의 효율성 자체에 대하여는 직접 언급하지 않은 채 구글의 행위가 인터넷 트래픽이라는 중요한 경쟁수단에 직접 영향을 주었고, 그로 인해 시장지배력이 전이되거나 경쟁사업자의 시장지위에 상당한 영향이 초래될 우려가 있다는 점에서 구글의 행위를 능률경쟁을 벗어난 것으로 파악한 점에서 서로 차이가 있다는 견해가 있다.[55]

(2) 자사우대 규제에 관한 논의

상품의 디자인 변경(product design changes)에 관한 미국 판례의 주류는 혁신의 저해를 우려하여 디자인 변경의 위법성을 인정하는 데 소극적이라고 할 수 있다.[56] 미국 판례는 어떠한 디자인의 변경이 진정한(genuine) 것으로서 상당한 기술적 개선이 이루어진 것이라면 그러한 사정은 일종의 안전항(safe harbor)에 해당하여, 설령 그 디자인 변경으로 인해 경쟁사업자에게 부정적 영향을 미치더라도 문제되지 않는다고 본다. 특히 컴퓨터 소프트웨어와 같이 상품 자체가 빠르게 변화하는 시장에서는 더욱 그러하다는 입장을 취한다.[57] 예를 들어 미국 제9항소법원은 소비자들에게 새로운 이익을 제공함으로써 상품의 개선을 가져오는 디자인 변경은 그와 결부된 다른 반경쟁 행위가 없다면 셔먼법 제2조 위반에 해

---

55) 이황(주 2), 85면.

56) United States v. Microsoft Corp., 253 F.3d 34, 65 (D.C.Cir.2001); 이황(주 2), 75면.

57) Andrew I. Gavil, William E. Kovacic, Jonathan B. Baker & Joshua D. Wright, Antitrust Law In Perspective — Cases, Concepts And Problems In Competition Policy — 537-38 (3rd ed. 2016); 이황(주 2), 75~76면. 그러나 이와 같은 상품혁신에 대한 판례의 관대한 태도가 독점사업자의 상품디자인에 관한 결정이 당연 합법(per se lawful)이라는 의미는 아니다. 예를 들어 마이크로소프트 사건에서 연방항소법원은 "워싱턴 DC 연방지방법원은 먼저 윈도우즈 98(Windows 98)의 '프로그램 추가/제거(Add/Remove Programs)' 기능으로부터 인터넷 익스플로러(IE)를 제외하기로 한 결정이 반경쟁적이라고 판단하였다. 마이크로소프트는 윈도우즈 95에서는 프로그램 추가/제거 기능 안에 IE를 포함하였다가, 윈도우즈 98을 출시하면서 프로그램 추가/제거 기능으로부터 IE를 제외하였다. 이러한 변경은 마이크로소프트 자신의 소프트웨어를 소비자들에게 더 매력적인 것으로 만드는 방법에 의한 것이 아니라 OEM들로 하여금 경쟁상품을 설치하는 것을 억제하는 것에 의하여 경쟁 웹브라우저의 사용비율을 감소시켰다. 이러한 마이크로소프트의 행위는 능률경쟁에 속하지 않는 방법(something other than competition on the merits)에 의하여 경쟁 상품의 사용을 상당히 감소시키고 그에 의하여 자신의 운영체제 독점을 유지하는 효과를 초래하였다는 점에서 반경쟁적이다"라고 판시하였다. A. Gavil et. al.(주 57), 538면.

당하지 않는다고 판시하였다.[58] 한편 Geoffrey Manne & Joshua Wright 같은 학자들은 구글 뿐만 아니라 시장지배력을 가지지 못한 다른 검색서비스들(예를 들어 Yahoo!)도 자신과 관련된 웹페이지들을 우선시키는 현상이 보편적이며, 나아가 수직통합 기업이 자기 자신의 상품에 더 유리하도록 차별하는 행위 역시 보편적 현상이라고 한다.[59] 즉 검색편향의 문제는 정상적인 경쟁의 결과로 보는 것이 타당하다는 것이다.

반면에 비록 미국 학계 내에서는 상대적으로 소수의 견해이기는 하지만, 이른바 New Brandeis School에 속하는 학자 또는 실무가들은 자사우대에 대하여 보다 비판적인 견해를 취한다.[60] 예를 들어, US DOJ의 송무변호사(trial attorney)를 역임한 John Newman은 디자인 변경에 대한 종래의 주류적 판례와 학설에 대하여 비판적인 견해를 취한다. 즉 주류적 판례와 학설은 시장기능 자체가 배제적인 (exclusionary) 디자인 변경을 억제하는 효과가 있고, 법원이 디자인 변경을 심사할 능력을 갖지 못하기 때문에 자칫 혁신을 저해할 위험성이 있다는 이유로 디자인 변경에 대하여 우호적인 취급이 필요하다는 입장인데, 이에 대하여 Newman은 첫째 정(正)의 네트워크 외부성(positive network externalities)[61]을 특징으로 하는 디지털 시장(coded-based markets)의 경우 반경쟁적 행위의 유인이 상당히 크고,[62] 둘째 특정한 기능을 발휘하도록 컴퓨터 코드를 작성하는 데에는 다수의 선택 가능한 방법이 존재한다는 점에서 상호호환성(interoperability)을 제한하는 디자인 변경은 경쟁자 봉쇄의 동기에 기인한 것일 가능성이 높다는 점[63]을 고려할 때, 디지털 시장의 경우 디자인 변경에 대한 피고 친화적인(defendant-friendly) 태도는 타당성이 인정될 수 없다고 한다.

---

58) Allied Orthopedic Appliances Inc. v. Tyco Health Care Group LP, 592 F.3d 991, 998-99.

59) Geoffrey A. Manne & Joshua D. Wright, *If Search Neutrality is the Answer, What's the Question?*, COLUM. BUS. L. REV. 151, 174-175 (2012); 이황(주 2), 84면.

60) 이황(주 2), 81~83면.

61) '정(正)의 네트워크 외부성'이라 함은 일정한 기술 또는 서비스를 이용하는 사용자의 수가 증가할수록 그러한 기술 또는 서비스의 사용에 대한 효용이 증대함을 의미한다. J. Cremer et. al.(주 47), 20면.

62) John M. Newman, *Anticompetitive Product Design in the New Economy*, 39 FLA. ST. U. L. REV. 681, 693 (2012).

63) John M. Newman(주 62), 711면.

III. 우리나라의 집행동향 및 논의

1. 네이버쇼핑 사건

우리나라 공정거래위원회 사건에서는 네이버(주)(이하 "네이버"라고 한다)가 쇼핑 분야 전문검색서비스(온라인 비교쇼핑서비스)를 운영하면서 자사 오픈마켓 서비스('스마트스토어') 입점 업체 상품이 검색결과 상단에 노출되기 유리하도록 검색연산방식(알고리즘)을 조정한 행위가 문제되었다. 공정거래위원회 의결[64]에 따르면 네이버는 수수료 수입, 중개거래액, 트래픽 등을 기준으로 비교쇼핑서비스 시장에서 70% 이상의 점유율[65]을 차지하는 1위 사업자로서, 비교쇼핑서비스 시장에서의 경쟁사업자로는 카카오, 다나와, 에누리 등이 있으며, 네이버 쇼핑 검색 결과에는 자사 오픈 마켓 상품과 11번가, G마켓, 옥션, 인터파크 등 경쟁 오픈마켓 상품이 모두 노출된다. 위와 같은 네이버의 알고리즘 조정·유지 행위에 의하여, 네이버 쇼핑 검색 결과에서 네이버 오픈마켓(스마트스토어) 입점사업자 상품의 노출비중이 증가하고, 경쟁 오픈마켓 입점사업자 상품의 노출비중은 감소하였다. 그리고 그 결과 오픈마켓 시장에서 네이버(스마트스토어)의 거래액 기준 점유율이 2012년 약 1.6%에서 2018년 약 21% 수준으로 상승하였다. 이러한 사실인정을 바탕으로 공정거래위원회는 비교쇼핑서비스에서 검색기능을 제공함에 있어서 외부에서는 알기 어려운 사정을 이용하여 자사 오픈마켓에 입점된 상품이 검색결과 노출에서 유리하게 되도록 알고리즘 조정을 시험하고, 자사 오픈마켓 입점상품에는 유리하고 경쟁 오픈마켓 입점상품에는 불리하다는 것을 알면서도 이를 실행한 것은 차별취급 유형의 부당한 사업활동방해[구 공정거래법[66] 제3조의2 제1항 제3호, 구 공정거래법 시행령[67] 제5조 제3항 제4호, 구 시지남용 심사기준[68] IV. 3. 라. (2)[69]] 등에 해당하는 것으로 인정하였다.[70] 네이버는 이와 같은

---

64) 네이버쇼핑 의결(주 4).

65) 동 사건에 대한 서울고등법원 판결(주 8)에 따르면, 2018. 3. 기준으로는 시장점유율이 80%를 초과한다고 한다.

66) 2020. 12. 29. 법률 제17799호로 전부개정되기 전의 것을 말한다.

67) 2021. 12. 28. 대통령령 제32274호로 전부개정되기 전의 것을 말한다.

68) 2021. 12. 30. 공정거래위원회 고시 제2021-18호로 개정되기 전의 것을 말한다.

69) "(2) 거래상대방에게 정상적인 거래관행에 비추어 타당성이 없는 조건을 제시하거나 가격 또

공정거래위원회의 행정처분에 대하여 서울고등법원에 취소소송을 제기하였는데, 서울고등법원은 2022. 12. 14. 네이버의 청구를 기각하였다.[71]

이 사건에서 네이버의 행위가 시장지배적지위 남용행위 중 부당한 사업활동 방해에 해당하는지 여부와 관련하여 먼저 관심을 끄는 부분은 공정거래위원회가 시장지배력 전이(leverage) 이론에 바탕으로 두고 경쟁제한성을 인정하였으며, 서울고등법원 역시 사실상 시장지배력 전이 이론을 원용하였다는 점이다.[72] 다음으로 거래조건 차별행위의 존재와 관련하여, 네이버는 자사를 타사보다 우대하지 말 것을 요구할 수 없다는 점에 차별행위 자체가 존재하지 않는다고 하였으나, 서울고등법원은 이 사건에서 문제되는 차별은 자사와 타사 간이 차별이 아니라 원고의 거래상대방(스마트스토어 입점사업자)과 실질적 거래상대방(경쟁 오픈마켓의 입점사업자) 간 거래조건 차별이므로, 자사와 타사 간의 차별을 차별취급으로 볼 수 있는가 하는 것은 문제되지 않는다고 보았다. 한편 EU에서는 자사 우대 문제에 관하여 문제되는 시장지배력의 기반이 되는 상품 또는 서비스가 '필수설비'에 해당할 경우에만 남용행위가 인정될 수 있다거나 동등대우 의무가 인정될 여지가 있다는 견해도 있으나, 네이버 쇼핑 사건에서는 네이버의 비교쇼핑서비스가 필수설비에 해당하는지 여부는 직접적인 쟁점이 되지 않았다.[73]

한편 공정거래위원회는 2023. 2. 14. ㈜카카오모빌리티가 자신의 자회사 등이

는 거래조건을 부당하게 차별하는 행위".

70) 공정거래위원회는 네이버의 행위가 시장지배적 지위 남용행위에 해당할 뿐만 아니라, 불공정 거래행위 중 부당한 차별취급 및 부당한 고객유인(구 공정거래법 제23조 제1항 제1호, 제3호)에도 해당하는 것으로 판단하였고, 네이버의 공정거래법 위반행위에 대한 시정조치로서 시정 명령과 함께 약 266억 원의 과징금납부명령을 부과하였다.

71) 앞의 판결(주 8).

72) 서울고등법원은 명시적으로 시장지배력 전이 이론을 언급하지는 않고 있으나, "(다) 이 사건 위반행위로 인한 경쟁제한 효과 발생 우려의 존재"를 설명하는 부분에서 "이처럼 한 시장의 시장지배력을 이용하여 다른 시장에서 별다른 경쟁 없이 마찬가지로 시장지배적지위를 점하거나 후발주자임에도 용이하게 점유율을 확대하는 행위는 경쟁제한적 성격이 강해 그 만큼 규제의 필요성도 크다"고 하는 한편 "원고가 비교쇼핑서비스 시장에서의 시장지배적지위를 이용하여 스마트스토어의 입점사업자를 우대하였고, 그로 인해 원고가 시장점유율이나 거래액, 입점사업자 수 등에서 이 사건 경쟁 오픈마켓에 비해 상대적으로 높은 증가율을 보였다면 경쟁제한 효과가 발생하였거나 발생할 우려가 있었다고 충분히 인정할 수 있고"라고 하였는 바, 이는 실질적으로 시장지배력 전이 이론을 원용한 것으로 볼 수 있다. 앞의 판결(주 8).

73) 서울고등법원이 네이버의 오픈마켓 서비스('스마트스토어')와 경쟁관계에 있는 오픈마켓 사업 자들이 네이버의 비교쇼핑서비스('네이버쇼핑')를 "오픈마켓 사업활동에 있어 필수적인 요소로 인식하고 있는 것으로 보인다"고 설시하고 있기는 하지만, 그 취지가 네이버쇼핑이 필수설비 또는 필수요소에 해당한다는 의미로 보이지는 않는다.

운영하는 '카카오T블루'의 가맹택시 수를 늘리기 위해 '카카오T앱(App)'의 중형 택시 배차 알고리즘을 변경한 행위가 일반호출 시장에서의 압도적인 시장지배적 지위를 남용하여 택시가맹 서비스 시장 및 일반호출 시장의 경쟁을 제한한 행위라고 판단하고 시정조치 및 과징금납부명령을 하였다. 공정거래위원회 보도자료에 의하면 이 사건 역시 네이버쇼핑 사건과 유사하게 특정 시장의 지배력을 이용한 자사우대를 통해 다른 시장으로 지배력을 전이하는 행위가 시장지배적 지위남용행위에 해당한다는 논리에 기반하고 있는 것으로 보인다.[74]

2. 자사우대 규제에 관한 논의

우리나라에서도 자사우대 문제는 단독행위 분야에서 최근 이론적·실무적으로 상당한 관심을 불러일으키고 있는 주제 중 하나로 보이며, 실무적으로는 네이버쇼핑 사건에 대한 공정거래위원회 의결을 중심으로 하여 논의가 진행되고 있는 것으로 보인다. 자사우대 쟁점과 관련하여 시장지배력 전이 이론 적용의 타당성 여부가 논의되고 있으며,[75] 구글쇼핑 사건에 대한 EU 논의와 유사한 취지에서 자사우대가 시장지배적 지위남용에 해당하기 위해서는 경쟁사업자에 대한 '동등대우 의무'에 대한 논증이 전제되어야 한다거나,[76] 이른바 검색중립성을 근거로 하여 검색사업자의 자사우대를 부당한 행위로 평가하는 것은 합리성이 인정되기 어렵다는 견해[77] 등이 제시되고 있다.

한편 자사우대가 문제되는 사건에서도 시장지배적 지위남용으로서의 위법성이 인정되기 위해서는 포스코 판결에서 설시한 부당성 판단기준이 적용되어야 한다는 데에는 큰 이견이 없어 보이나, 구체적으로 자사우대 유형의 사건에서 어떠한 요소들이 증명되어야 부당성이 인정될 수 있는지에 관해서는, 미국과 같이 하류시장에서 고도의 독점화 개연성까지 요구한다고 하기는 어렵지만 동시에 EU와 같이 경쟁사업자들의 트래픽 변화만으로 경쟁제한효과를 인정하기는 어려우며, 미국과 EU의 중간지점이 가장 적절한 판단기준이 될 것이라면서 행위자 자신이 제공하는 서비스의 효율성 저하, 하류시장 경쟁사업자의 비용 상승(raising

---

74) 앞의 보도자료(주 9).

75) 이봉의(주 12), 389~391면; 이황(주 2), 97면; 강지원·임지영(주 16), 202~204면; 장품·박상진(주 1), 73~75면 등 참조.

76) 이봉의(주 12), 382~385면; 장품·박상진(주 1), 75면.

77) 이황(주 2), 93~95면; 강지원·임지영(주 16), 193~194면; 심재한(주 16), 114~116면.

rival's cost), 하류시장에서의 시장봉쇄, 행위자 자신 및 경쟁사업자의 혁신 저해 등과 같은 효과 내지 그 우려가 증명되어야 한다는 견해가 있다.[78] 또한 시장지배력 전이의 수단이 능률경쟁에 반하는 것인지 여부를 중심으로 판단하되 그것이 불명확한 경우에는 시장지배적 사업자의 의도 내지 목적을 기준으로 부당성 여부를 판단할 수 있을 것이라는 견해,[79] 경쟁사업자의 배제나 시장의 봉쇄와 같은 구체적인 경쟁제한효과 없이 자기우대행위를 일응(prima facie) 위법한 행위로 보는 것은 다른 행위 유형보다 우대의 정도가 약한 행위에 대하여 보다 완화된 위법성 판단기준을 적용하는 모순이 있으므로 타당하지 않다는 견해[80] 등이 제시되고 있다.

Ⅳ. 자사우대의 부당성 판단과 관련한 몇 가지 문제

1. 적용법조와 부당성 판단 기준

국내에서 자사우대 사건의 리딩 케이스라 볼 수 있는 2021년[81]의 네이버 쇼핑 사건, 2023년[82]의 카카오모빌리티 사건에 비추어 볼 때, 국내의 경우 자사우대 행위가 시장지배적 지위 남용행위에 해당하는지 여부와 관련해서는 일견 '부당한 사업활동방해' 조항(공정거래법 제5조 제1항 제3호)이 적용되는 경우가 많을 것으로 보인다. 구 공정거래법 제3조의2(현행 공정거래법 제5조)에서 규정하는 시장지배적 지위 남용행위, 특히 작은 일반조항(kleine Generalklausel)의 성격을 갖는다고 볼 수 있는[83] '부당한 사업활동방해'의 위법성 판단에는 대법원 전원합의체 판결인 2007년 포스코 사건[84]의 법리가 적용된다고 보는 것이 일반적이다.

네이버쇼핑 사건에서 공정거래위원회는 네이버의 행위에 대하여 시장지배적 지위남용 행위 유형 중 '차별취급' 조항을 적용하였다. 즉 구 공정거래법 제3조의

---

78) 이황(주 2), 97~98면.

79) 이봉의(주 12), 396~397면.

80) 장품·박상진(주 1), 77면.

81) 네이버쇼핑 사건의 공정거래위원회 의결일(2021. 1. 27.)을 기준으로 한 것이다.

82) 카카오모빌리티 사건의 심의결과에 관한 보도자료 배포일(2023. 2. 14.)을 기준으로 한 것이다.

83) 이봉의, "공정거래법상 부당한 사업활동방해의 경쟁제한성 판단 ― 현대·기아차 판결을 중심으로 ―", 『법학논문집』 제41집 제2호(중앙대학교 법학연구원, 2017), 163면.

84) 대법원 2007. 11. 22. 선고 2002두8626 전원합의체 판결.

2 제1항 제3호[85]는 시장지배적 지위남용 중 하나로서 "3. 다른 사업자의 사업활동을 부당하게 방해하는 행위"를 규정하고 있고, 동법 시행령 제5조 제3항 제4호는 "4. 제1호 내지 제3호 외의 부당한 방법으로 다른 사업자의 사업활동을 어렵게 하는 행위로서 공정거래위원회가 고시하는 행위"를 규정하고, 이에 따라 제정된 구 시지남용 심사기준 IV.3.라.(2)는 "거래상대방에게 … 가격 또는 거래조건을 부당하게 차별하는 행위"를 규정하고 있다. 자사우대 행위에 대하여 시장지배적 지위남용 조항 중 언제나 차별취급 조항이 적용될 것으로 단언하기는 어려우나,[86] 네이버쇼핑 사건 및 최근의 카카오모빌리티 사례에 비추어 볼 때 차별취급 조항이 적용되는 경우가 많을 것으로 보인다.[87] 차별취급 조항의 적용과 관련하여 한 가지 유의할 것은 '자사우대'는 개념상 지배적 플랫폼이 자기가 직접 수행하는 하류시장의 사업부문을 하류시장의 경쟁사업자에 비하여 우대(favouring)하는 경우를 포함하는 경우가 있을 텐데, 공정거래법상 불공정거래행위로서의 부당한 차별취급이 문제된 사건에서 법원이 다른 사업자에 대한 거래조건이 원고 자신의 사업부에 대한 것보다 불리하다는 것은 구 공정거래법 제23조 제1항 제1호에 정해진 거래조건 차별에 해당하지 않는다고 판시하였다는 점이다.[88]

포스코 판결은 냉연강판의 원재료인 열연코일의 독점공급자인 포스코가 하류시장인 냉연강판 시장의 신규진입자인 현대하이스코에 대하여, 냉연강판 제조에 필수적인 열연코일의 공급을 거절한 행위가 문제된 사안이다. 동 판결의 법리에 따르면 시장지배적지위 남용행위의 '부당성' 요건 충족을 위해 공정거래위원회는 (i) 실제로 발생한 경쟁제한효과(상품의 가격상승, 산출량감소, 혁신의 저해, 유력한 경쟁사업자 수의 감소, 다양성의 감소 등)를 직접 증명하거나[89] 또는 (ii) (만약 실제

85) 현행 공정거래법 제5조 제1항 제3호에 해당한다.
86) 자사우대의 구체적 사실관계에 따라서는 거래거절, 끼워팔기 또는 배타조건부거래 등 다양한 남용행위 유형이 문제될 여지가 있을 것이다. Pablo I. Colomo(주 24), 428~429면; Nicolas Petit(주 37), 6~7면 참조.
87) 구글쇼핑 사건에서 EU 집행위원회는 차별취급에 관한 조항인 TFEU 제102조(c)에 대한 언급 없이 TFEU 제102조를 직접 적용하였는데, EU에서는 TFEU 제102조의 (a) 내지 (d)항을 예시적인 조항으로 보기 때문에 (a) 내지 (d)에 대한 언급 없이 제102조를 적용하는 것에 법리적인 문제는 없을 것으로 보이지만, 내용상 차별적 행위를 문제 삼으면서도 제102조(c)를 언급하지 않은 이유가 무엇인지 분명하지 않은 것도 사실이다. 다만 구글쇼핑 사건의 사실관계에 대하여 TFEU 제102(c)를 적용하기 곤란하다는 견해가 있음은 앞서 설명한 바와 같다. 앞의 논문(주 31) 관련 본문 참조.
88) 서울고등법원 2017. 2. 15. 선고 2015누39165 판결. 동 판결에 대하여 피고(공정거래위원회)가 상고하였으나 심리 불속행으로 기각되었다.

로 발생한 경쟁제한효과를 증명하지 못할 경우에는) 경쟁제한효과가 발생할 우려(객관적 요건) 및 경쟁제한의 의도·목적(주관적 요건)[90]을 함께 증명할 것이 요구되며[91] 이러한 부당성 판단의 기준시기는 "행위 당시"이다.[92] 그리고 공정거래위원회가 위 (i)이 아닌 (ii)의 방법으로[93] 부당성을 증명하고자 하는 경우에는, '행위의 경위 및 동기, 태양, 거래상대방이 입은 불이익의 정도'와 같이 문제된 행위및 거래상대방과 관련된 개별적 사정, 그리고 '관련시장의 특성, 가격 및 산출량의 변화여부, 혁신 저해 및 다양성 감소 여부'와 같은 경쟁제한 효과와 관련된 사정[94]을 종합적으로 고려해야 한다.[95] 동 판결에서는 포스코의 거래거절로 인해현대하이스코가 입게 된 열연코일 수입에 따른 추가비용 부담, 협상력 약화, 거래의 불안정성 등 '거래상대방이 입게 된 구체적 불이익'을 증명하는 것으로는부족하다고 판시하였다. 따라서 공정거래위원회로서는 자사우대 사건에서도 시장지배적 지위를 가진 플랫폼 사업자의 행위로 인하여 거래상대방이나 경쟁사업자에게 '거래상대방이 입게 되는 구체적 불이익'에 해당하는 사정들이 발생하였음을 증명하는 것으로는 부족하고, 지배적 플랫폼 사업자에게 경쟁제한의 의도내지 목적이 있고 자사우대 행위로 인하여 경쟁제한 효과가 발생할 우려가 있다는 것을 증명해야 할 것이다.

2. 시장지배력 전이 이론의 적용 문제

(1) 문제의 제기

네이버쇼핑 사건에서, 공정거래위원회는 시장지배적 지위 남용행위 중 차별취급 조항을 적용하면서 그 부당성 판단기준에 관하여, 시지남용 심사기준[96] 및

---

89) 경쟁제한의 효과가 현실적으로 나타났음이 증명된 경우에는 부당성을 구성하는 객관적 요소(경쟁제한의 효과가 생길 만한 우려가 있는 행위의 존재)와 주관적 요소(경쟁제한의 의도나 목적)의 존재가 사실상 추정된다. 앞의 판결(주 84).

90) 주관적 요건에 관하여, 포스코 판결에서는 "시장에서의 자유로운 경쟁을 제한함으로써 인위적으로 시장질서에 영향을 가하려는 의도와 목적을 갖고"라고 설시하였다. 앞의 판결(주 84).

91) 강지원·임지영(주 16), 204면.

92) 여기서 '경쟁제한효과'가 무엇을 의미하는지, 어느 정도의 경쟁제한효과가 증명되어야 남용이성립할 수 있는지 등의 문제는 포스코 판결 자체만으로는 분명하지 않으며, 여전히 논쟁의 여지가 많은 문제라고 할 수 있다. 이봉의(주 83), 160면; 이황(주 2), 96~98면.

93) 시장지배적 지위남용 사건의 실무상 공정거래위원회가 위 (ii)의 방법으로 부당성을 증명하고자 하는 경우가 대부분인 것으로 보인다.

94) 정재훈, 『공정거래법 소송실무』(육법사, 2015), 482면.

95) 앞의 판결(주 84).

포스코 판결의 부당성 판단기준[97]을 열거하는 동시에, "시장지배력 전이 논의의 필요성"을 서술하고 있다. 위 의결에서 공정거래위원회는 시장지배력의 전이란 "하나의 시장에서 시장지배력을 가진 사업자가 그러한 시장지배력을 지렛대 (leverage)로 이용해 인접시장에까지 지배력을 확대하는 것"이라고 정의하면서, 비록 하급심 법원 단계에서지만 법원이 시장지배력 전이 이론을 긍정한 것으로 평가할 수 있는 SKT DRM 사건[98]과 티브로드 강서방송 사건[99]을 인용한 후,[100] 미국과 EU 에서의 시장지배력 전이 논의에 관해 언급하고 있다.[101] 그런데 이른 바 '시장지배력 전이 이론'[102]은 미국 판례에서도 변화를 겪어 왔고 EU 판례에서 문제된 내용이나 의미가 반드시 같지 않으며, SKT DRM 판결에서 언급된 시장 지배력 전이의 의미 역시 그 내용이 분명하지 않다. 또한 '시장지배력 전이'는 행 위개념, 즉 어느 한 시장에서의 독점력을 다른 시장에서 경쟁상 이점(competitive

---

96) "해당 시장지배적 사업자의 행위가 경쟁제한효과를 나타내는지 여부를 판단하는 데 있어 가 격상승 또는 산출량 감소효과, 상품·용역의 다양성 제한효과, 혁신 저해효과, 봉쇄효과, 경 쟁사업자의 비용 상승 효과 등을 종합적으로 고려하여 판단하도록 규정하고 있다". 네이버쇼 핑 의결, ¶296.

97) 공정거래위원회는 직접적으로는 퀄컴 I 사건에 대한 대법원 판결(2019. 1. 31. 선고 2013두 14726 판결)을 언급하고 있으나, 동 사건에서 대법원이 제시한 부당성 판단기준은 포스코 판 결에서 제시된 판단기준과 실질적으로 동일한 내용이다.

98) 서울고등법원 2007. 12. 27. 선고 2007누8623 판결. 이 사건에서 서울고등법원은 SKT가 자체 개발한 DRM의 탑재 및 이용에 제약을 가함으로써 'MP3폰을 디바이스로 하는 이동통신서비 스 시장'에서의 지배력을 'MP3파일 다운로드서비스 시장'으로 전이하였고, 이는 시장지배적 지위의 남용행위에 해당한다고 인정하면서, "시장지배적사업자가 자신이 지배하는 시장뿐만 아니라 그 이전 또는 다음 단계의 인접시장에서 자신의 지배력을 전이(轉移: leveraging)하여 그 시장에서 다른 사업자의 활동을 부당하게 방해하는 경우도 시장지배적지위의 남용에 해 당된다는 것이 현행법의 해석"이라고 판시하였다. 권남훈, "방송통신 산업의 결합판매와 시 장지배력 전이 판단기준", 『경제규제와 법』(서울대학교 공익산업법센터, 2017), 제10권 제2 호, 268면.

99) 대법원 2008. 12. 11. 선고 2007두25183 판결. 다만 보다 직접적으로 시장지배력 전이 이론 을 수용한 것으로 볼 수 있는 것은 해당 사건의 서울고등법원 판결(서울고등법원 2007. 11. 8. 선고 2007누10541 판결)이라고 할 수 있다.

100) 네이버쇼핑 의결은 포스코 사건의 환송심 판결(서울고등법원 2008. 4. 24. 선고 2007누32718 판결)을 함께 인용하고 있으나, 위 환송심 판결은 시장지배적 지위남용에서 경쟁제한효과가 문제되는 시장은 시장지배적 사업자가 속한 시장이 아닌 그 시장의 상류 또는 하류시장일 수 있다는 포스코 판결의 법리를 반복하고 있을 뿐이어서, 시장지배력 전이 논의와 관련하여 특별히 추가적인 시사점을 제공하는 판결로 보기 어렵다.

101) 네이버쇼핑 의결(주 4), ¶¶298-301.

102) 시장지배력 전이 이론이라는 용어 대신 '독점적 지렛대 이론'(monopoly leverage theory)이 라고 부르는 경우도 있는데, 우리 학계에서는 양자를 사실상 동일한 의미로 사용하고 있는 것으로 보인다. 권남훈(주 98), 264~265면 참조.

advantage)을 얻기 위한 지렛대로 사용하는 행위로 정의되기도 하고, 이와 달리 효과개념, 즉 하나의 시장에서 누리고 있는 독점력이 인접시장 등으로 확장되는 효과를 가리키는 경우도 있는 등 그 용어가 지시하는 내용 또한 반드시 같지 않다.[103]

따라서 네이버쇼핑 사건에서 부당성 인정의 근거로서 "시장지배력 전이 논의"가 필요한 이유와 시장지배력 전이 논의가 부당성 판단에서 어떤 역할을 하는 것인지와 관련해서는 먼저 미국과 EU에서의 시장지배력 전이 법리 또는 이론의 전개에 대하여 구체적으로 살펴볼 필요가 있다.

(2) 미국과 EU의 시장지배력 전이 이론

미국에서는 1979년의 Berkey Photo 사건[104]에서 제2 연방항소법원이 한 시장에서의 독점력을 이용하여 다른 시장에서[105] 경쟁상 우위(competitive advantage)를 확보하는 행위는 설령 제2 시장에 대한 독점화(monopolization) 또는 독점화 기도(attempt to monopolize)가 존재하지 않는 경우에도 셔먼법 제2조에 위반된다고 판시한 바가 있다.[106] 이 사건에는 피고인 Kodak사가 필름과 컬러인화지, 카메라 시장 등에서의 독점적 지위를 이용하여 사진인화 장비 및 서비스 시장(markets for photofinishing equipment or services)에서 경쟁상 우위를 얻으려 하는 행위가 문제되었는데, Kodak사는 사진인화 장비 및 서비스 시장(제2 시장)에서 독점적 지위를 확보하는 것과는 거리가 먼 상황이었고 독점화 기도의 요건[107] 역시 충족될 수 없는 상황이었기 때문에, 이러한 경우에도 셔먼법 제2조 위반이 인정될 수 있는지가 문제되었고, 제2 연방항소법원이 이를 긍정하는 판결을 한 점에서 의미가 있었다. 그런데 연방대법원이 2004년의 Trinko 판결에서, 제2 연방항소법원이 이 사건을 접근함에 있어 시장지배력 전이 이론을 동원하

---

103) 이봉의(주 12), 381~382면.

104) Berkey Photo Inc. v. Eastman Kodak Co. 603 F.2d 263 (2nd Cir. 1979), cert. denied, 444 U.S. 1093 (1980)

105) 시장지배력의 전이를 논의함에 있어서는 문제되는 행위가 발생할 당시 이미 사업자가 시장 지배적 지위 또는 독점력을 보유하고 있는 시장과 그 시장과 구별되는 별개의 시장으로서 지배력 전이의 효과가 발생하는 시장의 존재가 문제되는데, 이하에서는 문맥에 따라 전자(前者)의 시장을 '제1 시장', 후자(後者)의 시장을 '제2 시장'으로도 부르기로 한다.

106) 권남훈(주 98), 266면.

107) '독점화 기도'가 인정되기 위해서는 그 요건 중 하나로서 시장지배력이 전이되는 시장에서 독점화가 이루어질 고도의 개연성(dangerous probability of success)이 증명되어야 한다. 1 ABA Section of Antitrust Law, Antitrust Law Developments 318 (7th ed. 2012).

고자 하였던 사실을 비판하고, Spectrum Sports 사건[108]에서의 입장 즉 최소한 독점적 지렛대를 통하여 제2 시장을 독점화하는 데 성공할 고도의 개연성 (dangerous probability of seccess in monopolizing)이 인정되지 않는 한 셔먼법 제2조 위반으로 인정되지 않는다는 것, 즉 독점화 기도와 구별되는 별도의 시장지배력 전이 법리가 인정되지 않는다는 것을 분명히 한 이래로 Berkey Photo 사건에서 인정된 것과 같은 식의 시장지배력 전이를 인정하는 판결은 나오지 않고 있다고 한다. 따라서 미국에서는 시장지배력 전이 이론이 독점화 또는 독점화 기도와 구별되는 독자적인 경쟁제한성 인정 법리로서의 의미를 사실상 상실한 것으로 보인다.[109]

이에 반하여 EU에서는 시장지배적 사업자가 제1 시장에서의 지배적 지위를 이용하여 별개의, 긴밀하게 관련된 제2 시장에서 남용행위를 하는 것을 '시장지배력 전이'(leveraging)라고 부르는데,[110] O'Donoghue QC & Padilla에 의하면 '시장지배력 전이'라는 용어는 독자적인 유형의 남용행위를 의미하는 것이 아니고, 시장지배적 기업이 제1 시장에서의 시장지배력을 이용하여 수평적 또는 수직적으로 인접한 제2 시장에서 효과를 나타내는 남용행위를 하는 사안들을 지칭하는 편의적인 명칭(label)에 지나지 않는다고 한다.[111] EU에서 시장지배적 사업자는 지배적 지위를 획득하게 된 이유와 무관하게 '특별한 책임(special responsibility)'을 추가적으로 부담해야 한다고 해석되고, 이러한 관점에서 EU 경쟁법에서 시장지배력 전이 이론은 사실상 추가적인 형태의 시장지배적 지위 남용행위로 인정받고 있다는 견해도 있다.[112]

EU에서 시장지배력 전이에 대한 미국과의 차이가 잘 드러난 대표적인 사건으로는 1996년의 Tetra Pak II 사건[113]을 들 수 있다.[114] 이 사건에서 Tetra Pak은

108) Spectrum Sports v. McQuillan, 506 U.S. 447 (1993).

109) A. Gavil et. al.(주 57), 640면; 권남훈(주 98), 266면.

110) R. O'Donoghue QC & J. Padilla에 의하면, "leveraging"이라는 용어는 매우 다양한 범위의 행위를 포괄하고, 반경쟁적인 행위뿐만 아니라 친경쟁적 행위까지 포함하는 용어로 사용되기 때문에 모호하며 오해를 불러일으키는(imprecise and potentially misleading) 용어라고 한다. Robert O'Donoghue QC & Jorge Padilla(주 11), 307면.

111) Robert O'Donoghue QC & Jorge Padilla(주 11), 310면.

112) 권남훈(주 98), 267면.

113) Tetra Pak International SA v. Commission (Tetra Pak II), Case C-333/94 [1996] ECR I-5951.

114) 권남훈(주 98), 267면.

살균우유 포장기계 및 용기시장에서는 시장점유율 95%에 달하는 사실상의 독점
적 지위를 지니고 있었고, 이에 비해 비살균 우유 및 포장기계 및 용기 시장에서
는 Tetra Pak의 시장점유율이 50~55% 정도이고, 2위인 Elopak과 3위인 PKL이
각각 27%, 11% 정도의 시장점유율을 가지고 있었다. 이 사건에서는 Tetra Pak
사가 비살균 포장기계 및 용기 시장에서 자사의 기계에 자사가 제조한 용기
(carton)만을 사용하는 계약을 체결하도록 요구한 행위(즉 끼워팔기 행위)와 약탈
적 가격할인(predatory pricing)이 문제되었는데,[115] EU 법원은 Tetra Pak이 비살
균 포장기계 및 용기시장에서 지배적 지위를 확보하였다는 점은 인정하지 않으
면서도, Tetra Pak이 살균 포장기계 및 용기시장에서 거의 독점에 가까운 지위를
가지고 있는 점, 비살균 시장에서도 1위의 사업자인 점, 많은 고객들이 양자를
모두 구매하는 등 두 시장이 밀접한 관계를 가지고 있는 점 등을 근거로 Tetra
Pak의 행위를 시장지배적 지위 남용행위로 인정할 만한 '특별한 상황(special
circumstances)'으로 해석할 수 있다고 판결하였다.[116] 그리고 이러한 판결에 대
하여는 우선 이 결정이 대상 시장에서의 시장지배력 상승으로 이어지지 않는 경
우까지 남용행위에 해당된다는 의미라면 경쟁제한적 행위를 규제한다는 원칙과
조화되기 어렵고, 또한 만일 Tetra Pak이 비살균 시장에서 지배적 지위를 확보한
것으로 평가할 수 있다면 굳이 시장지배력 전이 이론을 원용할 필요가 없다는 비
판이 제기된다고 한다.[117] 요컨대, EU의 경우 미국과 달리 TFEU 제102조 위반
이 인정되기 위하여, 남용행위의 효과가 발생하는 시장에서 시장지배력이 형성될

---

115) Richard Whish & David Bailey(주 32), 217면.

116) 권남훈(주 98), 267면; 이봉의(주 12), 378면. Tetra Pak II 판결에서, EU 최고법원(Court of
Justice)은 시장지배적 지위가 인정되는 살균 용기 시장과 지배적 지위가 없는 비살균 용기
시장 간에 충분한 "밀접 관련성(associative link)"이 있기 때문에 후자의 시장에서 약탈적 가
격할인(predatory pricing)을 남용행위로 볼 수 있다고 판단하였다. 그리고 이러한 판단은 다
음과 같은 '특별한 상황'을 근거로 한 것이었다. 즉 ⓐ Tetra Pak 고객 중 상당한 비율(35%)
이 살균기계 및 비살균 포장 시스템을 모두 구입한다는 것, ⓑ Tetra Pak이 살균 부문에서
거의 90%의 점유율을 가지고 있기 때문에 고객 입장에서는 Tetra Pak이 살균 시스템의 불가
피한 공급자일 뿐만 아니라 비살균 시스템에서도 선호되는 공급자라는 것, ⓒ 주요 생산자
들이 살균 및 비살균 시장에서 모두 활동하고 있다는 것, ⓓ Tetra Pak은 살균시장에서의 준
독점적 지위에 기반하여 살균시장에서의 보복에 대한 두려움 없이 자신의 경쟁노력을 비살
균시장에 집중할 수 있었다는 것 등이다. 이러한 요소들을 종합적으로 고려하면, Tetra Pak
은 "문제되는 시장들 전체에서 지배적 지위를 가지고 있는 것으로도 볼 수 있다(comparable
to that of holding a dominant position on the markets in question as a whole)"는 것이
법원의 판단이었다. Robert O'Donoghue QC & Jorge Padilla(주 11), 311면.

117) 권남훈(주 98), 267면.

것 또는 시장지배력이 형성될 것이라는 고도의 개연성을 요구하지 않으나, Tetra Pak II에서 인정된 것과 같은 특별한 사정이 인정되는 예외적인 경우에 한하여 시장지배력 전이에 따른 남용행위의 성립이 인정되었다고 한다. 그리고 그 '특별한 상황'에는 시장지배력이 인정되는 시장에서 장기간 준독점적 상황(시장점유율 90% 이상)이 지속될 것과 제2 시장에서도 전통적으로 TFEU 제102조 하에서 시장지배력이 추정되는 수준(50% 이상)의 점유율이 확보된 것이 포함된다.[118] 이러한 '특별한 상황'은 시장지배력 전이 이론의 또 다른 사례로 일컬어지는 Microsoft 사건[119]에서도 유사하게 존재하였다.[120] 시장지배력 전이에 관한 이러한 EU의 접근은 일견 미국과 비교하여 시장지배적 사업자에게 보다 무거운 책임을 부과하고 있는 것으로 보이지만, 매우 특수한 경우를 제외하고는 현실적으로 현재의 미국 판례 법리와 큰 차이가 있다고 보기 어렵다는 견해가 있다.[121]

앞서 언급한 바와 같이 네이버쇼핑 의결은 시장지배력 전이 논리를 뒷받침하는 근거로서 국내 법원 사례 중 티브로드 강서사건(2008)과 SKT 멜론 사건(2011)을 인용하고 있는데, 위 2개 사건 모두 일응 어느 한 시장에서의 지배력을 다른 시장으로 전이하는 행위가 시장지배적 지위 남용행위에 해당될 수 있음을 인정하고 있기는 하지만, 시장획정 및 지배력 전이 판단의 근거가 잘못되었다거나[122] 또는 경쟁제한적 의도나 목적이 인정되지 않는다는 이유로[123] 위법성을 인정하지 않았다. 그 결과 위 2개 사건 모두 시장지배력 전이를 근거로 위법성을 인정하기 위한 요건이 구체적으로 제시되지 않았으며, 위 사건들에서 법원이 수용한 시장지배력 전이 이론이 미국의 Berkey Photo 사건과 유사한 취지인지, Trinko 판결 이후 미국의 시장지배력 전이에 대한 법리와 유사한 내용인지, 아니면 '특별한 상황'에 한하여 인정되는 EU 법원의 지배력 전이 법리에 가까운 것인지는 알기 어렵다.

---

118) Robert O'Donoghue QC & Jorge Padilla(주 11), 313면.
119) Microsoft [2007] OJ L32/23.
120) Microsoft 사건에서는, PC 운영체제 시장에서 95% 이상의 시장점유율을 가지고 있었던 Microsoft 가 워크그룹 서버 운영체제 시장의 경쟁사업자에게 상호호환성 정보의 제공을 거절한 행위(Microsoft's abusive refusal to supply interoperability information)가 문제되었는데, Microsoft는 워크그룹 서버 운영체제 시장에서 50~60%의 시장점유율을 획득한 것으로 파악되었다. Robert O'Donoghue QC & Jorge Padilla(주 11), 313면 참조.
121) 권남훈(주 98), 269면.
122) 앞의 판결(주 99).
123) 앞의 판결(주 98).

(3) 자사우대 사안에 대한 지배력 전이 이론 적용의 적절성

네이버쇼핑 사건에서 네이버가 시장지배적 지위를 가진 관련시장은 비교쇼핑 서비스 시장인바, 이 시장에서 네이버는 행위 개시 당시 약 70%, 2018년 당시 약 80%의 시장점유율을 가진 것으로 평가되었다. 한편 네이버의 자사우대 행위가 경쟁제한효과를 가져 오는 것으로 문제된 시장은 오픈마켓 시장인바, 이 시장에서 네이버는 행위 개시 당시에는 약 1.6%의 시장점유율에 불과하던 것이 2018년 당시 약 21%의 시장점유율(시장점유율 순위는 3위)에 해당하게 되었다. 앞서 살펴 본 바와 같이 공정거래위원회가 네이버쇼핑 의결서에서 언급한 "시장지배력 전이 논의"가 만약 미국에서 Trinko 판결 또는 Spectrum Sports 판결 이전에 Berkey Photo 사건 등에서 인정되던 시장지배력 전이 이론을 의미하는 것이라면, 이는 네이버쇼핑 사건에서 특별한 의미를 가질 수 있을 것이다. 즉 Berkey Photo 사건에서는 Kodak사가 제2 시장에서 독점력을 획득하지 못하였고 그러한 위험성이 있는 것으로 평가되지 않음에도 불구하고, Kodak사의 행위가 제1 시장에서의 독점력을 이용하여 제2 시장에서 경쟁상 우위(competitive advantage)를 얻는 효과를 거두게 되었다면 이는 셔먼법 제2조 위반이 될 수 있다는 법리가 선언되었는데, 이러한 사정은 네이버쇼핑의 경우도 유사하기 때문이다. 그런데 네이버쇼핑 의결서에서는 Berkey Photo 사건에서 인정된 법리에 대한 특별한 언급은 없고, 오히려 Trinko 판결 이후의 미국 판례 법리만을 언급하고 있는데,[124] 이에 의하면 공정거래위원회가 네이버쇼핑 사건에서 위와 같은 지배력 전이에 관한 현재의 미국 판례 법리를 언급하는 취지를 알기 어렵다.

또한 공정거래위원회는 "EU 기능조약 제102조 하에서는 어떤 시장에서 지배적 지위에 있는 기업이 그 지배력을, 시장지배적 지위에 있지 않은 인접 시장에서의 경쟁상의 이익을 얻기 위하여 이용하는 것은 시장지배적 기업이 그 행위의 정당한 사업상의 이유를 표시하지 않는 한, 제2 시장에서 시장지배적 지위가 형성될 개연성이 입증되지 않아도 시장지배적지위의 남용에 해당될 수 있다고 보고 있다"고 한다.[125] 그러나 위에서 본 바와 같이 EU의 경우 Tetra Pak II,

---

124) "미국 법원은 시장지배력 전이와 관련하여 어떤 시장에서 독점력을 가진 기업이 그 시장에서의 독점력을 인접시장에서 경쟁상 유리하게 하기 위해 이용하는 경우 그로 인해 독점을 유지하거나 또는 인접시장에서도 독점을 획득할 고도의 개연성이 있으면 셔먼법 제2조 위반에 해당된다고 보고 있다."

125) 네이버쇼핑 의결(주 4), ¶301.

Microsoft 사건에서는 '특별한 상황'(special circumstances)이 인정되는 매우 예외적인 사안에서 시장지배력 전이를 인정하였는데,[126] 네이버쇼핑 사건의 사실관계를 보면 위반행위가 지속된 약 6년의 기간 동안 제2 시장(오픈마켓 시장)에서 시장점유율 20% 정도를 획득하여 3위 사업자의 지위를 달성한 것에 불과하다는 점에서 EU의 Tetra Pak II 또는 Microsoft 사건에서 인정된 '특별한 상황'과는 상당한 거리가 있어 보인다. 또한 EU의 경우 Hoffmann-La Roche 사건에서 '남용(abuse)'을 '정상적 경쟁(normal competition)'에서 벗어난 수단에 의하여 기존의 경쟁의 유지 또는 기존 경쟁의 강화를 방해하는 효과가 있는 행위로 정의하였는바,[127] EU에서는 TFEU 제102조 위반이 문제되는 일반적인 경우에 '시장지배적 지위가 형성될 개연성'을 요구하지 않는 것이지 유독 시장지배력 전이가 문제되는 사안에 한하여서만 시장지배적 지위가 형성될 개연성을 요건에서 배제하는 것은 아닌 것으로 보인다.

네이버쇼핑 의결에서 공정거래위원회가 시장지배력 전이 논의가 필요하다고 한 것은 동 사건에서 문제된 알고리즘 조정행위가 야기하는 경쟁상 우려가 제1 시장에서의 지배적 지위를 이용하여 제2 시장에서 경쟁상 우려를 야기한다는 것에 터잡고 있다는 것일 뿐, 부당성 판단에 있어서 포스코 판결에서 설시한 것과 다른 법리가 적용되어야 한다는 취지는 아닌 것으로 보인다.[128] 따라서 네이버쇼핑 사건과 같이 자사우대가 문제되는 사안이라고 하더라도 인접시장에서의 경쟁제한효과 또는 그러한 효과 발생의 우려에 대한 증명 없이 시장지배력 전이의 가능성만으로 부당성을 인정하는 것은 타당하지 않으며,[129] 이는 결국 자사우대 사건에서도 제2 시장에서의 경쟁제한효과 발생의 우려 및 그에 대한 의도 내지 목적이 증명되어야 한다는 의미가 된다.

다만 포스코 판결이나 시지남용 심사기준에서 열거하고 있는 경쟁제한효과에 관한 사정들은 그 성격이 '예시적'인 것이라고 할 수 있을 것이다. 따라서 네이버쇼핑 사건과 같이 시장지배적 사업자가 일응 인접시장에서 부당한 수단을 사용

---

126) 권남훈(주 98), 268면.

127) Robert O'Donoghue QC & Jorge Padilla(주 11), 264면.

128) 오히려 포스코 사건은 열연코일 시장(제1 시장)에서 독점적 지위에 있는 포스코가 냉연강판 시장에 신규로 진입하려는 현대하이스코에게 열연코일의 공급을 거절함으로써 냉연강판 시장(제2 시장)의 경쟁을 제한하는지 여부가 문제된 사건인 점에서 네이버쇼핑 사건과 마찬가지로 시장지배력 전이의 논의가 가능한 사안이라고 할 수 있다.

129) 장품·박상진(주 1), 74면.

하여 점유율을 확대한 것으로 볼 수 있으나 그 수준이 해당 시장에서 시장지배력을 달성한 수준에는 미치지 못하고 그 밖에 포스코 판결이나 시지남용 심사기준에서 예시한 구체적인 경쟁제한 효과가 제시되지 않는 경우, 과연 '부당한 수단에 의한 점유율 확대'만으로 경쟁제한효과 또는 그러한 우려를 인정할 수 있는지가 문제된다. 그런데 포스코 판결에서는 문제되는 남용행위 및 거래상대방에 관한 개별적 사정이나 가격 및 산출량의 변화 여부 등 경쟁제한효과와 관련된 다양한 사정을 "종합적으로 고려하여" 경쟁제한효과 발생의 우려 및 그 의도나 목적의 존재 여부를 판단하여야 한다고 할 뿐, 그 증명수준이나 방법에 관하여 구체적으로 언급하지는 않고 있기 때문에,[130] 포스코 판결에서 제시한 기준만으로는 네이버쇼핑 사건의 경우와 같이 일응 부적절한 수단이 사용되었다고 볼 수 있으나 제2 시장에 발생한 경쟁제한효과가 뚜렷하지 않은 사안에서도 경쟁제한성을 인정할 수 있는지 답하기 어렵다고 할 수 있다.

이와 관련하여 정당하지 않은 경쟁수단이 사용된 경우라 하더라도 지배력이 없는 제2 시장에 미치는 영향이 적기만 하면 규제대상이 될 수 없다는 비판이 제기될 수 있으나, 지배력 전이수단의 정당성 여부를 판단하기 어려운 상황에서 인접시장의 경쟁을 크게 제한하지 않는 행위까지 규율하는 것은 그 실익이 적고 과잉규제가 될 우려가 있는바,[131] 자사우대 행위의 정당성 여부가 명확하지 않은 사안들 역시 같은 이유에서 과잉규제의 우려가 제기될 수 있다.

참고로 대법원은 최근의 기업메시징서비스 사건[132]에서 "수직통합된 상류시장의 시장지배적 사업자가 그 지위를 남용하여 이윤압착행위를 함으로써 하류시장의 경쟁사업자가 부당하게 경쟁에서 배제될 우려가 있어 공정한 경쟁의 기반이 유지될 수 없다면, 이윤압착행위는 공정한 경쟁을 통한 시장성과에 기초를 둔 이른바 '능률경쟁'이라는 정당한 경쟁방법에 해당한다고 보기 어렵다"고 판시하였는데, 이와 같은 대법원 판결에도 불구하고 네이버쇼핑 사건과 같이 경쟁사업자가 경쟁에서 배제될 우려가 인정된다고 보기 어려운 경우는 여전히 경쟁제한효과에 대한 판단이 어려운 사안이라고 할 수 있다.

---

130) 이황(주 2), 96면.
131) 권남훈(주 98), 268면.
132) 대법원 2021. 6. 30. 선고 2018두37700 판결.

(4) 소   결

제1 시장에서의 시장지배력을 가진 것으로 평가되는 지배적 플랫폼이 자사 서비스에 유리한 행위를 통하여 제2 시장에서 경쟁상 우위를 얻는 것이 문제되는 경우에, 시장지배력의 전이 논의는 해당 자사우대 행위의 부당성 여부를 평가함에 있어서는 포스코 판결의 법리에 따라 충실하게 판단하면 충분하며, 시장지배력 전이 논의가 어떤 추가적인 기준을 제공해 주는 것은 아니라고 보인다. 다시 말해 포스코 판결의 부당성 판단 기준에 비추어 볼 때, 시장지배적 사업자가 제1 시장에서의 남용행위로 인하여 제2 시장에서 경쟁제한효과가 발생하였거나 그러한 우려가 인정된다면 포스코 판결 및 시지남용 심사기준에 열거된 부당성 판단기준에 따라 부당성을 인정할 수 있을 것이며, 이와 달리 '시장지배력 전이'라는 이름 아래 포스코 판결에서 설시한 부당성 판단 기준에 미치지 못하는 완화된 기준을 인정할 만한 합리적인 근거는 인정되기 어렵다고 생각된다.

3. 능률경쟁(competition on the merits) 기준의 논의 필요성

(1) '경쟁제한효과 발생 우려'와의 관련성

포스코 판결에서 제시한 부당성 판단기준에 의할 때, 시장지배력의 전이가 있다는 사정만으로는 부당성을 인정하기에 부족하고 어떤 식으로든 경쟁제한효과 또는 그러한 효과 발생의 우려에 대한 증명이 필요하다는 점은 앞서 살펴 본 바와 같다. 그런데 여기서 한 가지 생각해 볼 것은 만약 시장지배적 사업자가 일반적으로 능률경쟁에 위반되는 수단을 사용하여 제2 시장에서 경쟁상의 이득(competitive advantage)을 얻는다고 가정할 때, 예를 들어 일시적으로 제2 시장에서 매출 증대나 점유율 상승의 이익을 얻었다고 가정할 때 이에 대하여 경쟁제한효과가 발생하였다거나 그러한 효과 발생의 우려가 있다고 인정할 것인가라는 점이다.

포스코 판결이 "가격상승, 산출량 감소"외에 "혁신 저해, 유력한 경쟁사업자 수의 감소, 다양성 감소 등"의 우려를 부당성 기준으로 함께 예시하고 있는 것에 대하여, 이는 부당성 즉 경쟁제한성의 개념을 포괄적으로 정의한 것에 불과하고 그 증명수준이나 방법에 대하여 구체적으로 언급하고 있지 않으므로, 미국식의 효율성 내지 좁은 의미의 소비자 후생 기준에 따라야 한다거나 EU의 구글쇼핑 사건과 같이 경쟁과정이나 중장기적 시장구조에만 중점을 두는 기준을 채택한 것으로 볼 수 없으며, 기본적으로 효과주의 입장을 취하면서도 효과의 인정범위를 확장하여 중요한 경쟁과정 상의 폐해를 포괄할 수 있도록 하고 있다는 견해가 있는데,[133] 이는 일견 타당한 입장으로 보인다. 한편 현대·기아차 사건에서 공정거래위원회나 법원[134]이 포스코 판결에서 예시한 가격인상이나 산출량 감소, 유력한 경쟁사업자 수의 감소 등과 같은 제한된 사정을 근거로 경쟁제한효과를 인정한 것이 아니라, 사실상 방해행위에 따른 능률경쟁의 침해를 근거로 경쟁제한효과를 인정한 것으로 보아야 한다는 견해가 있다.[135] 능률경쟁 또는 '정상적 경쟁(normal competition)'의 개념은 EU에서 주로 논의되는 것이기는 하지만, 포스코 판결에서 요구하는 경쟁제한효과의 범위를 미국 식의 소비자 후생 개념으로 제한하지 않고 일정한 범위의 경쟁과정이나 중장기적 시장구조에 대한 해악까지 포함하고자 하는 경우, 그러한 '경쟁제한효과' 요건의 해석에 대하여 일응의 기준을 제공해 줄 수 있는 개념으로서 '능률경쟁' 기준을 검토할 필요가 있다고 보인다.

(2) 자사우대가 능률경쟁의 범위에서 벗어나는 것인지 여부

'장점에 의한 경쟁' 또는 '능률경쟁'(competition on the merits)이 무엇인지, 어떤 행위가 능률경쟁에 부합하는지에 관하여 국내외에서 확립된 이론이나 법리를 찾기는 어려워 보인다. EU 법원은 일관되게 시장지배적 사업자가 능률경쟁에 해당하지 않는 방법으로 경쟁자를 배제하는 행위를 남용으로 파악하고 있는데(Deutsche Telekom, AKZO), 그 반대해석으로 시장지배적 사업자 또한 능률경쟁에 반하지 않는 방법으로 경쟁할 자유가 있다고 할 수 있다.[136] 다른 한편, Post Danmark I 사건에서 EU 최고법원(CJEU)은 모든 배제적 효과가 경쟁에 해로운 것은 아니라는 점을 지적한 후 "능률경쟁은 그 정의 자체로 덜 효율적이고, 소비자들 관점에서 특히 가격, 다양성(choice), 품질 및 형식의 관점에서 덜 매력적인 경쟁자들이 시장에서 퇴출되거나 한계화(marginalization)되는 결과를 가져온다"고 하였다.

---

133) 이황(주 2), 96~97면.
134) 서울고등법원 2008. 4. 16. 선고 2007누16051 판결; 대법원 2010. 3. 25. 선고 2008두7465 판결.
135) 이봉의(주 83), 164~165면.
136) 이봉의(주 12), 382면.

　　자사우대 문제는 일반적으로 수평적·수직적으로 통합되어 있는 기업과 관련하여 발생하는데, 제1 시장에서 시장지배적 지위를 가진 사업자가 수직통합기업으로서 수평적·수직적 관계에 있는 제2 시장에서 그 경쟁사업자와 비교하여 정당한(legitimate) 경쟁상 우위를 향유하는 것은 능률경쟁에서 벗어나는 행위로 보기 어려울 것이다. 예를 들어 범위의 경제(economies of scale),[137] 시너지 효과 등에 따른 이익을 향유하는 것이 이에 해당될 수 있다. 또한 자사우대 상황에서 제1 시장 및 제2 시장 간에 비용, 지식, 그 밖의 다른 시너지를 충분히 활용하는 것은 정당한 경쟁상 우위에 해당한다고 할 것이고, 이는 시장지배적 사업자가 얻는 비용적인 이익과 비용 외적인 이익의 규모가 상당한 경우라도 마찬가지로 보아야 할 것이다.[138] 위에서 살펴 본 미국의 Berkey Photo 사건에서 제2 연방항소법원 역시, 복수의 시장에서 활동하고 있는 사업자가 시장지배적 지위에 있는 사업부문으로부터 어떤 이익을 얻게 되는 경우라도, 그러한 이익이 생산효율성의 증대, 보완재를 생산할 수 있는 능력의 증가, 거래비용의 절감 등과 같이 일반적인 통합기업(any integrated firm)이 향유할 수 있는 이익이라면 이는 위법한 시장지배력 전이에 해당하지 않는다고 하였다.[139] 수직통합기업이 자사우대를 통하여 제2 시장에서 경쟁상의 이득을 얻는 경우, 제1 시장에서의 경쟁상 이익 뿐만 아니라 수직통합을 통해 달성할 수 있는 제2 시장에서의 이득도 혁신의 유인에 포함된다는 의미에서, 제2 시장에서의 경쟁상 이득을 수직통합 기업에 대한 정당한 보상으로 보는 견해도 있는데,[140] 이는 제2 시장에서의 이익이 정당한(legitimate) 경쟁상의 이익에 해당하는 한 타당한 견해라고 할 수 있다.

　　위와 같은 논의를 고려할 때, 지배적 플랫폼의 자사우대 행위가 지배적 플랫폼이 제공하는 서비스의 점유율을 상당히 증대시키고 다른 경쟁자들의 점유율을 상당히 감소시킨다고 하여 그 자체만으로 자사우대가 능률경쟁에 반하는 행위라고 단정할 수는 없으며, 포스코 판결에서 제시한 기준들 즉 자사우대 행위의 경위·동기·태양과 같이 문제된 자사우대 행위와 관련된 개별적 사정, 자사우대 행위로 인하여 경쟁자들이 입게 된 불이익의 정도, 가격 및 산출량의 변화와 같

137) '범위의 경제'란 2개의 상품을 각각 별개로 생산하는 것보다 함께 생산함으로써 비용상 이득이 발생하는 것을 말한다. Robert O'Donoghue QC & Jorge Padilla(주 11), 308면.

138) Robert O'Donoghue QC & Jorge Padilla(주 11), 308면.

139) Berkey Photo, Inc. v. Eastman Kodak Co., 603 F.2d 263, 276 (1979).

140) Pablo I. Colomo(주 24), 424면.

은 경쟁제한효과와 관련된 사정들을 함께 고려하여 능률경쟁 해당 여부를 판단할 수밖에 없을 것으로 본다.

(3) '경쟁제한의 의도 내지 목적'과의 관련성

포스코 판결에서 제시된 위법성 판단기준에 의할 때 플랫폼 사업자의 자사우대가 부당한 사업활동 방해 등에 해당하기 위해서는 경쟁제한효과 발생의 우려뿐만 아니라, 해당 시장지배적 사업자에게 주관적 요건으로서 경쟁제한효과 발생에 대한 의도나 목적이 인정되어야 한다. 이와 관련하여 온라인 플랫폼 사업자라하더라도 자기가 공급하는 상품이나 서비스의 판매를 촉진하기 위하여 노력하는것은 그 자체로는 정당한 사업상 활동으로 볼 수 있기 때문에, 플랫폼 사업자의 자사우대 행위가 그 자체로 "시장에서의 자유로운 경쟁을 제한함으로써 인위적으로 시장질서에 영향을 가하려는 의도나 목적"이 있는 행위로 볼 수 없다는 견해가 있을 수 있다. 이에 반하여, 만약 플랫폼 사업자가 어떤 시장에서 시장지배적 지위에 있음을 이용하여 자기 제품을 우대함으로써, 인접시장에서 경쟁사업자에 비하여 경쟁상 우위를 획득하여 시장점유율을 증대하는 경우에는 해당 인접시장 상품 자체의 장점에 의하여 경쟁상 이득을 취한 것이 아니라는 점에서 이는 능률경쟁에 반하는 행위로 볼 수 있고, 같은 이유에서 플랫폼 사업자의 자사우대행위는 경쟁제한적인 의도나 목적이 있는 행위로 볼 여지가 있다.

한편 포스코 판결에서 우리 대법원은 "경쟁제한적인 의도나 목적이 전혀 없거나 불분명한 전략적 사업활동에 관하여도 다른 사업자를 다소 불리하게 한다는 이유만으로 경쟁제한을 규제 대상으로 삼는 법률에 위반된 것으로 처분한다면…"이라고 하였는데, 이는 '능률경쟁의 범위에서 벗어나는 행위'에 관한 일응의 기준을 제시한 것으로 볼 수 있다. 즉 시장지배적 사업자의 전략적인 사업활동에 대하여 경쟁제한적인 의도나 목적이 있다고 인정하기 어렵거나 그 여부가 불분명한 경우라면, 단지 자사우대 행위가 특정 사업자를 다소 불리하게 한다는 이유만으로 능률경쟁에서 벗어나는 행위라고 단정하기는 어려울 것이다. 즉 능률경쟁의 범위와 관련하여, 어떤 행위가 단지 경쟁을 제한하기 위한 것인지, 아니면 보다 나은 성과의 발현인지를 가리는 과정에서 결국 당해 행위에 경쟁제한 외에 '객관적으로 정당한 이유가 있는지'를 살펴보아야 하고, 포스코 판례가 언급한 경쟁제한의 의도라는 요건 역시 그러한 맥락에서 이해할 수 있을 것

이다.[141]

요컨대, 플랫폼 사업자의 자사우대에 대하여 객관적으로 정당한 사유[142]가 인정된다면 그러한 행위는 '능률경쟁'에서 벗어나지 않는 행위로 볼 수 있고, 주관적 요건의 측면에서 경쟁제한의 의도 내지 목적이 인정되지 않는 것으로 이해할 수 있을 것이다.

4. 동등대우(Equal Treatment) 의무의 문제 등

자사우대 규제에 대하여 비판적인 견해를 취하는 견해들의 주요한 논거 가운데 하나는 자사우대가 위법한 것으로 되기 위해서는 자사우대를 행하는 온라인 플랫폼 사업자에게 동등대우 의무가 인정되어야 할 것인데, 시장지배적 지위를 가진 온라인플랫폼 사업자라고 하더라도 동등대우가 의무가 인정될 수는 없다는 것이다.[143] 예를 들어 Bo Vesterdorf는, Bronner 판결에 의할 때 '필수설비'를 보유하지 않은 (따라서 거래의무 자체가 인정되지 않는) 시장지배적 사업자가 하류시장의 경쟁자들과 거래하기로 동의한 경우에는 추가적인 그리고 더 무거운 책임인 '동등한 조건'으로 거래할 의무를 부과할 수는 없는 것이라고 한다.[144] 나아가 필수설비에 해당하여 거래의무가 인정되는 경우라 하더라도 '동등대우' 의무까지 발생하는 것은 아니라고 한다.[145] 또한 Colomo 교수는 EU 기능조약이 수직통합 사업자에게 일반적으로 동일한 경쟁조건(level playing field)을 만들어 낼 의무를 부과하고 있지 않고, 사업자가 자신의 경쟁상 이점을 경쟁사업자들과 나눌 의무가 있는 것도 아니라면, 수평 또는 수직통합 사업자가 누리는 경쟁상 이점이 다른 종류의 경쟁상 이점과 다르게 취급되어야 할 이유는 없다고 주장한다.[146] 이

---

141) 이봉의(주 83), 164면.
142) 네이버쇼핑 사건에서, 서울고등법원은 원고가 주장하는 적법한 의도(비교쇼핑서비스를 통한 오픈마켓 검색 결과에 있어서 다양성의 증진)가 인정되더라도 자사 오픈마켓을 지원하려는 의도가 함께 인정된다는 것을 부당성을 인정하는 근거 중 하나로 보았는데, 네이버가 이 사건 알고리즘 조정 행위의 개시 당시 오픈마켓 시장의 신규진입자로서 시장점유율이 2% 미만에 불과하였다는 점에서 다양성 증진을 위한 알고리즘 변경은 동시에 자사 오픈마켓에도 이익이 되는 행위라는 점에서, 서울고등법원의 판단에는 충분히 의문이 제기될 수 있다고 보인다.
143) 장품·박상진(주 1), 75면.
144) Bo Vesterdorf(주 23), 7면.
145) Bo Vesterdorf(주 23), 7면.
146) 장품·박상진(주 1), 68면.

와 관련하여 국내에서는 자사서비스를 우선하는 모든 행위가 당연히 남용에 해당하는 것은 아니고, 거래의무가 없다면 동일한 조건으로 거래할 의무는 당연히 도출될 수 없으며, 적어도 필수설비나 그에 준하는 정도의 필요설비에 해당하지 않는 한 시장지배적 사업자에게 거래의무를 부과할 수는 없으며, 거래의무가 없는 한 동등취급 의무는 논리적으로 성립할 수 없다는 견해[147]가 있다.

반면에 EU 집행위원회는 시장지배적 사업자는 능률경쟁의 범위 밖에 있는 행위를 통하여 진정하고 왜곡되지 않은 경쟁을 침해하지 않을 '특별한 책임(special responsibility)'이 있으며, 왜곡 없는 경쟁체제는 다양한 경제주체에게 대등한 기회가 주어지는 경우에만 보장될 수 있다고 보았다.[148] 또한 Jacques Cremer 등은 지배적 플랫폼은 자신이 채택한 규칙이 자유롭고, 왜곡되지 않는, 활발한 경쟁을 침해하지 않도록 보장할 의무가 있으며, 나아가 온라인 마켓(online market place)을 설립한 지배적 플랫폼은 해당 마켓에서 동일한 경쟁조건을 보장해야 한다는 입장을 피력하기도 하였다.[149)150]

우리나라의 경우 지배적인 플랫폼 사업자에게 '동일한 경쟁조건(level playing field)'을 제공할 '특별한 책임'이 인정된다는 EU 집행위원회의 접근방식은 찬성하기 어려울 것이다. 그러나 필수요소에 대한 접근거절 조항과 더불어 차별취급 조항을 별도로 규정하고 있는 우리 공정거래 법제 하에서, 반드시 거래의무가 인정되어야 동등대우 의무도 인정되고, 동등대우 의무가 인정되어야 차별행위에 의한 시장지배적 지위 남용행위가 성립할 수 있다는 주장은 받아들이기 어렵다고 본다. 예를 들어 가격차별 중 이른바 '제1선의 차별(primary line injury)'[151]이 경쟁법 상 문제로 되는 이유는 그로 인하여 시장지배적 사업자가 다른 사업자와 경

---

147) 이봉의(주 12), 386면.

148) 구글쇼핑 EU 집행위원회 결정(주 4), ¶331.

149) J. Cremer et. al.(주 47), 62면; 장품·박상진(주 1), 75면.

150) 구글쇼핑 사건에 대한 EU 일반법원 판결에서, 법원은 기술적 제약으로 구글이 집행위원회가 추구하는 동등대우(equal treatment)를 할 수 없다고 주장한 것에 대하여, 일반 검색결과의 순위를 매기는 알고리즘 또는 구글의 전문상품의 위치를 정하고 게시하는 기준이 그 자체로는 친경쟁적인 서비스 개선을 나타낼 수 있으나, 그것이 문제되는 행위 즉 구글의 비교쇼핑서비스로부터의 결과와 경쟁 비교쇼핑서비스로부터의 결과 사이에서 불평등한 대우(unequal treatment)를 정당화하지는 않는다고 판단하였다. General Court of the European Union, 앞의 보도자료(주 18).

151) 예를 들어, 지배적 사업자가 자신의 고객에 비하여, 경쟁사업자의 현재적 또는 잠재적 고객에게 더 유리한 가격을 적용하는 경우를 말하는바, 이는 경쟁사업자를 배제하기 위한 '배제적 남용'에 해당한다. Robert O'Donoghue QC & Jorge Padilla(주 11), 304면.

쟁하는 시장에서 경쟁사업자를 배제하는 효과가 발생할 가능성이 있다는 점을
고려한 것이지, 경쟁사업자가 존재하는 시장의 거래상대방과 그렇지 않은 시장의
거래상대방을 서로 동등하게 대우할 의무가 인정됨을 근거로 하는 것은 아니기
때문이다.

한편 EU에서는 자사우대가 문제되는 상품 또는 용역이 '필수설비' 또는 '필
수요소'에 해당하는 경우에 한하여 자사우대를 시장지배적 지위 남용행위로 제
재할 수 있는가 하는 문제가 제기된 바가 있는데, 예를 들어 Colomo 교수는
EU의 경우 거래거절 사건에서는 시장지배적 사업자가 제공하는 상품의 '필수성'
을 요구하는바, 이는 사업모델 변경 등 적극적 시정조치 부과는 단기적으로 경
쟁사업자를 보호하기 위하여 장기적 측면에서 투자와 혁신에 따른 역동적 경쟁
에 부정적인 영향을 줄 수 있고, 법원이나 경쟁당국의 적극적인 개입이 어떠한
효과를 불러올지 예측하기 어렵기 때문이라고 한다. 즉 '필수성' 요건이 사업모
델이나 상품 디자인에 대한 법원과 경쟁당국의 개입을 억제하는 여과장치로 기
능하는 것이기 때문이라는 것이다. Colomo 교수는 자사우대 행위에 대해 이러
한 여과장치가 없다면 자사우대 행위가 마치 공동행위와 같이 일응 위법한 행위
로 추정되기 때문에, '필수성' 요건을 폐기할 것인지에 대해서는 신중한 접근이
필요하다고 한다.[152]

그러나 필수설비 이론을 거래거절의 특수한 사례로 보아야 하는 것처럼,[153]
자사우대의 대상이 필수요소인 경우 역시 차별취급의 특수한 사례라고 볼 수도
있을 것이다. 즉 공정거래법상 차별적 취급이 성립하기 위해서 문제되는 상품이
나 용역이 항상 '필수요소' 또는 '필수설비'에 해당해야 한다고 단정하기는 어려
울 것이다. 이러한 관점에서 모든 자사우대 사건에서 항상 필수요소의 존재가 전
제되어야 한다는 주장은 찬성하기 어려우며, 필수요소에 해당하지 않는 경우에도
효과기준에 따른 심사의 결과 남용행위로 인정할 수 있다고 보아야 할 것이다.
다만 구글쇼핑 사건에서 EU 일반법원이 필수설비 법리의 적용을 부정하면서도
구글의 일반검색 서비스가 필수설비에 유사한 특징("characteristics akin to those
of an essential facility")을 가지고 있다고 한 것에서 알 수 있듯이, 관련 상품이나
서비스가 필수요소에 가까운 정도가 아니라면 관련 시장에서 경쟁제한의 우려를

---

152) 장품·박상진(주 1), 69면.
153) 신동권, 『독점규제법』(박영사, 2011), 153면.

증명하기가 용이하지는 않을 것으로 보인다.

V. 결   론

온라인 플랫폼의 자사우대 행위는 그 플랫폼이 시장지배적 지위를 가진 시장에서의 지배력을 남용하여 그 인접시장에서 경쟁상 이득을 취하거나 새로운 시장지배력을 형성하여 경쟁을 제한할 가능성이 없지 않다. 따라서 지배적 플랫폼의 자사우대 행위를 시장지배적 지위 남용으로 규제할 수 있는 합리적인 기준의 적용이 필요할 것인데, 이는 포스코 판결에서 제시된 부당성 판단기준을 기초로 하는 것이 타당하며, 미국이나 EU 등에서 적용, 발전되어 온 이른바 시장지배력 전이 이론은 별 도움이 되지 못하는 것으로 보인다. 다만 포스코 판결에서 경쟁제한효과의 증명과 관련하여 구체적인 증명 대상이나 방법을 제시하지 않고 있는 관계로 자사우대 행위가 제2 시장에서 시장지배력을 형성하는 정도에 이르지 못하는 경우에도 부당성을 인정할 수 있는지 문제된다. 이와 같은 문제 상황에 대해서는 포스코 판결에서 제시한 기준과 함께, EU 및 국내 경쟁법에서 논의되어 온 능률경쟁 기준을 참고할 수 있을 것으로 보이며, 특히 자사우대 행위로 인하여 지배적 플랫폼이 얻게 되는 경쟁상 이득과 경쟁사업자가 입게 되는 불이익의 정도, 자사우대의 정당화 사유 등을 함께 고려하여 부당성 여부를 판단하는 것이 타당할 것으로 생각한다. 그리고 특히 검색서비스 관련 자사우대에 대해서는 지배적 플랫폼의 트래픽 증가와 경쟁자의 트래픽 감소가 경쟁제한의 우려를 증명하는 사정인지, 아니면 거래상대방이 입게 되는 구체적인 불이익에 불과한 것인지에 관하여 신중하게 접근할 필요가 있을 것으로 본다. 마지막으로 자사우대가 차별취급의 형태로 나타나는 경우라 하더라도 반드시 동등대우 의무가 전제되어야 한다거나 관련된 상품 또는 서비스가 필수설비일 것을 요건으로 할 필요는 없다고 생각한다.

[참고문헌]

1. 국내문헌

신동권, 『독점규제법』(박영사, 2011)
이봉의, 『공정거래법』(박영사, 2022)
이호영, 『독점규제법』(홍문사, 2022)
정재훈, 『공정거래법 소송실무』(육법사, 2015)

강지원·임지영, "온라인 플랫폼 사업자의 자사우대에 대한 경쟁법상 허용범위의 한
　계 ― 네이버쇼핑 사건과 EU Google Shopping 사건, 영국 Streetmap 사건을 중심
　으로", 『경쟁법연구』(한국경쟁법학회, 2021), 제44권.
권남훈, "방송통신 산업의 결합판매와 시장지배력 전이 판단기준", 『경제규제와 법』
　(서울대학교 공익산업법센터, 2017), 제10권 제2호(통권 제20호).
김성만·송태원, "네이버쇼핑 자사서비스 우대 심결사건에 대한 법적 검토 ― 시장지
　배적 지위 남용행위 적용을 중심으로 ―", 『경제법연구』(한국경제법학회, 2021),
　제20권 1호.
심재한, "자사우대 행위에 대한 공정거래법 적용 ― 네이버쇼핑 사건을 중심으로 ―",
　『유통법연구』(한국유통법학회, 2022), 제9권 제1호.
이기종, "다면시장에서의 배제적 행위와 시장지배적지위 남용금지 ― EU의 구글 쇼핑
　심결과 구글 안드로이드 심결을 중심으로 ―", 『경제법연구』(한국경제법학회, 2018),
　제17권 3호.
이봉의, "공정거래법상 부당한 사업활동방해의 경쟁제한성 판단 ― 현대·기아차 판결
　을 중심으로 ―", 『법학논문집』(중앙대학교 법학연구원, 2017), 제41집 제2호.
이봉의, "디지털플랫폼의 자사 서비스 우선에 대한 경쟁법의 쟁점 ― Monopoly leverage
　와 Equal Treatment를 중심으로―", 『법학연구』(연세대학교 법학연구원, 2020), 제
　30권 제3호.
이황, "디자인 변경에 대한 경쟁법 규제와 구글쇼핑 사건", 『선진상사법률연구』(법무
　부, 2020), 통권 제90호.
장품·박상진, "플랫폼 사업자의 자기우대 규제 ― EU 구글쇼핑 사건을 중심으로 ―",

법무법인(유) 지평, 『플랫폼 경쟁법』(박영사, 2021).

2. 해외 문헌

ABA Section of Antitrust Law, ANTITRUST LAW DEVELOPMENTS (7th ed. 2012).

Andrew I. Gavil, William E. Kovacic, Jonathan B. Baker & Joshua D. Wright, Antitrust Law In Perspective (3rd ed. 2016).

Jacques Cremer, Yves-Alexandre De Montjoye & Heike Schweitzer, Competition Policy For The Digital Era (Final Report) (European Commission, 2019).

Richard Whish & David Bailey, Competition Law (10th ed. 2021).

Robert O'Donoghue QC & Jorge Padilla, The Law And Economics Of Article 102 TFEU (3rd ed. 2020).

Bo Vesterdorf, *Theories of self-preferencing and duty to deal-two sides of the same coin?*, 1 Competition Law & Policy Debate 4 (2015).

Geoffrey A. Manne & Joshua D. Wright, *If Search Neutrality is the Answer, What's the Question?*, 2012 Colum. Bus. L. Rev. 151 (2012).

John M. Newman, *Anticompetitive Product Design in the New Economy*, 39 FLA. St. U.L. Rev. 681 (2012)

Nicolas Petit, *Theories of self-preferencing and the wishful prerequisite of the essential facilities doctrine: A reply to Bo Vesterdorf*, 1 Competition Law & Policy Debate 4 (2015).

Pablo I. Colomo, *Self-Preferencing: Yet Another Epithet in Need of Limiting Principles*, 43 World Competition 417 (2020)

Pinar Akman, *The Theory of Abuse in Google Search: A Positive and Normative Assessment under EU Competition Law*, U. ILL. J.L. TECH. & POL'y 301 (2017)

3. 전자자료

Communication from the Commission — Guidance on the Commission's enforcement priorities in applying Article 82 of the EC Treaty to abusive exclusionary conduct by dominant undertaking,
https://eur-lex.europa.eu/legal-content/EN/ALL/?uri=CELEX%3A52009XC022

4%2801%29 (최종방문일 2023. 2. 22.).

Competition Policy International, Google Appeals €2.4B Antitrust Fine At Top EU Court, Jan. 23, 2022.

https://www.competitionpolicyinternational.com/google-appeals-e-2-4b-shopping-fine-at-top-eu-court/ (최종방문일 2023. 2. 22.).

General Court of the European Union 보도자료, "The General Court largely dismisses Google's action against the decision of the Commission finding that Google abused its dominant position by favouring its own comparison shopping service over competing comparison shopping services" (2021. 11. 10.),

https://curia.europa.eu/jcms/upload/docs/application/pdf/2021-11/cp210197en. pdf (최종방문일 2023. 2. 22.).

European Commission 보도자료, "Antitrust: Commission fines Google €2.42 billion for abusing dominance as search engine by giving illegal advantage to own comparison shopping service" (2017. 6. 27.),

https://ec.europa.eu/commission/presscorner/detail/en/IP_17_1784   (최종방문일 2023. 2. 22.).

Federal Trade Commission 보도자료, "Statement of the Federal Trade Commission Regarding Google's Search Practices" (2013. 1. 3.),

https://www.ftc.gov/sites/default/files/documents/public_statements/statement-commission-regarding-googles-search-practices/130103brillgooglesearchstmt. pdf (최종방문일 2023. 2. 22.).

공정거래위원회, "자신의 가맹택시에게 콜 몰아준 카카오모빌리티 제재", 2023년 2월 14일자 보도자료.

https://ftc.go.kr/www/selectReportUserView.do?key=10&rpttype=1 (최종방문일 2023. 2. 22.).

제 3 장

자사우대금지론에 대한 斷想

주진열

자사우대금지론에 대한 斷想[*]

주 진 열[**]

Ⅰ. 문제의 소재

개인이든 사업자든 자신·자사를 타인·타사보다 유리하게 취급하는 행위는 거의 인간의 본능에 가깝다. 영리 추구 사업자의 자사우대(self-preferencing)는 시장지배력 존부, 수직통합 여부를 불문하고 먼 옛날부터 이어져 온 영업관행으로서 상식이라고 할 만큼 보편적인 행위다. 예컨대, 대형 슈퍼마켓 주인이 자체 상품(Private Brand, 이하 'PB')을 고객 눈에 가장 잘 보이고 손으로 가장 쉽게 잡을 수 있는 장소에 둠으로써 다른 상품보다 더 잘 팔리게 하는 행위가 자사우대이다. 이러한 자사우대는 경쟁제한행위가 아니라 경쟁행위이므로 경쟁법상 합법이다.

그런데 미국과 유럽에서 GAFA(구글, 애플, 페이스북, 아마존) 규제론은 특히 구글과 아마존을 염두에 두고 이들의 자사우대는 시장지배력 남용이라고 주장하거나, 또는 GAFA는 (i) 소비자와 타사 사이의 상품 거래를 중개함과 동시에 (ii) 소비자에게 PB를 판매하는 이른바 이중적 역할(dual role)을 하므로 자사우대를 금지해야 한다고 주장한다. 실제로 최근 유럽연합(이하 'EU')에서는 GAFA를 이른바 '문지기'(gatekeeper) 플랫폼이라고 칭하며 자사우대를 사전적으로 금지하는 디지털시장법(Digital Markets Act)을 제정하였다. 미국에서도 일부 정치인들이 GAFA의 자사우대를 금지하는 사전규제 입법을 추진하였으나, 2022년 12월 상원에서 부결되었다.

---

[*] 본고는 필자가 2022. 10. 21. 서울대학교 경쟁법센터 법정책세미나에서 발표한 내용을 정리한 것이며, 편의상 관련 각주와 참고문헌은 생략하였다.

[**] 부산대 법학전문대학원 교수

한편 한국 공정위는 EU의 구글검색(쇼핑) 사건을 모방하여 2021년 1월 네이버 검색(쇼핑 및 동영상) 관련 자사우대 행위가 독점규제법상 시장지배력 남용 및 불공정거래행위에 해당된다고 하였고(2023년 4월 현재 대법원 심리 중), '디지털 공정경제'라는 이름으로 자사우대를 규제하겠다는 입장을 여러 차례 공표한 바 있다. 2022. 1. 27. 공정위 보도자료(경쟁정책국 경제민주화 추진팀)는 "디지털독과점 분과에서는 혁신경쟁 촉진을 위해 독과점 플랫폼의 자사우대행위나 경쟁플랫폼의 거래를 방해하는 행위 등 독과점을 예방하고 감시를 강화한다"라고 하였다. 이러한 공정위 입장은 EU와 미국의 GAFA 자사우대금지론을 그대로 모방한 것이다. 그런데 EU의 경우 유럽 토종 거대 플랫폼 육성을 위한 사전 작업으로서 미국 GAFA 규제를 위해 자사우대금지론이 나온 것이다. 미국의 경우 GAFA가 미국 민주주의를 훼손하므로 GAFA를 억제해야 한다는 신브랜다이스 운동 맥락에서 자사우대금지론이 나온 것이다. 이처럼 EU와 미국의 자사우대금지론은 GAFA 규제를 목적으로 한다는 특유의 맥락이 있다. 그럼에도 불구하고 공정위가 EU와 신브랜다이스 운동의 GAFA 자사우대금지론을 무비판적으로 추종하여 네이버 등 국내 플랫폼 규제 논리로 삼고 있기 때문에 문제가 되는 것이다.

Ⅱ. 자사우대금지 전제 개념: 검색중립성과 플랫폼중립성

원래 자사우대금지는 검색중립성을 전제로 한 것이므로, 자사우대금지를 살펴보기에 앞서 검색중립성부터 살펴볼 필요가 있다. 검색중립성이란 GAFA 규제론이 구글의 자사우대를 사실상 당연위법으로 만들기 위한 만든 인위적 개념이다. 자사우대는 분명히 경쟁행위임에도 불구하고, GAFA 규제론은 자사우대가 경쟁제한행위라는 인상을 주기 위해서 검색중립성이란 도구적 개념을 언론을 통해 확산시켜 온 것이다.

경쟁법 관점에서 보면 일반적·추상적으로 자사우대가 경쟁제한행위라고 할 수 있는 이론적 근거나 실증 증거는 없다. 전통적인 경쟁법상 합리의 원칙을 지지하는 대다수의 경쟁법학자들은 검색중립성 개념을 인정하지 않는다. 왜냐하면 어떤 행위를 자사우대라고 칭하든 칭하지 않든 경쟁법 문제는 어떤 구체적인 행위로 인하여 관련시장에 경쟁제한효과가 초래되었거나 초래될 객관적 위험이 있는지 여부가 관건이기 때문이다. 애당초 자사우대를 금지시키기 위한 검색중립성이란 도구적 개념에 집착하게 되면 경쟁법 문제의 본질을 놓치게 된다. 이 때문에 경쟁법 원칙을 지지하는 학자들은 검색중립성 개념에 부정적이다.

한편 GAFA 규제론은 아마존과 같은 거래중개 플랫폼의 경우 플랫폼중립성에 근거하여 자사우대를 금지해야 한다고 주장하는데, 검색중립성과 용어만 다를 뿐이지 결국 자사우대 그 자체를 금지한다는 점에서 검색중립성 개념과 다르지 않다. 즉 검색중립성이든 플랫폼중립성이든 둘 다 자사우대 금지를 위한 도구적 전제 개념에 불과하다. 경쟁법 차원에서 검색중립성 개념 자체가 타당하지 않은 이유와 마찬가지로 플랫폼중립성 개념도 타당하지 않다.

Ⅲ. 자사우대금지 사례

1. 유럽연합

검색중립성 논란은 영국 온라인쇼핑검색 회사인 Foundem이 구글의 검색엔진이 구글쇼핑 결과를 구글 이용자의 눈에 쉽게 띄게 배치한 '자사우대'의 결과 Foundem의 결과가 눈에 쉽게 띄지 않게 된 것을 비난하면서 EU 위원회에 시장지배력 남용으로 신고하면서 언론의 주목을 끌었다. 2021년 EU 법원은 구글의 자사우대를 시장지배력 남용이라고 한 2017년 EU 위원회 결정을 수긍하였다.

그런데 수백 페이지 분량의 EU 위원회 결정문과 EU 법원 판결문을 보면, 구체적으로 경쟁제한효과가 어떻게 초래될 개연성이 있다는 것인지 전혀 언급이 없고, 경쟁이 제한될 우려가 있으므로 경쟁제한행위라는 동어반복적 결론이다. EU 위원회는 처음부터 구글 제재를 목적으로 하였기 때문에 검색중립성이라는 개념을 만든 것임에 유의할 필요가 있다.

2. 미   국

2013년 연방거래위원회(FTC)는 구글 검색엔진 알고리즘 편향 문제에 대한 조사를 종결하고, FTC법 위반 혐의가 없다고 하였다. 당시 연방법무부도 구글에 대하여 검색중립성이나 플랫폼중립성을 전제로 한 셔먼법 위반 소 제기를 하지 않았다. 그런데 2021년 바이든 행정부에서 GAFA 규제론자들이 FTC 위원장, 연방법무부 반독점국장으로 임명되어, 법집행 방향이 바뀌고 있어 향후 어떤 사건이 나올지 귀추가 주목되고 있다. 그러나 연방법원은 전통적인 합리의 원칙을 굳건하게 지키고 있으므로, FTC나 연방법무부가 자사우대로 소를 제기하더라도 승소 가능성은 극히 낮아 보인다. 이 때문에 GAFA 규제론을 지지하는 일부 정치인들이 새로운 사전규제 입법을 주장한 것이다.

3. 한   국

공정위는 EU 구글 쇼핑 사례를 추종하여 네이버가 "비교쇼핑서비스 검색결과에서 자신의 오픈마켓서비스를 이용하는 사업자의 상품이 상위에 노출되기 유리하도록 부당하게 검색 알고리즘을 설계하고 적용"한 행위가 (i) 시장지배력 남용으로서 거래조건차별(사업활동방해), (ii) 불공정거래행위로서 거래조건차별 및 위계에 의한 부당고객유인에 해당된다고 하였다. 특히 공정위는 네이버 쇼핑 사건에서 시장지배력 전이를 주장하였는데, 이는 이론적 가설일 뿐 실제로 증명된 것이 아니다. 그럼에도 불구하고 서울고등법원은 공정위 주장을 그대로 받아들였는데, 관련시장 및 경쟁제한성에 관한 포스코 법리(대법원 2007. 11. 22. 선고 2002두8626 전원합의체 판결)에 합치되는지 의문이다.

그런데 독점규제법상 '검색중립 의무'라는 것은 없으므로, 검색엔진 알고리즘이 검색중립성에 위반되므로 시장지배력 남용에 해당된다는 논리는 성립될 수 없다. 단 공정위는 네이버 쇼핑 사건에서 시장지배력 전이 시나리오를 적용하는데, 공정위 의결서를 보면 알 수 있듯이 시장지배력 전이라는 추상적 스토리텔링을 하였을 뿐 경쟁제한성을 객관적으로 증명하지 못한 것으로 보인다. 그럼에도 공정위는 OECD 경쟁당국 회의에서 네이버 사건을 자사우대금지 사례로 소개하겠다고 하였는데, 이러한 태도가 합당한지 의문이다.

Ⅳ. 기타 쟁점

앞서 살펴본 것처럼 원래 경쟁법에는 검색중립성 의무나 플랫폼중립성 의무란 없다. 그런데 GAFA 규제론은 검색중립성이란 개념을 거래중개 플랫폼의 경우 플랫폼중립성이란 용어로 바꾸어 표현하면서 자사우대 금지를 주장하고, 이를 한국 공정위가 그대로 수입하여 국내 플랫폼을 규제하는 실정이다.

일반적 의미의 자사우대는 끼워팔기나 부당고객유인이라는 행위 유형에 포섭될 수 없으므로, 독점규제법상 불공정거래행위로서의 '끼워팔기' 또는 '부당고객유인'을 자사우대라고 억지로 끼워 맞추려고 해서는 곤란하다. 플랫폼 사업자의 어떤 행위가 부당한 끼워팔기나 부당고객유인에 해당하면 자사우대를 논할 필요가 없이 바로 불공정거래행위로 금지할 수 있다. 물론 자사우대는 끼워팔기와 비슷한 문제라는 견해(예컨대, Herbert Hovenkamp)가 있기는 하지만, 이는 자사우대가 끼워팔기라는 행위 유형에 포섭된다는 의미가 아니라, 끼워팔기를 매우 넓은 의미의 자사우대로 볼 수 있다면, 자사우대의 경쟁법 위반 여부는 끼워팔기처럼 전통적인 합리의 원칙에 따라 판단해야 한다는 것이다. 이 점에서 주의를 요한다.

우리 독점규제법에서는 검색중립성이나 플랫폼중립성을 인정할 근거가 없으므로 결국에는 개별 사건에서 어떤 자사우대 행위가 시장지배력 남용이라고 하기 위해서는 관련시장에 가격상승 등 경쟁제한효과를 초래하였거나 초래할 위험성이 있는지 여부가 관건인데, 여기에는 포스코 법리가 적용되어야 할 것이다. 포스코 법리 적용에 있어서는 특히 경쟁제한효과라는 객관적 요건을 너무 추상적으로 판단함으로써 법리 자체가 사실상 형해화되는 일이 없도록 주의할 필요가 있다.

V. 결   론

원래 경쟁법에는 검색중립성, 플랫폼중립성, 자사우대금지라는 개념이 없다. 이들 관념은 유럽과 미국에서 GAFA 규제론이 특히 구글과 아마존에 대한 제재를 미리 염두에 두고 만든 대단히 인위적인 관념이다. 이 때문에 경쟁법 원리에 충실한 학자들은 자사우대금지론에 대단히 비판적이다. 공정위는 이러한 사정을 간과하거나 무시하고 자사우대금지론을 그대로 수입하여 그럴듯한 스토리텔링으로 국내 플랫폼 규제에 이용하고 있으니, 경쟁법적으로나 상식적으로나 납득하기 어려운 것이다. 공정위가 GAFA 자사우대금지론을 국내 플랫폼 규제에 이용하는 이상 결국 법원의 엄밀한 사법통제를 기대할 수밖에 없을 것이다.

제 4 장

공정거래법상
자사우대에 대한 이해와 접근

정재훈

공정거래법상 자사우대에 대한 이해와 접근

정 재 훈*

1. 공정거래법상 자사우대 문제

자사(自社)우대(優待)란 온라인 플랫폼 사업자가 자사 온라인 플랫폼에서 자사의 상품 또는 서비스를 경쟁사업자의 상품 또는 서비스 대비 유리하게 취급하는 행위를 말한다. 자사우대는 온라인 플랫폼 사업자가 자사의 상품 또는 서비스를 경쟁사업자의 상품 대비 우선적으로 노출하는 등 직접적으로 우대하는 행위뿐만 아니라, 자사와 거래하는 온라인 플랫폼 이용사업자의 상품 또는 서비스를 그렇지 않은 이용사업자의 상품 또는 서비스 대비 우선적으로 노출하는 등 간접적으로 우대하는 행위도 포함한다.[1] 독점규제 및 공정거래에 관한 법률(이하 '공정거래법'이라고 한다)상 자사우대는 시장지배적 지위 남용으로서 차별적 취급[2] 또는 불공정거래행위로서 차별적 취급[3]이 적용될 수 있다.

이러한 자사우대 규제론은 한국은 물론 전세계적으로 디지털 경제로 전환이 빠른 속도로 이루어지며 온라인 플랫폼 중심의 경제구조가 심화되는 과정에서, 시장을 선점한 시장지배적 플랫폼이 신규 플랫폼의 시장진입을 경쟁제한적인 방법으로 방해하며, 시장지배력을 인접 시장이나 연관 시장으로 확장하여 경쟁이 제한될 우려가 높다는 점을 배경으로 하고 있다.[4] 이러한 현상은 유럽연합의 구글 쇼핑 사건을 통하여 경쟁법적 논쟁이 확산되었으며,[5] 한국에서도 자사우대를

---

* 이화여자대학교 법학전문대학원 교수, 법학박사

1) 온라인 플랫폼 사업자의 시장지배적지위 남용행위에 대한 심사지침(2023. 1. 12. 공정거래위원회 예규 제418호) Ⅲ. 2. 다.
2) 공정거래법 제5조 제1항 제3호, 시행령 제9조 제3항 제4호, 시장지배적 지위 남용행위 심사기준 중 "자사 또는 다른 거래상대방 대비 가격 또는 거래조건을 부당하게 차별하는 행위".
3) 공정거래법 제45조 제1항 제2호, 시행령 제52조 별표 2.
4) 공정거래위원회 2023. 1. 12. 보도 자료 "온라인 플랫폼 독과점 심사지침 제정·시행".
5) 장품·박상진, 플랫폼 사업자의 자기우대 규제—EU 구글쇼핑 사건을 중심으로, 플랫폼 경쟁

다룬 네이버 쇼핑 사건에 대한 공정거래위원회의 판단 및 이에 대한 서울고등법원 판결, 카카오 모빌리티 사건에 대한 공정거래위원회 판단 등이 있었으며, 최근 시행된 '온라인 플랫폼 사업자의 시장지배적지위 남용행위에 대한 심사지침'에도 자사우대에 대한 규율이 포함되어 있다.

아래에서는 공정거래법상 자사우대 문제를 다음과 같은 순서로 언급하고자 한다. 먼저 첫째, 자사우대는 어떤 특성을 가지고 있으며, 무엇이 자사우대의 범위에 포함되는지에 대한 논의이다. 이는 자사우대 규제의 전제를 어떻게 획정해야 할 것인지의 문제이다. 둘째, 기존에 논의되던 행위유형인 지배력 전이, 차별행위, 이윤압착, 필수설비 등과 자사우대는 어떤 접점을 가지고 있는지에 대한 논의이다. 이는 경쟁법적 시각에서 자사우대의 정체성을 어떻게 이해해야 하는지에 대한 문제이다. 셋째, 자사우대의 경쟁제한성은 어떻게 증명할 것이며, 최근 선고된 네이버 쇼핑 판결의 경쟁제한성 논증을 어떻게 평가할 것인지의 문제이다. 이는 기존의 경쟁제한성 판단 기준이 자사우대의 국면에서 어떻게 적용되어야 하는지의 문제로, 어떤 자사우대가 경쟁법상 금지되어야 하는지의 문제이다. 아래에서는 이러한 순서대로 논의를 전개하고자 한다.

2. 자사우대는 어떤 특성을 가지고 있는가?[6]

자사우대는 기존 공정거래법이 주로 다루지 않았던 새로운 유형에 속한다. 그 경쟁제한성을 어떻게 판단하고, 어떻게 규율한 것인지를 논의하려면, 자사우대에 어떤 현상적 특성이 있고, 어떤 규범적 특성이 있는지 생각해볼 필요가 있다.

(1) 자사우대의 현상적 특성

첫째, 자사우대의 본질적 속성은 무엇인지 문제된다. 자사우대라고 불리는 유형에는 차별, 지배력 전이 등 2가지 속성은 최소한 나타나야 한다. 이러한 속성이 없다면 자사우대라고 보기 어렵다. 거래거절이나 수직결합 등의 문제는 자사우대 국면에서 나타날 수도 있고 그렇지 않을 수도 있지만, 자사우대라고 불리는 유형은 차별과 지배력 전이의 두 가지 속성은 있는 것이 대부분이다.

둘째, 플랫폼과 자사우대의 밀접불가분성 문제이다. 자사우대는 일종의 수익모델로, 플랫폼 이용에 대하여 별도로 과금(課金)을 하지 않는 플랫폼이 생존하

법(박영사, 2021), 55~69면.
6) 정재훈, 경쟁과 경쟁제한성의 이해(박영사, 2023), 295~300면.

기 위한 필수적인 수단이다. 이는 플랫폼이 존재하는 한 자사우대가 어떤 형식으로든 유지될 가능성이 높음을 의미한다. 따라서 자사우대에 대한 경쟁법 대응은 자사우대의 금지가 아니라 경쟁제한적인 자사우대를 선별하는 기준 문제임을 의미한다.

셋째, 자사우대는 1회성보다는 지속성을 가지고 있다. 이는 상품이나 서비스 설계(product design)와 영업모델(business model)로서 성격을 가지고 있다. 이 점에서 자사우대를 디자인 변경(design change) 차원에서 이해할 수 있다.[7] 결국 자사우대에 대한 규제 문제는 문제가 되는 서비스의 본질적인 디자인이나 그 기업의 핵심적인 영업모델을 규제하려는 것이어서,[8] 그만큼 법률적 공방이 치열해질 수 있다. 이를 집행의 측면에서 보면, 자사우대의 경쟁제한성이 인정될 경우 시정조치의 정당성, 시정조치의 실효성, 그리고 시정조치 위반에 대한 집행의 문제에 있어 공정거래법상 다른 행위 유형에 비하여 더 많은 어려움이 있음을 시사한다.

넷째, 자사우대 문제는 주로 가격보다 거래조건에서 문제되는 경우가 많다. 예를 들면, 플랫폼을 운영하는 사업자가 노출의 순서 및 빈도를 자사 상품 등에 유리하게 설정하거나, 알고리즘[9]을 통하여 이를 조율하는 행위 등이다.

(2) 자사우대의 규범적 특성

첫째, 자사우대는 유럽연합, 한국 등과 같이 시장지배력 남용행위를 유형화한 입법례에서 종래 남용행위의 분류 유형과 부합하지 않는 특색을 지니고 있다. 이는 경쟁제한성 평가에서도 종래 남용행위에서 누적된 경쟁제한성 평가의 선례가 그대로 적용되기 어려움을 의미한다.

이와 같이 자사우대가 기존 남용행위 유형에 정확하게 포섭되지는 않지만, 종래 남용행위 유형과 비교한다면 자사우대는 기본적으로 차별, 특히 거래조건 차별이면서도, 여기에 지배력 전이[10]가 결합된 유형에 가깝다.

---

7) Newman, Anticompetitive Product Design in the New Economy, 39 FLA.ST.U.L.Rev. 681(2012). 다수의 선택가능한 방법이 존재함에도 상호호환성(interoperability)을 제한하는 디자인 변경은 경쟁자 봉쇄의 동기에 기한 행동일 가능성이 높음을 지적하며, 디자인 변경에 우호적인 미국 판례의 입장을 비판하고 있다.

8) Colomo, Self-Preferencing: Yet Another Epithet in Need of Limiting Principles, 43 World Competition, 2020, p.36.

9) 알고리즘을 통한 자사우대는 법리상으로는 경쟁제한성 증명이 쉽지 않고, 소비자에게 어느 정도 정보가 제공되었는지에 따라 정당화 사유가 있을 수도 있다.

둘째, 자사우대의 주체 문제이다. 자사우대는 주체의 문제, 즉 거대 플랫폼이 자사우대를 한다는 점에서 관심이 집중되고 있다. 그 점에서 자사우대의 주체가 누구인지가 중요하다.[11] 자사우대를 일반적인 시장지배적 사업자가 시행하는 경우와 시장지배적 사업자인 플랫폼 사업자가 하는 경우에 어떤 차별성이 있는지가 문제된다.

셋째, 자사우대의 효율성의 문제이다. 수직적 거래제한이나 수직형 기업결합에서 발생하는 경쟁제한성과 효율성의 형량 문제는 플랫폼 시장과 (자사우대의) 대상 시장이 수직적 관계에 있는 경우 동일하게 발생할 수 있다. 혼합형 기업결합에서 발생하는 경쟁제한성과 효율성의 관계도 플랫폼 시장과 대상 시장의 관계에서 원용될 수 있다. 이러한 평가가 가능하기 위하여 특별한 유형에 매몰되지 않고 자사우대의 경쟁제한성 평가와 효율성 평가를 종합적으로 할 수 있어야 한다.

넷째, 자사우대는 경쟁법제와 소비자보호법제에서 모두 문제된다. 자사우대가 발생하는 상황은 소비자보호법제와 경쟁법제가 혼재한 국면이 된다.

소비자보호법제는 자사우대를 소비자에게 알리지 않은 것에 주목하고 있다. 따라서 소비자보호법제 차원의 시정(是正)은 비교적 간명하다. 소비자에게 고지의무를 다하는 방향으로 시정이 가능하다.[12] 이와 달리 경쟁법제는 시장에 미친 경쟁제한성에 주목하게 된다. 따라서 소비자에 대한 고지만으로 경쟁제한효과가 해소되기 어렵다.

다섯째, 자사우대를 둘러싼 경쟁법제와 소비자보호법제의 교차는 한국에서 독특한 양상을 보이고 있다. 즉, 경쟁법인 공정거래법에 포함되어 있으나, 불공정성 시정과 소비자보호의 기능을 가진 위계에 의한 고객유인 문제로 드러나고 있다. 네이버쇼핑 사건[13]에서 공정거래법상 차별행위와 함께 위계에 의한 고객유인이 적용된 것과 같다. 과거 우리 대법원이 위계에 의한 고객유인을 넓게 인정한 사례도 있으나,[14] 노출 등 자사우대 행위에 기만적 요소가 없다면, 자사우대

---

10) 플랫폼 시장의 시장지배력이 판매시장으로 전이된다.

11) 자사우대와 유사한 유형으로 부당한 지원행위와 계열회사를 위한 차별 등이 있다. 지원행위는 일상생활에서 자주 발생함에도 주로 기업집단의 지원행위가 문제되는 것처럼, 자사우대는 일상적으로 발생하지만 특정한 주체의 자사우대만이 문제된다.

12) 소비자에게 정보를 제공하더라도 소비자가 이를 이해하지 못하거나 실제 확인하지 않을 가능성 등 상당한 문제가 남아 있다.

13) 공정거래위원회 2021. 1. 27. 의결 제2021-027호.

에 위계에 의한 고객유인(공정거래법 제45조 제1항 제4호)을 적용하기 어려울 것이다.

한편 자사우대와 소비자에 대한 잘못된 정보제공은 별개의 문제이다. 자사우대 행위에 소비자에 대한 위계행위가 포함될 수도 있고, 그렇지 않을 수도 있다. 자사우대가 행위의 종착점이라면 그 과정에서 위계행위가 사용될 수도, 그렇지 않을 수도 있다. 그 점에서 자사우대와 위계에 의한 고객유인행위는 반드시 일치하지 않는다.

3. 자사우대에 어떤 행위가 포함되는가?[15)]

구체적 사안이 자사우대의 문제인지, 아닌지가 반드시 명확한 것은 아니다. 그 점에서 자사우대를 식별하는 문제는 중요한 과제가 된다. 이는 시장에서 차별행위로 강학상 분류될 수 있는 범주가 다양함에도 실제 차별행위로 규율되는 행위는 일부분인 것과 비교할 수 있다.

아래와 같이 편의상 그 유형을 분류할 수 있으나, 실제 자사우대의 유형은 훨씬 다양하다. 아래 네 유형 중 첫째 유형에 근접할수록 자사우대 유형에 가깝고, 넷째 유형에 근접할수록 자사우대 유형에서 멀어진다.

첫째, 자사우대의 전형은 자사 플랫폼에서 자사의 상품과 타사의 상품이 경쟁관계로 모두 판매되는 경우 등이다. 심사지침[16)]은 이러한 경우를 자사우대로 정의하고 있다. 그러나 그 외에 자사우대가 검토되거나 의심될 수 있는 유형은 훨씬 다양할 수 있다. 이는 행위유형으로서 자사우대에 포함되는지 문제이므로 경쟁제한성 평가와 국면을 달리한다.

둘째, 자사 플랫폼에서 자사가 판매하는 제품 중에서 자사가 제조한 제품과 타사 제품의 관계(예를 들면 PB 상품과 일반 상품)에서 자사우대가 발생할 수 있는지가 문제된다. 예를 들면, 자사 플랫폼에서 자사가 판매하는 제품 중에서 자사가 제조한 제품(PB 상품)과 타사 제품(일반 제품)에 대하여 노출을 달리했다면 이 문제도 자사우대의 범주에 포함되는지의 문제이다. 직매입 상품과 PB 상품

---

14) 대법원 2019. 9. 26. 선고 2014두15047 판결, 휴대전화 보조금 사건.

15) 정재훈(주 6), 298~300면.

16) 온라인 플랫폼 사업자의 시장지배적지위 남용행위에 대한 심사지침 Ⅲ. 2. 다. 온라인 플랫폼 사업자가 자사 온라인 플랫폼에서 자사의 상품 또는 서비스를 경쟁사업자의 상품 또는 서비스 대비 유리하게 취급하는 행위.

은 수요자에 대하여 경쟁하는 관계에 있다. 직매입 상품의 매출 확대가 (PB 상품과 경쟁하는) 타사제품의 판매 증가로 직결되고, PB 상품의 매출 확대는 타사제품의 판매 감소로 연결될 가능성이 높다는 점에서 자사우대의 법리가 적용될 가능성이 있다. 플랫폼 사업자 입장에서 PB 상품의 매출 확대가 직매입 상품의 매출 확대보다 수익이 높을 가능성이 높다. 이러한 사안에 대하여 자사 제품과 타사 제품의 노출 등 거래조건을 달리 설정했다는 점에서 자사 우대가 검토될 수 있다.

셋째, 자사 플랫폼에서 자사가 판매하는 자사 제품 사이(자사제품 1과 자사 제품 2)에서 차별을 한 것이라면 자사와 타사의 우대가 발생한다고 보기 어렵다. 예를 들면, 배달중개 서비스를 제공하는 플랫폼이 서비스 1과 서비스 2를 운영하는데, 서비스 1은 판매업자가 직접 배달원을 고용하거나 선정하는 경우이고, 배달서비스 2는 플랫폼의 자회사 등이 배달서비스를 제공하는 상황에서 서비스 1과 서비스 2에서 차별이 발생한 경우이다. 이 사안은 플랫폼이 서비스 1과 서비스 2를 모두 판매한다는 점에서 자사 제품 사이에 차별이 발생하였으나, 그 결과 관련 서비스에서 외부업체와 플랫폼의 자회사의 매출에 영향을 미칠 수 있는 사안이다.

물론 제품 1과 제품 2의 매출에 따라 다른 사업자의 수익 등에 영향을 미칠 수는 있으나, 다른 사업자가 시장지배적 사업자의 거래상대방이 아니라면 이런 경우까지 자사우대를 확대하기는 어려울 것이다. 이는 자사 제품의 판매 전략에 차등을 둔 것으로 한정된 자원을 경영판단에 따라 효율적으로 활용한 것에 불과하며, 자사우대 문제와는 성격을 달리하기 때문이다. 이는 위에서 자사 제품(PB 상품)과 타사 제품(일반 제품)의 노출을 달리한 것과 구별된다.

참고로, 대법원 2010. 5. 27. 선고 2009두1983 판결(티브로드 사건)과 비교할 필요가 있다. 이 사건은 사업자가 복수의 상품을 운영하면서 저가 상품에 대한 혜택을 줄인 사건이다.[17] 이 사건에서 시장지배적 지위 남용이 인정되지 않았다.

넷째, 자사 플랫폼에서 자사가 매입하여 판매하는 타사 제품 사이(제품 1과 제품 2)에서 차별을 한 것이라면 자사와 타사의 우대가 발생한다고 보기 어렵다. 물론 제품 1과 제품 2의 매출에 따라 다른 사업자의 수익 등에 영향을 미칠 수는 있으나, 이는 자사우대의 범위에 포함되지 않는다.

---

17) 소비자이익 저해(공정거래법 제5조 제1항 제5호 후단)가 적용되었다.

4. 자사우대와 지배력 전이 및 차별행위는 어떤 관계인가?

(1) 자사우대와 지배력 전이

자사우대의 범위가 명확한 것은 아니지만, 지배력 전이를 필수적으로 수반하는 차별행위라는 점이 특징적이다. 그런데, 지배력 전이는 주로 끼워팔기에서 문제가 되었고, 전통적인 차별에서 문제되지 않았다. 자사우대는 차별행위임에도 지배력 전이가 핵심이라는 점에서 종래의 차별과 다른 특성을 보이고 있다.

자사우대와 지배력 전이에 관한 일반적인 설명은 다음과 같다.[18] 온라인 플랫폼 사업자는 자사 플랫폼 내 규칙을 제정하고 운영하는 동시에 해당 플랫폼에서 직접 자사 상품 또는 서비스를 판매하는 등으로 온라인 플랫폼 이용사업자와 경쟁관계에 있을 수 있다. 온라인 플랫폼 사업자는 이러한 이중적 지위를 이용하여 자사 상품 또는 서비스에 대한 접근성을 높이고 경쟁사업자의 상품 또는 서비스에 대한 접근성을 낮추는 방식으로 플랫폼을 운영할 수 있다. 이러한 자사우대 행위를 통해 온라인 플랫폼 시장의 영향력을 지렛대(leverage)로 하여 연관 시장으로 지배력을 전이시킬 수 있다. 또한 연관 시장에서 온라인 플랫폼 사업자의 지배력이 강화되면 이는 다시 기존 온라인 플랫폼 시장의 지배력을 유지·강화하는 방향으로 작용해 독과점적 지위를 더욱 공고히 할 수 있다.

다만, 자사우대를 지배력 전이로 접근함에는 다음과 같은 점에 유의할 필요가 있다.

첫째, 지배력의 (인접시장에 대한) 영향과 지배력 전이는 구별되어야 한다. 지배력 전이 중에도 경쟁을 제한하는 지배력 전이와 그렇지 않은 경우를 구별해야 한다. 지배력 전이가 독자적인 남용행위 유형인지 논란은 별론으로 하더라도, 지배력 전이는 일반적으로 말하는 '지배력의 영향'과 다르다. 그 점에서 영향력과 전이를 혼용하는 것은 곤란하다. 특정 시장의 지배력이 인접 시장에 영향을 미치는 것은 자연스럽지만 이를 모두 지배력 전이로 볼 수는 없다. 지배력 전이만으로 경쟁제한성이 인정된다면, 지배력을 당해 시장에서 남용하는 경우에 비하여 지배력이 전이되는 경우에 경쟁제한성이 쉽게 인정되는 불균형의 문제가 발생할 수 있다. 그 점에서 지배력 전이와 지배력 영향을 어떻게 구별할 것인지는 어려운 과제로 남아 있다.

---

18) 온라인 플랫폼 사업자의 시장지배적지위 남용행위에 대한 심사지침 Ⅲ. 2. 다.

둘째, 지배력 전이가 인정되어도 경쟁제한효과가 별도로 인정되어야 한다. 즉 지배력 전이와 경쟁제한효과 인정은 다른 차원의 문제이다. 지배력 전이가 발생하여도 그만으로 바로 경쟁제한효과를 인정할 수는 없다. 지배력 전이 현상 자체는 중립적이고, 성과경쟁의 산물일 수도 있다. 따라서 자사우대는 차별행위나 끼워팔기 같은 별개의 확립된 유형을 통하여 집행이 가능하다. 지배력 전이 자체를 남용행위로 보는 것은 근거가 부족하다.[19] 특히 개별적·유형적 집행을 하는 우리 법제에서는 지배력 전이를 독자적 유형으로 보기 어렵다.

다만, 이러한 구분론은 이론상으로는 가능해도 실제로는 실익이 적을 수 있다. 지배력이 전이되었는지는 결국 경쟁제한효과로 평가할 수 있다. 요컨대, 지배력 전이보다는 경쟁제한효과 발생 여부에 대한 판단이 문제의 핵심이 되어야 한다. 또한, 경쟁제한효과가 발생한 경우에도 발생한 경쟁제한효과의 원인이 지배력 전이였음이 인정되어야 한다. 즉 지배력 전이와 경쟁제한효과 사이에 인과관계가 인정되어야 한다.

셋째, 지배력 전이의 경쟁제한성 증명에서 봉쇄효과, 경쟁자비용상승, 동등효율경쟁자배제 문제가 모두 제기될 수 있으나, 봉쇄효과의 증명이 핵심이 될 수 있다.

근래 자사우대 문제가 부각되기 전까지, 지배력 전이를 통하여 경쟁제한효과가 발생할 수 있는 유형은 지배력 전이 이론이 제기된 초기에 비하여 끼워팔기 정도에 그치고 있었다. 그 점에서 지배력 전이의 경쟁제한효과에서 기존에 지배력 전이가 논의된 끼워팔기를 참고할 수 있다. 끼워팔기의 경우 독점화기도(attempted monopolization)의 수준에 준하는 증명을 요하거나, 봉쇄효과의 증명이 필요하다. 자사우대에서 드러나는 지배력 전이의 경우에도 끼워팔기와 비교할 때 봉쇄효과(foreclosure)를 증명해야 하는 경우가 많을 것이다. 동시에 독점화기도에 준하는 봉쇄효과의 증명 없이 경쟁제한성을 인정하는 것은 위험할 수 있음을 의미한다.

(2) 자사우대와 차별(차별적 취급)

차별(2선차별)의 경쟁제한효과는 뚜렷한 선례가 없다. 비교법적으로도 차별행위에 대한 경쟁제한성 증명이 어려울 뿐 아니라, 한국에서 공정위가 차별을 적용

---

19) 이봉의, "디지털플랫폼의 자사 서비스 우선에 대한 경쟁법의 접근", 『법학연구』 제30권 제3호 (2020), 389, 390면.

한 사례에서 법원이 차별의 경쟁제한성에 높은 수준을 요구하며 경쟁제한성을 부정하였다.[20] 차별의 경쟁제한효과는 가격, 공급량 등에서 직접적인 증거가 제시되거나 완전한 경쟁자 배제와 경쟁부재 상태가 증명되는 경우가 아니면 증명하기가 어려울 수 있다. 다만, 최근의 서울고등법원 2022. 12. 14. 선고 2021누 36129 판결(네이버쇼핑 사건)에서는 차별행위의 경쟁제한성을 인정하였다. 이 부분은 후술한다.

5. 자사우대와 이윤압착은 어떤 관계인가?[21]

자사우대를 이윤압착과 비슷한 구도로 이해할 수 있다. 첫째, 자사우대와 이윤압착은 모두 복수의 시장에서 문제된다. 자사우대는 플랫폼 시장과 개별 시장 (상품 또는 용역 시장) 등 2개의 시장에서 차별행위나 지배력 전이가 문제된다. 이는 이윤압착에서 상류시장과 하류시장이 존재하는 것과 유사하다.

둘째, 이중지위(심판과 선수)의 구조에 비견할 수 있다. 플랫폼 시장에서 심판의 역할을 하는 것(자사우대)과 상류시장(이윤압착)에서 심판의 역할을 하는 것은 비교될 수 있다는 취지이다.[22]

이는 끼워팔기보다 이윤압착이 자사우대에 유사하다는 논거가 될 수 있다. 끼워팔기도 복수의 시장이 문제되지만, 제1시장과 제2시장의 이중지위를 심판과 선수의 역할에 속하는 것으로 평가하기는 어렵다. 이러한 이중지위는 이윤압착에서 잘 드러난다.

셋째, 이윤압착의 경우에는 가격과 비용이라는 기준이 적용되고 동등효율경쟁자배제 기준이 적용가능하다. 자사우대의 경우에는 비가격조건이 문제된다는 점에서 이러한 가격, 비용 기준이 유용할지 문제된다. 자사우대의 경우에도 비가격 조건을 비용으로 치환할 수 있다면 동등효율경쟁자 기준의 적용이 가능할 것이다. 예를 들면, 구글쇼핑 사건[23]에서 구글이 자사에만 가장 좋은 위치(top position)를 제공한 것은 암묵적으로 도매가격을 낮춘 것으로 산정할 수 있다.

---

20) 대법원 2006. 5. 26. 선고 2004두3014 판결; 서울고등법원 2017. 2. 15. 선고 2015누39165 판결; 서울고등법원 2019. 10. 12. 선고 2018누76721 판결.

21) 정재훈(주 6), 307면.

22) 다만, 플랫폼 시장이든 상류시장이든 심판으로서 중립적 의무가 인정되는지, 그 근거가 무엇인지는 논란의 대상이다.

23) Google and Alphabet v. Commission, Case T-612/17(2021).

6. 자사우대와 필수설비는 어떤 관계인가?[24]

첫째, 자사우대가 거래거절의 유형으로 드러난 경우는 필수설비 이론의 검토가 가능하다. 플랫폼을 전통적인 의미의 필수설비로 보기는 어렵다. 그 점에서 플랫폼이 준 필수설비(quasi essential facilities)로서 성격을 가진다는 점이 제시되어야 한다. 다만, 필수설비에서 주로 거래거절이 문제되는 것과 달리, 자사우대에서 거래거절과 같은 극단적인 행위가 드러나는 사례는 많지 않다.

둘째, 자사우대가 차별의 형태로 드러나는 경우에 필수설비 이론의 적용이 가능한지 문제이다. 유럽연합 일반법원(general court)의 구글 쇼핑 사건 판결[25]은 거래거절의 상황이 아닌 경우(예를 들면 차별)에도 필수설비에 준하는 법리 구성이 가능하다는 취지로 이해될 소지가 있다. 이 점에서 거래거절의 상황이 아닌 경우에도 필수설비와 같은 법리의 적용이 가능할지, 가능하다면 어떻게 이론을 구성하는 것이 합리적일지가 문제된다.

자사우대가 차별의 형태로 드러나는 경우 필수설비 이론을 매개로 하여 경쟁제한성을 증명할 이유는 없다. 차별 행위에서 필수설비성이 반드시 필요하지는 않다. 그 점에서 필수설비 이론의 증명 요부가 모든 경우에 쟁점이 되기는 어려운 것으로 보인다.

다만 차별행위에서 위법성 가설을 세움에 있어 필수설비를 근거로 제시할 수도 있고, 그렇지 않을 수도 있다. 이를 나누어서 검토해본다.

먼저 필수설비를 위법성 가설에 포함하는 경우이다. 경쟁제한성을 증명하는 측(경쟁당국이나 민사소송에서 원고)에서 필수설비 이론을 근거로 차별의 경쟁제한성을 증명하려고 시도할 수는 있다. 필수설비성이 위법성 가설에 포함되고 증거로 뒷받침될 경우 경쟁제한성 증명이 쉬워진다.

그 경우 필수설비 이론이 차별에서 어떤 방식으로 작용할 수 있는지가 분명하게 제시되어야 한다. 차별행위에서 필수설비를 원용하려면 그에 기초한 위법성 가설이 선행해야 하기 때문이다. 반면, 거래거절에서 적용되는 필수설비 이론을 차별행위에서 적용하면서 '동등대우 의무' 정도로 변형하는 것은 곤란하다. 이는 필수설비 이론을 과도하게 확장하는 결과가 된다. 동등대우 위반을 경쟁제한성의

---

24) 정재훈(주 6), 308~309면.
25) Google and Alphabet v. Commission, Case T-612/17(2021).

근거로 평가할 경우 경쟁제한성 심사가 사실상 형해화될 우려가 있다.

다음으로 필수설비를 위법성 가설에 포함하지 않는 경우이다. 거래거절이 아닌 차별행위에서 필수설비를 매개로 하지 않는다면, 그에 맞추어 새로운 위법성 가설이 제시되어야 한다.

셋째, 자사우대가 거래거절, 차별 외의 형태로 드러나는 경우에도 이론상으로는 필수설비 문제가 적용가능하다. 이는 차별에 준하여 해결하면 될 것으로 보인다.

넷째, 자사우대와 필수설비 문제에서 비례의 원칙과 관련된 문제가 제기되고 있다. 그 이유는 다음과 같다.

필수설비의 거래거절은 그 위법성이 인정될 수 있다. 자사우대는 거래는 유지하면서 차별을 하는 것이어서 거래거절을 수반하지 않고, 거래거절보다 상대방에 대한 불이익이 적다. 그런데도, 자사우대는 필수설비에 해당하지 않아도 위법성이 인정될 수 있다는 것이 위 구글 판결 등의 논지이다.

그렇다면 침익성이 상대적으로 큰 거래거절은 필수설비성을 증명해야 하므로 증명수준이 높아 엄격한 기준하에서 위법성이 인정되는 반면, 침익성이 상대적으로 작은 자사우대는 필수설비성을 증명할 필요가 없어 증명수준이 완화된 기준에서 위법성이 인정된다.

그 결과 플랫폼 사업자가 거래거절을 하면 적법할 가능성이 높다. 이와 달리 플랫폼 사업자가 그보다 온건한 전략으로 거래를 유지하면서 자사우대를 하면 위법할 가능성이 높다. 따라서 플랫폼 사업자는 거래거절을 하는 것이 더 안전한 전략이 된다. 이는 비례의 원칙에 비추어 균형에 맞지 않는다는 취지이다.

다만, 이러한 문제 제기에 대하여, 거래거절에서 필수설비성이 필요하고, 자사우대에서 필요하지 않은 것은 행위유형이나 성격이 다름에 기인한 것일 뿐, 다른 행위에 대하여 다른 기준이 적용되는 것은 당연하며 비례성을 기할 필요는 없다는 반론도 가능하다.

7. 자사우대의 경쟁제한성은 어떻게 평가할 것인가?[26]

자사우대에 대하여 시장지배력 남용, 예를 들면 차별적 취급 조항을 적용하기 위하여 다음과 같은 요건을 갖추어야 한다.

---

26) 정재훈(주 6), 302~306면.

첫째, 제1 시장(플랫폼 시장 등)에서 시장지배력이 인정되어야 한다. 시장지배력이 인정되지 않는다면 시장지배력 남용으로서 자사우대를 문제삼기 어렵다. 자사우대가 문제된 네이버 쇼핑 사건[27]은 시장지배력이 전제된 사건이었다. 둘째, 시장지배력이 인정되는 경우에도 제2 시장에서 발생하는 차별의 수준은 일정 수준에 이르러야 한다. 셋째, 경쟁제한성이 증명되어야 한다.

제1요건인 시장지배력 문제는 종래의 기준과 다르지 않다. 제2요건인 차별의 문제는 앞서 언급한 자사우대의 식별 문제이다. 제3요건인 자사우대의 경쟁제한성이 인정되기 위하여는, 차별에서 드러나는 경쟁제한효과와 지배력 전이에서 드러나는 경쟁제한효과가 모두 존재하거나, 최소한 어느 하나는 존재해야 한다.

(1) 지배력 전이와 경쟁제한효과

우리 판결은 지배력 전이의 법리를 아직 인정하지 않은 것으로 보인다. 아래와 같이 지배력 전이가 논의된 대법원 2008. 12. 11. 선고 2007두25183 판결(티브로드 Ⅰ 사건), 대법원 2011. 10. 13. 선고 2008두1832 판결(에스케이 멜론 사건) 등에 비추어 보면 지배력 전이 사안에서 성과경쟁과 남용행위의 구분이 어려움을 의미한다.

첫째, 대법원 2008. 12. 11. 선고 2007두25183 판결(티브로드 Ⅰ 사건)[28]에서 원심은 상품시장을 프로그램송출서비스 시장으로, 지역시장을 전국시장으로 보면서도 시장지배력 전이(轉移)를 인정하여 시장지배적 지위를 인정하였다. 대법원은 원심의 시장획정에 동의하면서 시장지배력의 전이를 부정하였다.

둘째, 대법원 2011. 10. 13. 선고 2008두1832 판결(에스케이 멜론 사건)[29]에서 원심은 "원고는 이동통신서비스 시장에서의 넷워크를 기반으로 하고 방대한 단말기 가입자 숫자라는 차별화 요인을 이용하여 그 시장지배력을 멜론으로 전이하였다고 볼 수 있으며, 특히 원고의 음악사이트인 '멜론'이 http://www.tworld.co.kr/

---

27) 공정거래위원회 2021. 1. 27. 의결 제2021-027호.

28) 티브로드 강서방송과 지에스디 방송이 원고로 통합하며 각각 운영하던 채널번호를 조정하였는데, 그 과정에서 선호채널인 8번을 사용하던 우리홈쇼핑이 사용료로 6,500만 원을 제시하고, 현대홈쇼핑은 9,000만 원을 제시하자, 원고는 현대홈쇼핑에게 8번을, 우리홈쇼핑에게 18번을 배정하였다.

29) 원고는 멜론 사이트의 음악파일과 SKT용 MP3폰에 자체개발한 DRM(Digital Rights Management)을 탑재한 후 멜론사이트에서 구매한 음악파일만 재생할 수 있도록 하고, 다른 사이트에서 구매한 음악은 멜론 회원에 가입한 후 컨버팅(converting)을 거치도록 하였다. 이러한 행위에 대하여 사업활동방해 중 불이익강제 및 소비자이익침해가 적용되었으나, 모두 인정되지 않았다.

와 같은 SKT 가입 고객만을 위한 서비스사이트가 아닌 음원판매사이트라는 점을 고려한다면 멜론사이트에 가입해야만 하는 것만으로도 시장지배력이 전이되었다고 해석할 수 있다"고 판시하였다. 원고가 이동통신서비스 시장에서의 지배력을 이용하여 '온라인 음악서비스 시장'에서 남용행위를 하였다는 공정거래위원회의 판단을 받아들인 것인데, 이에 관한 명시적인 대법원 판단은 없었다.

이 판결에서 문제된 사업활동방해 중 불이익강제는 동일한 관련시장의 경쟁자보다는 거래상대방 등에 대하여 발생할 가능성이 높고, 특히 수직적 관계에서 발생하는 경우를 흔히 예상할 수 있다. 이러한 불이익강제의 성격에 비추어 이동통신서비스 시장과 다운로드서비스 시장이 밀접한 경우에는 남용행위가 인정될 수 있으므로, 시장지배력 전이 이론에 기초하여 남용행위를 구성하는 것은 필요하지 않았던 것으로 볼 수 있다.[30]

(2) 차별과 경쟁제한효과

자사우대에 대하여 공정거래법상 차별적 취급이 적용되고 있다. 그런데 차별적 취급행위에서 경쟁제한성 증명은 상당히 어렵다. 비교법적으로 차별행위에 대한 경쟁제한성 증명이 어려울 뿐 아니라, 한국의 판례도 차별의 경쟁제한성에 매우 높은 수준을 요구하여 공정거래위원회가 패소한 전례도 있다.[31] 다만, 최근의 서울고등법원 2022. 12. 14. 선고 2021누36129 판결(네이버쇼핑 사건)에서는 차별행위의 경쟁제한성을 인정하였다.

(3) 봉쇄효과

경쟁제한성 인정이 어려운 지배력 전이와 경쟁제한성 인정이 어려운 차별행위가 결합한 자사우대 사안에서 경쟁제한성 증명에 필요한 증명의 수준이 높을 수 있다. 다만, 자사우대에서 드러나는 지배력 전이에서 봉쇄효과, 경쟁자비용상승, 동등효율경쟁자배제 이슈가 모두 나올 수 있으나, 경쟁제한성 증명에서 봉쇄효과가 가장 중요할 것으로 보인다. 그 경우에도 경쟁자비용상승이나 동등효율경쟁자배제도 관련성은 있으므로, 자사우대, 특히 지배력 전이가 수반되는 자사우대에서 경쟁자비용상승, 동등효율경쟁자배제 기준이 어떤 방식으로 적용될 수 있을지에 대한 검토는 여전히 필요하다.

---

30) 정재훈, 공정거래법 소송실무(제3판), 육법사, 2020, 575면.
31) 대법원 2006. 5. 26. 선고 2004두3014 판결; 서울고등법원 2017. 2. 15. 선고 2015누39165 판결; 서울고등법원 2019. 10. 12. 선고 2018누76721 판결.

(4) 경쟁제한효과의 상쇄

자사우대의 경쟁제한성 평가에서는 경쟁제한성 상쇄 요소에 대한 평가도 필요하다. 만약 시장지배적 사업자가 자사우대에 따른 위험을 줄이기 위한 방향으로 노출에 따른 우대의 정도를 일정한 수준 내로 줄였다면, 그 경우 차별에 해당하는지 여부, 그리고 그 차별이 경쟁을 제한할 수준에 이르렀는지 등이 고려될수 있다. 특히 자사 상품과 다른 상품을 식별하는 수준에서 노출을 한 경우(별도의 구역이나 카테고리를 제시하는 정도에 그치는 경우)이면 소비자 입장에서 식별이 용이하여 편리하고, 소비자에게 유익한 정보를 제공한다는 정당화 사유가 있다. 이는 오프라인 매장에서 자사 상품과 다른 상품을 구별하여 전시하는 것과 본질적으로 다르지 않다. 경쟁에서 특별한 우위를 제공하지 않는 수준이라면 차별이 인정되더라도 경쟁제한성이 부정될 수 있다.

8. 자사우대의 행위로서 중첩성은 경쟁제한성에도 영향을 미치는가?[32]

경쟁제한성의 중첩성 문제이다. 자사우대를 규제해야 한다는 적극적 집행론은 자사우대의 경우 여러 남용행위가 중첩되는 만큼 증명의 수준을 낮추어야 한다는 주장이 그 기저에 포함되어 있는 것으로 볼 여지가 있다. 차별행위의 경쟁제한성은 그 증명수준이 높고, 지배력 전이의 경쟁제한성도 증명수준이 높지만, 차별과 지배력 전이가 더해지면 남용행위가 실질적으로 2개가 합해진 것이므로 경쟁제한성 증명 수준이 낮아질 수 있다는 고려이다. 무엇인가 의심스러운 행위를 2개 했다면 그만큼 위법성이 인정될 가능성도 높을 수 있다는 취지이다.

참고로, 구글 안드로이드 사건[33]은 두 개의 끼워팔기(bundle로 표현하고 있다)를 평가하면서 그 사이에 보완효과가 있다는 점을 논거로 제시하고 있다. 이는 남용행위가 여러 개인 경우 증명수준을 낮출 수 있다는 취지로 평가될 수 있다. 이러한 논리를 확대하면 종합적 증명의 논리와 유사하다. 경쟁법 사건에서 종합적인 증거 판단(conclusive approach)이 이루어지는 경향이 있다. 개별 남용행위로는 증거가 부족한 것처럼 보여도 여러 남용행위를 종합해서 경쟁제한성을 인정할 수 있다는 결론으로 연결될 수 있다.

다만, 자사우대에서 남용행위가 단일한 행위인지, 복수의 행위인지는 일률적

---

32) 정재훈(주 6), 301~302면.
33) Case AT.40099 (2018).

으로 말하기 어렵다. 자사우대의 복합적인 성격에도 불구하고 실질적으로 단일의 행위가 복수의 위반행위로 평가를 받는 경우일 수도 있고(중첩된 단일 행위), 그와 달리 복수의 행위이어서 복수의 위반행위로 평가받는 경우일 수 있다(독립된 행위).[34] 자사우대로 문제되는 유형은 다양하기 때문이다.

9. 자사우대의 선례로서 '네이버 쇼핑' 판결의 경쟁제한성 논증은 어떻게 평가할 것인가?

서울고등법원 2022. 12. 14. 선고 2021누36129 판결(네이버쇼핑 사건)[35]은 네이버가 2012. 2.부터 2020. 8.까지 자사가 운영하는 비교쇼핑서비스인 '네이버쇼핑'의 상품 검색결과 노출순위 결정 알고리즘을 자사가 운영하는 쇼핑몰 플랫폼 서비스인 '스마트 스토어' 입점업체에 유리하게 조정하고 유지한 행위가 문제되었다. 서울고등법원은 이러한 행위가 시장지배적 지위 남용행위로서 차별행위 및 불공정거래행위로서 차별행위 및 위계에 의한 고객유인행위에 해당한다고 판단하였다. 이 판결은 한국 공정거래법상 사례가 많지 않은 시장지배적 지위 남용행위로서 차별행위 사건이며, 동시에 자사우대가 문제된 선례이며, 기존의 판결이 차별행위의 경쟁제한성을 대체로 인정하지 않은 것에 비추어 경쟁제한성을 인정하였다는 점에서 주목을 받고 있다.

다만, 이 판결의 결론의 당부를 떠나서 이 판결의 핵심인 경쟁제한성을 논증함에 있어 그 논리와 표현에 오해의 소지가 있는 표현은 아쉬운 점이다.[36]

첫째, 시장지배력, 남용행위, 경쟁제한효과가 발생하는 시장의 관계 문제이다. 대상판결은 '공정거래법 및 시행령의 규정에 의하면 경쟁제한효과 발생 시장이 시장지배력이 존재하는 시장과 같은 시장일 것을 요구하는 조항이 없다'는 점을 상세하게 판단하며 강조하고 있다(판결문 74~76면).

그러나 이러한 조항이 공정거래법에 없는 것은 당연하며, 비교법적으로도 이러한 조항을 두는 예는 찾아보기 어려우므로 명문의 규정 존부는 논할 필요가 처음부터 없었다. 이는 경쟁법에서 논의되는 시장지배력 존재 시장, 남용행위 발생

---

34) 이는 형법상 상상적 경합범이나 실체적 경합범 논리와 유사하다.

35) 대법원 2023두32709 사건으로 상고 중.

36) 판결에 사용되는 표현과 용어의 중요성에 대하여는 정재훈, 대법원 판결에 사용된 용어와 표현의 무게 — 대법원 2021. 6. 30. 선고 2018두37700 판결, 『인권과 정의』 제509호(2022) 등 참조.

시장, 경쟁제한효과 발생 시장의 관계 문제이다.[37] 핵심은 경쟁제한효과가 발생하였는지와 그러한 효과가 발생한 원인이 시장지배력에서 비롯되었는지 여부일 뿐이다.

둘째, 지배력 전이 문제이다. 대상판결은 미국 등의 독점력 전이 이론에 얽매이지 않고 공정거래법 문언과 입법취지에 따라 판단한 점을 강조하는 것으로 해석될 소지가 있다.[38]

그러나 끼워팔기, 차별(2선 차별을 의미하며 특히 자사우대가 전형적이다) 등 복수의 시장을 전제로 한 남용행위에서 지배력 전이가 논의되지만, 지배력 전이만으로는 부족하고 봉쇄효과 등 경쟁제한효과의 증명이 필요하다는 점에서는 미국과 유럽 등 다른 국가를 포함하여 한국의 공정거래법도 달라지기 어렵다.

특히, 이 판결은 "사업자가 어느 시장에서 시장지배력이 있고 그 시장에서의 행위가 자신이 참여하고 있는 다른 시장에 상당한 영향을 미칠 수 있는 관계에 있을 때 부당하게 점유율을 확대하고자 하는 유인이 크고, 이와 같은 경우에 지위가 전이되는 양상을 띠므로 규제의 요청이 더 강하다는 부분(판결문 75, 76면)"이라고 설시하고 있다. 그러나 단일 시장보다 복수 시장에서 경쟁제한 우려가 더 높다는 판시는 경쟁법 이론이나 판례상 근거를 찾기 힘든 표현으로 의문이다. 지배력 전이는 '지배력 영향'과 구별될 뿐 아니라, 지배력 전이 현상 자체는 중립적이고, 성과경쟁의 산물일 수 있어 지배력 전이가 발생하여도 그만으로 바로 경쟁제한효과를 인정할 수 없다.

셋째, 경쟁제한효과 인정 문제이다. 이 판결의 논지가 경쟁제한효과를 인정한 것인지, 경쟁제한효과를 실증할 수 없어서 그 우려를 인정한 것인지 명백하지 않다. 판결의 목차는 '경쟁제한 효과 발생의 우려(판결문 74면)'라고 기재되어 있으나, 그 내용은 경쟁제한효과를 직접 인정할 수 있는 것처럼 보일 소지가 있다. 이는 정확한 표현으로 보기 어렵다.

또한, 대상판결이 경쟁제한효과 발생의 우려에 대하여 언급한 내용(판결문 84~88면)이 추상적인 일반론에 가까운 설시에 그치고 있는 점은 아쉬운 점이다. 경쟁제한의 우려는 단순한 가능성을 의미하는 것이 아니라 상당한 수준의 발생

---

37) 정재훈(주 6), 146~150면 참조.
38) 서울고등법원, '서울고등법원 2022. 12. 14. 선고 2021누36129 판결 판결 설명자료', 3면. "이 판결은 미국의 독점력의 전이 이론에 얽매이지 않고 우리 공정거래법 규정의 문언과 입법취지에 근거하여 판단함" 부분 참조.

가능성 또는 개연성을 의미하는 것으로 해석해야 한다.[39] 경쟁제한의 우려를 확대해석할 경우 경쟁자가 배제되는 모든 경우에 경쟁제한성이 인정되어 경쟁법이 경쟁자보호법이 되는 결과에 이를 수 있음에 유의해야 한다. 그 점에서 경쟁자에 대한 불이익을 바로 경쟁제한효과로 이해한 듯한 표현은 오해의 소지가 있다(판결문 85, 86, 87면).

이 판결은 시장점유율 변화, 노출 점유율 변화, 거래액, 입점사업자 등을 경쟁제한효과의 근거로 제시하고 있다. 다만, 이러한 시장의 변화는 성과경쟁의 산물일 수도 있으므로, 남용행위의 결과임이 실증될 필요도 있을 것이다.

이 판결은 남용행위가 발생한 시장과 경쟁제한효과가 발생한 시장이 다른 경우에는 남용행위와 경쟁제한효과 사이의 인과관계를 신중하게 판단해야 한다고 판시하고 있음에도(판결문 76면), 이어지는 판시에서 이러한 신중한 판단이 보이지 않는 점도 아쉬운 점이다.

대상판결이 '가격 상승이나 산출량 감소' 등은 경쟁제한성 유무를 판단함에 있어서 고려될 수 있는 사정일 뿐 반드시 검토되어야 하는 요소가 아니라고 판시한 부분(판결문 88면)도 오해의 소지가 있다. 이는 경쟁제한성의 직접 증명이 어려운 경우에 간접 증명이 가능함을 염두에 둔 것으로 보이지만, 경쟁제한효과의 직접 증명이 없는 경우에는 상당한 수준의 간접 증명이 이루어져야 할 것이다.[40]

넷째, 경쟁제한의 의도나 목적의 문제이다. 행위의 의도나 목적만으로 경쟁제한효과가 인정될 수는 없으나, 경쟁제한효과의 판단이 어려운 경우에 참고가 될 수 있다.[41] 그 점에서 대상 판결이 행위자의 주관적 의도에 지나치게 의존하는 듯한 판시를 한 것에도 동의하기 어렵다(판결문 85면).

10. 글을 맺으며

이 글에서 검토한 바와 같이 자사우대는 기존의 남용행위 유형 어느 하나로 보기 어려운 유형으로, 다양하고 복잡한 쟁점을 가지고 있고 종합적인 접근이 필요한 문제이다. 또한, 역동적으로 변하는 시장 속에서 플랫폼 산업의 본질적인 속성과 맞물려 지속적으로 발생하고 있고, 다양한 시장과 비즈니스 모델에서 문

---

39) 정재훈(주 6), 168~171면.
40) 정재훈(주 6), 248~252면.
41) 정재훈(주 6), 157~159면.

제되고 있다.

이러한 자사우대의 특성에 비추어 사안별 발생할 수 있는 집행의 편차가 발생하지 않도록 유의해야 한다. 어떤 행위가 법위반이 의심되는 자사우대인지, 그 경우 경쟁제한성을 어떤 수준으로 심사하여 법위반을 판단할 것인지에 대하여 일관된 기준이 필요하다. 사실관계의 차이를 고려하더라도 집행과정에서 사건별 또는 조사담당자별로 그 편차가 클 경우 시장에 불필요한 혼란이 발생할 수 있다. 특히 플랫폼마다 상당한 차이가 존재하는 점에 비추어 이러한 우려는 더 커진다. 물론 이러한 편차는 여러 사건을 거치면서 장기적으로 자연스럽게 해결될 수도 있으나, 그러한 과정에서 집행오류와 예측불가능성으로 인한 비용이 상당히 클 수 있다.

따라서 선례가 누적된 시장지배력 남용행위에 대한 집행에 비하여, 자사우대 사안에서 집행을 담당하는 경쟁당국의 고도의 균형감각과 지혜로운 판단, 그리고 그 일관성이 요청된다. 자사우대 중 경쟁제한성이 드러나는 행위를 선별하여 정확하게 집행하여 시장에 메시지를 던지는 작업이 필요한 이유가 여기에 있다.[42]

---

42) 이와 달리 자사우대 규제를 실적 위주로 접근한다면 합리적 선별 기능은 작용하기 어렵게 된다.

[참고문헌]

이봉의, "디지털플랫폼의 자사 서비스 우선에 대한 경쟁법의 접근", 『법학연구』 제30권 제3호, 2020.

장품·박상진, "플랫폼 사업자의 자기우대 규제 ─ EU 구글쇼핑 사건을 중심으로", 『플랫폼 경쟁법』, 박영사, 2021.

정재훈, 『경쟁과 경쟁제한성의 이해』, 박영사, 2023.

정재훈, "대법원 판결에 사용된 용어와 표현의 무게 ─ 대법원 2021. 6. 30. 선고 2018두37700 판결", 『인권과 정의』 제509호, 2022.

정재훈, 『공정거래법 소송실무』(제3판), 육법사, 2020.

Colomo, Self-Preferencing: Yet Another Epithet in Need of Limiting Principles, 43 World Competition, 2020.

Newman, Anticompetitive Product Design in the New Economy, 39 FLA. ST.U.L.Rev. 681, 2012.

제5장

온라인 플랫폼 자사우대(Self-preferencing) 규제

장 품

온라인 플랫폼 자사우대(Self-preferencing) 규제

장 품*

1. 들어가며

온라인 플랫폼의 자사우대(self-preferencing) 논의를 본격화한 사건은 EU 구글 비교쇼핑사건이다.[1] EU집행위원회는 구글이 '일반검색 서비스'를 제공하면서 자신의 비교쇼핑(comparison shopping) 검색결과를 사진, 가격 및 부가정보와 함께 더 눈에 띄는 형식으로 표시하고,[2] 타사의 비교쇼핑서비스는 별도 알고리즘을 적용하여[3] 노출 위치를 후순위로 밀려나게 한 행위를 문제 삼았다. EU 일반법원(General Court) 역시 전체적으로 EU 집행위원회의 결정이 타당하다고 판단하였다.[4] 그 사이 EU는 디지털시장법(DMA; Digital Market Act)을 제정하여 일정 규모 이상의 대형 플랫폼 사업자의 자사 제품 및 서비스 우대행위를 명시적으로 규제하기 시작하였다. 이에 따르면 이용자가 사전 설치된 서비스를 삭제(un-installing)하고 자신이 원하는 서비스를 선택할 수 있도록 해야 하고, 디스플레이, 등급, 연결(linking) 등 형태로 중요성(prominence)을 표시하는 랭킹에 있어 자신에 유리하도록 차별화하거나 자기우대적 조치를 해서는 안 된다.

온라인플랫폼 자사우대 행위를 규제한 국내 첫 사례는 네이버쇼핑의 검색알고리즘 조정 사건이었다. 공정거래위원회(이하 '공정위')는 네이버쇼핑 서비스를 구글쇼핑처럼 '비교쇼핑 서비스'로 정의하고, 네이버가 '자사 오픈마켓 서비스'인

---

* 법무법인 지평 변호사

1) European Commission Decision of 27.6.2017, Case AT.39740-Google Search (Shopping).
2) '프로덕트 유니버설(Product Universal)' 또는 '쇼핑 유닛(Shopping Unit)'의 형태로 웹페이지 안에서 별도로 표시되는 방식이다.
3) 판다(Panda) 알고리즘은 타 웹사이트 내용을 스크랩 복사해서 보여주거나 컨텐츠의 독자성이 낮은 웹사이트를 '저품질 웹사이트'로 규정해 노출순위를 낮추는 알고리즘이다. 그 결과 다른 쇼핑 서비스에 이미 게시된 상품을 비교해서 보여주는 타사의 비교쇼핑서비스들의 노출 위치가 4페이지 또는 그 뒤로 밀려나게 되는데, 구글의 비교쇼핑서비스는 이 알고리즘이 적용되지 않는다.
4) Judgment of 10. 11. 2021-Case T-612/17 Google and Alphabet v. Commission.

스마트스토어 상품 노출을 늘리는 방식으로 검색알고리즘을 조정한 행위가 시장 지배적 지위남용행위라고 판단하였다. 적용된 법 조항은 '거래상대방에 대한 부당한 거래조건 차별행위'이었으나 처분의 실질은 '네이버쇼핑의 자사 서비스 노출 순위 우대'에 대한 규제였다.[5] 특히 공정위는 이 사건을 '시장지배력 전이' 관점에서 평가하였는데, 비교쇼핑서비스 시장에서 네이버쇼핑이 갖는 지배력을 활용하여 인접시장인 오픈마켓 시장으로 시장지배력을 전이하여 경쟁 오픈마켓 사업자의 경쟁을 제한하였다는 분석이다. 관련시장 획정, 경쟁제한성 판단, 검색알고리즘 조정의 의도와 효과 등 여러 쟁점에서 문제가 제기되었으나 서울고등법원은 공정위의 처분이 정당하다고 판단하였다.[6] 이후 공정위는 2023. 1. '온라인 플랫폼 사업자의 시장지배적 지위남용행위 심사지침'을 제정하여, 자사우대행위를 온라인플랫폼 사업자의 고유한 경쟁제한적 행위로 특정하기에 이른다. 온라인 플랫폼이 "이중적 지위를 이용하여 자사 상품 또는 서비스에 대한 접근성을 높이고 경쟁사업자의 상품 또는 서비스에 대한 접근성을 낮추는 방식으로 플랫폼을 운영"하여 "기존 시장 및 연관 시장의 특성, 거래 내용 등에 따라 온라인 플랫폼 시장의 영향력을 지렛대로 하여 연관 시장으로 지배력을 전이시켜 연관 시장의 경쟁을 저해"할 수 있음을 지적한 것이다.[7] 특정 온라인 플랫폼 사업자의 알고리즘 조정이 '자사 서비스'에 노출 우대를 야기한 행위를 규제한 후 입법을 통해 '자사우대' 규제 요건을 정비하는 방식이 EU와 동일하다.[8]

공정위는 그로부터 한 달 뒤인 2023. 2. 카카오모빌리티의 가맹택시 배차 알고리즘 조정을 자사우대행위로 규제하기에 이른다. 카카오모빌리티는 카카오T앱을 통해 중형택시를 호출하는 일반호출 서비스를 제공하는 동시에 자회사를 가

---

5) 공정위 의결 제2021-27호(2021. 1. 27.), 공정위 2020. 10. 6. 보도자료, "부당하게 자사 서비스를 우선 노출한 네이버 쇼핑·동영상 제재" 참고.

6) 서울고등법원 2022. 12. 14. 선고 2021누36129 판결(현재 대법원 상고심 진행 중).

7) 공정위. '온라인플랫폼 사업자의 시장지배적 지위남용행위 심사지침' III. 다(2023. 1.).

8) 참고로 EU 구글쇼핑 사건은 구글이 제공하는 일반검색서비스에서 비교쇼핑서비스 노출을 우대하는 행위가 문제된 사건인 반면, 우리나라의 네이버쇼핑사건은 네이버쇼핑서비스라는 전문검색 사이트 노출공간에서 네이버사의 온라인쇼핑 개설서비스인 스마트스토어 서비스를 이용한 쇼핑몰의 노출비중이 늘어난 사건이라는 점에서 두 사건은 동일한 선상에서 비교하기는 어렵다. 일반검색에서 기대되는 플랫폼의 '중립성'과 쇼핑서비스라는 전문검색에서 요구되는 플랫폼의 중립성이 동일할 수는 없기 때문이다(물론 일반검색 서비스의 '중립성'이 갖는 의미와 범위 역시 명확하지는 않다). 나아가 경쟁 비교쇼핑서비스 제품이 4페이지 뒤에 노출되는 구글쇼핑과 달리, 네이버쇼핑은 같은 페이지 안에서 다른 대형 오픈마켓 상품들이 몇 단계 내려가는 정도여서 소비자 선택에 미치는 영향에도 적잖은 차이가 있다.

맹본부로 하여 가맹택시(카카오T블루) 사업을 하고 있는데, 카카오T앱 일반호출에서 배차 알고리즘을 조정하여 자사의 가맹기사를 우선적으로 배차하거나 유리하게 배차하였고 이러한 행위가 시장지배적 지위남용행위라고 본 것이다. 공정위는 이 일반호출 시장에서 가진 지배적지위가 택시가맹 서비스 시장으로 전이되어 경쟁을 제한하고 다시 일반호출 시장의 경쟁이 제한된다는 논리를 제시한 바 있다.

이와 같이 온라인플랫폼의 '자사우대' 규제는 시대의 보편 타당한 흐름으로 보이기까지 한다. 필자는 이러한 흐름에 우려를 표하는 발표자들의 관점과 견해에 전적으로 동의하며, 다음 세 가지 관점에서 논의를 보강하고자 한다.

첫째, 온라인플랫폼의 자사우대 영업활동이 경쟁법상 별도의 규제가 필요한 특별한 행위유형에 해당하는지 여부의 문제이다. 달리 표현하면, 온라인플랫폼의 자사우대 영업활동이 오프라인 사업자의 자사우대 영업활동과 차별적으로 취급되어야 하는 정당성에 관한 의문이다. 둘째, 자사우대가 반경쟁적 행위가 될 수 있는 경쟁법 이론 토대의 한계에 관한 질문이다. 앞서 설명한 것처럼 EU 경쟁당국과 우리 공정위는 자사우대행위 규제의 정당성을 뒷받침하는 논리로서 '플랫폼의 중립의무'나 '시장지배력 전이 우려' 등을 제시하였는데, 이러한 논리들이 합당한 것인지 숙고가 필요하다.

2. 온라인플랫폼의 자사우대에 대한 '차별취급'의 정당성

우선 '자사우대(Self-preferencing)' 행위가 경쟁법상 규제 대상 행위로 명확하게 특정될 수 있는지 검토가 필요하다. 자사우대는 말 그대로 자신의 사업활동을 타인의 사업활동보다 우대한다는 것인데, 이는 기업활동의 보편적인 양태로 보인다.[9] 모든 기업은 자신의 사업활동을 우대할 유인을 가지며, 자사우대는 온라인플랫폼과 무관하게 전통적으로 존재해 왔기 때문이다. 자사의 다른 사업부서가 제공하는 상품이나 서비스를 외부 사업자보다 선호(prefer)하는 것은 이윤추구는 물론 효율적인 자원 배분 및 원활한 정보소통, 영업비밀 보호 등의 관점에서 자연스러운 일이다. 이마트가 PB상품인 노브랜드 제품을 위해 점포 내에 별

---

[9] 자사우대가 새로운 방식의 경쟁제한적 행위는 아니고 기존의 다양한 행위유형을 자사우대라는 '의도'의 관점에서 포괄하는 상위용어(umbrella term)적 의미를 지니고 있다는 평가도 있다 (권남훈, "플랫폼의 자사우대행위", 『상사조직연구』 제31권 제1호(2023), 38면).

도의 매장을 할애하거나, 넷플릭스가 자신이 제작한 오리지널 드라마를 시작화면
에 우선 배열한다고 해서 문제가 제기되지 않는 것도 같은 이유이다. 오히려 자
사우대가 아닌 '자사의 상품, 서비스와 타사의 상품, 서비스를 동등한 조건으로
거래하는 행위'가 이례적이고 비정상적인 영업활동으로 해석될 수도 있다.

그렇다면 이러한 자사우대가 '온라인플랫폼'의 영업활동에서 유독 문제가 될
수 있는, 그로 인해 특별한 규제가 요구되는 특징이 포착되어야 한다. 규제 찬성
론은 온라인플랫폼의 '중개'적 성격에서 그 근거를 찾는 것으로 보인다. 양면시장
에서 발생하는 거래를 중개하는 온라인플랫폼이 본연의 '중개의 역할'에 머무르
지 않고 '거래의 역할'을 동시에 수행하면서 자신의 '거래'에 혜택을 제공할 경우
온라인플랫폼을 이용하는 타 경쟁사업자들의 정상적인 경쟁을 가로막을 수 있다
는 우려다. 이른바 온라인플랫폼의 '이중적 지위(dual role)'에서 비롯한 시장지배
력 행사 가능성을 지적하는 것이다.[10][11]

다만 이러한 사업자들의 '이중적 지위'를 온라인플랫폼 사업자만 갖는 고유한
특성으로 한정하기는 어렵다고 판단된다. 기업들은 사업영역을 확장하면서 수직
계열화를 하려는 유인을 가지며, 그로 인해 거래구조가 다층화 되고 '지위(role)'
의 중첩이 자연스럽게 발생한다. 도매업과 소매업을 동시에 영위하고, 원재료 공
급과 중간재 생산을 함께 하기도 한다. 포스코는 상류시장인 열연코일 시장과 하
류시장인 냉연강판시장에서, KT는 상류시장인 문자전송서비스 시장과 하류시장
인 기업메시징 서비스 시장에서, 각각 사업활동을 한다는 게 공정위의 판단이기
도 하였다. 앞서 설명한 것처럼, 대형 유통업자인 이마트는 '노브랜드'라는 생필
품 시장에 진출하여 자사 상품을 매장 내에서 판매하고, 편의점 역시 도시락, 김
밥, 음료수, 우유 등의 PB 상품 시장에 모두 진출해 있다. 이러한 사업자들 모두
'이중적 지위'를 가지고 있으며 이들이 시장지배력을 갖고 있는 시장에서 부당하
게 거래조건을 차별하거나 공급을 거절하는 등으로 인접시장에 경쟁제한효과를
가져오지 않는 한, '자사 제품을 더 선호하고 우대하는 행위'가 원칙적으로 위법

---

10) 공정위, '온라인플랫폼 사업자의 시장지배적 지위남용행위 심사지침' Ⅲ. 다.(2023. 1.)

11) 참고로 온라인플랫폼의 데이터 의존성 관점에서도 살펴볼 수 있는데, 특정 온라인 플랫폼을
중심으로 데이터가 집중될 경우 그 데이터를 자신에 유리한 방식으로 활용하는 경우이다. 아
마존은 외부 소매점들의 판매 데이터를 통해 무엇을 판매할지 결정하고, 외부 판매자보다 저
가로 공급할 수 있는데, 이는 새로운 제품을 도입하기 위한 최초의 비용과 불확실성은 제3의
소매점이 부담하고 아마존은 성공의 대가만을 가져온다는 비판이 제기된 바 있다(리나 칸,
Amazon's Antitrust Paradox(2017)).

하다는 관점에서 접근한 적은 없는 것으로 보인다.

　나아가 '온라인플랫폼'의 특수성을 지나치게 강조할 경우 온라인 사업과 오프라인 사업의 융합(convergence) 현상에 명확하게 대처할 수 없게 되는 문제가 있다. 전통적인 오프라인 유통사업자인 신세계 계열회사(이마트, 이트레이더스 등)는 온라인으로 대거 이동하면서 SSG.COM이라는 단일 브랜딩을 하였고, 식료품 새벽배송시장 사업자인 오아시스는 오프라인 매장에서 주로 수익을 발생시킨다. 아마존북스(Amazon Books)와 알리바바가 투자한 신선식품 매장 허마셴성은 고객 데이터 확보 및 분석 역량을 오프라인에 적용하여 전통 유통 사업자들과의 차별화를 시도하는 대표적인 기업이다. 온라인플랫폼 사업자들이 오프라인으로 진출하여 시장에서 경쟁할 경우, 이 사업활동은 자사우대 규제의 대상이 되는 것일까. 반대의 경우는 어떠할까. 대형마트가 PB상품을 위해 별도의 매장을 마련해 주거나 매대를 설치하여 판촉행사를 하는 방식으로 노골적으로 '우대'할 경우, 이러한 '자사우대'와 온라인플랫폼의 '자사우대'를 차별적으로 취급하는 근거 역시 설명하기 어렵다.

　결국 최근 문제된 온라인플랫폼의 '자사우대' 규제 사건들을 보면, 근본적으로 그 영업활동이 '온라인플랫폼'에서 진행되었기 때문에 문제가 된 것인지, 아니면 관련 시장에서 강력한 지배력을 행사하는 사업자들이 자사 서비스와 타사 서비스를 부당하게 차별하는 방식으로 관련시장의 경쟁을 제한했기 때문인지 명확하지 않은 것이다. 만약 후자의 측면이 더 인정된다면, '온라인플랫폼의 자사우대 행위'를 차별적으로 취급하여 규제 대상으로 특정할 명분은 약해질 것으로 보인다.[12]

　원칙적으로, 그리고 보편적으로 허용되는 영업활동이 '온라인 플랫폼' 영역에서 발생했다는 이유로 규제대상으로 포섭된다면, 이는 수범자의 예측가능성 침해와 영업활동 위축이라는 부작용으로 이어질 우려가 있다. 문제되는 행위가 명징하게 특정되지 않으면 경쟁당국의 판단재량이 광범위해지면서 과다집행의 오류가 발생하거나 정치적 수사로 변질될 가능성이 있음을 염두에 두어야 할 것이다.

---

12) 플랫폼이 중개적 역할을 넘어 직접 진입하는 이중지위 획득의 효과를 분석한 결과, 어떠한 연구결과에서도 플랫폼의 직접 진입으로 인해 소비자 후생이 감소된 경우는 없었고, 경쟁자가 손해를 보는지 여부는 사례마다 달랐다는 결과만 확인된다는 견해가 있다(권남훈(주 9), 42면).

3. 자사우대에 경쟁제한효과가 특별히 우려되는 위법성의 징표가 있는지

자사우대 규제에 대한 이론적 배경은 몇 가지 관점으로 수렴된다. 앞서 설명한 EU 구글쇼핑사건은 구글의 일반검색서비스가 '필수설비'와 유사하여 '동등한 경쟁조건'을 보장한다는 점을 강조한 바 있다. 우리 경쟁당국은 일관되게 '시장지배력 전이'의 관점에서 온라인플랫폼 자사우대가 갖는 위법성을 지적하고 있다. 그런데 이러한 기준이 자사우대의 경쟁제한효과를 특별히 인정할 근거가 될 수 있는지는 의문이다.

(1) 시장지배력 전이(leverage)의 관점

온라인플랫폼 사업자가 자사 서비스를 우대하는 방식으로 기존에 지배력을 갖는 시장의 '인접시장'에 지배력을 전이할 수 있다는 관점인데, 공정위는 네이버 쇼핑 사건, 카카오모빌리티 사건 모두 이 논리를 제시하고 있다. 특히 공정위는 온라인플랫폼의 자사우대와 무관하게 수직계열화 되어 있는 시장지배적 사업자의 지위남용행위에 대해서 '시장지배력 전이'의 위법성을 반복하여 지적한 바 있다. 퀄컴 1차사건, 2차사건이 대표적이다.

문제는 시장지배력 전이가 그 용어의 직관적인 호소력과 별개로 독립적인 위법행위로 널리 인정되지는 않는다는 사실이다. 이 이론은 1940년대 미국에서 처음 등장하였는데 Griffith 사건과 Spectrum Sports 사건, Trinko 판결[13]을 차례대로 거치면서 '두 번째 시장(인접시장)의 독점화 성공 확률이 위험할 정도로 높은 경우'에 한하여 시장지배력 전이를 인정하는 것으로 정리되었다.[14] 이렇게 엄격한 요건이 제시됨에 따라 인접시장(second market, adjacent market)에서 독점을 발생하게 하는 레버리지는 일반적으로 높은 가격이나 생산량 축소(품질저하)를 결정하지 않고, 경쟁제한 효과를 초래하는 경우에만 셔먼법 위반이 문제될 수 있고, 계약위반이나 상사불법행위(business tort) 문제로 다뤄져야 한다는 비판이 제기되었다.[15]

EU 사법재판소 역시 Tetra Pak 사건에서 "시장지배적지위 남용행위가 성립

---

13) Verizon Communications Inc. v. Law Offices of Curtis v. Trinko, LLP, 540 U.S. 398.
14) Herbert Hovenkamp, Federal Antitrust Policy, The Law of Competition and Its Practice, 5th Edition(2016), p.427.
15) Areeda · Hovenkamp, Fundamentals of Antitrust Law (1994), 283~284면; 이재구, 공정거래법 이론, 해설과 사례, 119면에서 재인용.

하기 위해서는 (i) 시장지배적 지위와 남용행위 사이에 인과관계가 존재해야 하고, (ii) 시장지배적 지위가 존재하지 않는 인접시장에서 이루어진 행위로서 그 효과가 인접시장에서 발생하는 경우에는 시장지배적지위와 남용행위 간 인과관계가 존재하지 않아 시장지배적지위 남용행위로 규율할 수 없는 것이 원칙"이라고 하면서 "특수한 상황"(special circumstances)이 존재하는 경우에만 예외적으로 규율할 수 있다는 제한된 입장을 제시한 바 있다.[16] 시장지배력 전이의 관점에서 경쟁제한성을 지적하는 EU경쟁당국도, 그 자체가 독자적인 위법행위의 유형을 갖는다고 지적하기보다 거래거절이나 끼워팔기, 차별취급이나 약탈가격 등 다양한 남용유형을 레버리지의 관점에서 설명하는 '도구'적 개념으로 활용된다는 평가이다.[17]

시장지배적 사업자의 사업영역이 확장되면서, 인접시장에 영향력을 미칠 수 있다는 우려가 시장지배력의 '전이'로 이어지기 위해서는 인접시장의 구체적인 경쟁상황에 근거한 실증적 분석이 필요할 것이다. 예를 들어 우리 대법원은 시장지배적 지위남용행위의 부당성을 판단하는 기준으로서, "상품의 가격상승, 산출량 감소, 혁신 저해, 유력한 경쟁사업자의 감소" 등 경쟁제한의 효과가 발생하거나 그러할 우려가 있는 사정을 제시하는데,[18] 시장지배력이 행사되는 시장의 인접시장에서 이러한 판단기준은 여전히 필요하다고 본다. 인접시장에 영향을 미칠 우려를 근거로 고도의 경쟁제한성을 추정할 경우, 시장지배적 지위를 행사하는 시장보다 인접시장에서 오히려 경쟁제한성이 쉽게 인정되는 모순이 발생할 수 있기 때문이다.[19]

온라인플랫폼에는 플랫폼이용자들이 여러 플랫폼을 병행하여 이용하는 '멀티호밍'(multi-homing) 현상을 고려하면, '시장지배력을 갖는 온라인플랫폼 사업자가 인접시장으로 서비스를 확대할 경우, 고착화된 이용자들은 따라갈 수밖에 없다'는 도식이 플랫폼 시장의 실질을 정확히 반영하는지는 의문이다. 수직통합적

---

16) Tetra Pak International SA v. Commission (Tetra Pak Ⅱ), Case C-333/94 [1996] ECR Ⅰ-5951.

17) 이봉의, "디지털플랫폼의 자사 서비스 우선에 대한 경쟁법의 쟁점", 『법학연구』 제30권 제3호 (2020. 9.), 379면.

18) 대법원 2007. 11. 22. 선고 2002두8626 전원합의체 판결.

19) 장품, "온라인플랫폼의 '자기우대(self-preferencing)'와 경쟁법상 쟁점", 『경쟁저널』 209호 (2021), 26면; 장품·박상진, "플랫폼 사업자의 자기우대규제—EU구글쇼핑사건을 중심으로", 『플랫폼경쟁법』, 74면.

사업자가 인접 시장에 미치는 영향력을 '경쟁제한적 속성'이 당연히 내재된 '전이'의 관점으로, 자사우대를 평가하기는 어렵다고 판단된다.[20]

　(2) 동등 경쟁조건(level-playing field) 보장 및 필수설비(essential facilities)의 관점

　자사우대 규제는 온라인플랫폼 사업자가 거래상대방을 '동등하게 대우할 의무'가 있음을 전제로 한다. 구글쇼핑사건에서 EU 집행위원회는 시장지배적 플랫폼 사업자에게 동등한 경쟁조건(level playing field)을 보장할 의무가 있다고 지적한 바 있다. 다만 시장지배적 플랫폼 사업자에게 '부당하게 거래조건을 차별하지 않을 의무'를 넘어서 '동등한 경쟁을 보장할 의무'까지 부과하는 법적 근거가 뚜렷하지 않다. '동등한 거래상대방을 합리적인 이유 없이 차별해서는 안 되는 의무'와 '자기 자신과 상대방을 동등하게 대우해야 할 의무'는 개념상 구별되며,[21] 전자의 의무가 후자의 의무로 확대될 수 있는 정당성도 발견하기 어렵다. 수직계열화를 한 사업자가 경쟁사업자와의 거래를 '거절'하는 게 아니라, 자사의 사업활동을 '우대'하는 정도의 행위는 시장 참여자들이 합리적으로 예견 가능할 수 있는 범위 내에 있다는 견해가 더 설득력이 있어 보인다.[22]

　이처럼 '동등대우의무'가 부과되는 것은 온라인 플랫폼 사업자가 제공하는 서비스가 '필수설비(essential facilities)'의 성격과 유사하다는 시각에서 착안한 것인데, 구글쇼핑사건에서 구글도 자사의 일반검색서비스가 필수설비의 '필수성' 기준을 충족하는 경우에만 경쟁 비교쇼핑서비스에 상당한 비율의 노출을 제공할 의무가 인정될 수 있다고 항변한 바 있다.[23] 다만, 필수설비 이론은 특정 사업 영위에 필수적인 설비를 독점적으로 소유 또는 통제하고 있는 사업자는 다른 사업자가 특정 사업을 영위하기 위해 정당한 대가를 지급하고 그 설비를 이용하고자 할 경우에 거절할 수 없다는 이론으로서 시장지배적 사업자의 부당한 거래거절을 규제하는 데 목적이 있었다. 만약 시장지배적 사업자가 제공하는 상품이나 서비스가 필수설비에 해당해서 거래의무가 발생하더라도, 이를 '거래개시'를 넘어 '동일하게 대우할 의무'로까지 확장할 근거 역시 명확하지 않다. 더구나 '필수설

---

20) 장품(주 19), 25면.
21) 장품(주 19), 26면.
22) Ibáñez Colomo, "Self-Preferencing- Yet Another Epithet in Need of Limiting Principles", World Competition Volume 43. Issue 4(2020), pp.5~15.
23) Paras. 645~652.

비사용의 거절행위'가 엄격한 요건 하에서만 부당성이 인정되는 점을 고려하면 (Bronner 판결)[24] 거절행위보다 위법성이 약한 '우대'행위를 더 완화된 요건 하에서 인정하는 결론은 모순된다는 비판이 제기된다.[25] 오히려 '동등하게 대우할 의무'가 아니라 "상업성이 있는(commercially viable)" 사업을 영위하기에 충분한 접근을 허용하는 정도라면 족하다는 견해가 더 설득력이 있어 보인다.[26]

(3) 플랫폼 중립성(platform neutrality)의 관점

자사우대의 금지는 '동등 대우의무'를 전제로 하며 동등하게 대우할 의무를 부과하는 근거는 온라인플랫폼이 타 사업자와 달리 거래상대방과 차별 없이 중립적으로 거래할 의무가 있다는 데서 출발한다. 이른바 플랫폼의 '중립성' 문제이다.

플랫폼중립성(Platform Neutrality)이란 플랫폼 사업자에게 플랫폼에 참가하는 이용자에 대해 비차별적으로 취급할 것을 요구하는 규범이다.[27] 이렇게 플랫폼에 '중립성'을 요구하게 된 배경에는, 과거에 논의된 망중립성과 검색중립성의 관념이 영향을 미친 것으로 보인다. 망중립성(Network Neutrality)이란 공공 정보망의 효용성을 극대화하기 위해서는 모든 콘텐츠, 웹사이트, 그리고 플랫폼들이 동등하게 다뤄져야 한다는 원칙으로서,[28] 특히 최종 이용자들이 인터넷에 접속하는 마지막 구간에서, 특정 콘텐츠나 데이터를 합리적인 이유 없이 차별적으로 취급

---

24) Oscar Bronner GmbH & Co. KG v. Mediaprint Zeitungs und Zeitschriftenverlag GmbH & Co. KG, Mediaprint Zeitungsvertriebsgesellschaft mbH & Co. KG and Mediaprint Anzeigengesellschaft mbH & Co. KG, Case C-7/97 (1998). 오스트리아의 일간지 회사이자 오스트리아 전역에 신문 배송망을 갖춘 계열회사를 보유한 Mediaprint가 다른 일간지 회사인 Oscar Bronner의 자사 배송망 이용신청을 거절한 것이 시장지배적 지위남용행위[구 유럽공동체(EC) 조약 제86조 위반]에 해당하는지가 문제된 사안이다. Oscar Bronner는 필수설비 이론을 근거로 법위반 성립을 주장했으나, 유럽공동체 법원은 Mediaprint의 신문 배송망이 '필수적(indispensable)'이라고 보려면 최소한 다른 신문 배송망의 출현이 '경제적으로 실현 가능(economically viable)'하지 않을 것이 요구되는데, 이런 관점에서 Mediaprint의 거래거절 행위가 시장지배적 지위남용행위에 해당하지 않는다고 판단했다.

25) 장품(주 19), 26면.

26) Sea Containers v. Stena Sealink, case IV/34.689 (1994), OJ L 015.; Bo Vesterdorf, "Theories of self-preferencing and duty to deal-two sides of the same coin", Competition Law & Policy Debate, Volume 1 (2015), pp. 6-7.

27) 홍명수, "플랫폼 중립성의 경쟁법적 의의", 『동아법학』 제90호(2021), 116면.

28) Tim Wu, "Network Neutrality, Broadband Discrimination", 2 Journal on Telecom and High Tech Law 141 (2003); 이상윤·이황, "검색 중립성과 경쟁법 집행원리", 『경쟁법연구』 제40권(2019), 262면에서 재인용.

해서는 안 된다는 원칙을 의미한다. 이와 유사하게 검색중립성(Search Neutrality)
은 인터넷 검색엔진이 사용하는 검색 알고리즘(algorithm)의 구조와 검색결과에
있어서 자신의 것과 다른 경쟁 사업자 또는 하류 사업자의 것을 차별하지 않는
것을 의미한다.[29)]

플랫폼중립성이 망중립이나 검색중립성과 동등한 층위의 개념으로 보기는 어
렵다. 플랫폼은 전통적으로 국가나 공공 분야에서 제공되는 '공적설비'가 아니라
시장에서 상품과 서비스가 유통되는 과정에서 자연발생한 거래매개의 '도구
(tool)'에 가깝기 때문이다. 실제로 플랫폼에서 유통되는 상품과 서비스의 다양성
만큼, 플랫폼 서비스도 무수하게 변용되고 발전해 왔는데, 숙박업중개시장, 음식
배달중개시장, 온라인쇼핑시장, 앱스토어시장은 모두 '온라인플랫폼'을 통한 거래
라는 공통점만 있을 뿐, 이용자의 특성, 경쟁현황, 사업자들의 자유로운 진입여
부 등 여러 면에서 차이를 보인다. 민간 영역에서 혁신과 경쟁을 통해 서비스가
확장해 나가고 있는 온라인플랫폼 분야에서 '중립의무'를 부과하는 것은 서비스
의 실질에 부합하지 않고, 오히려 시장의 역동성에 저해가 되는 결과를 낳을 수
있다. 온라인플랫폼이 말 그대로 온라인플랫폼이라는 이유로 '자사의 서비스를
우대해서는 안 된다'는 행위규범이 바로 도출될 수는 없다고 본다.[30)]

---

29) 이상윤·이황(주 28), 267면.

30) 장품(주 19), 28면.

[참고문헌]

권남훈, "플랫폼의 자사우대행위", 『상사조직연구』 제31권 제1호, 2023.

이봉의, "디지털플랫폼의 자사 서비스 우선에 대한 경쟁법의 쟁점", 『법학연구』 제30
　　권 제3호, 2020.

이상윤·이황, "검색 중립성과 경쟁법 집행원리", 『경쟁법연구』 제40권, 2019.

장품, "온라인플랫폼의 '자기우대(self−preferencing)'와 경쟁법상 쟁점", 『경쟁저널』
　　209호, 2021.

장품·박상진, "플랫폼 사업자의 자기우대규제 ─ EU구글쇼핑사건을 중심으로", 『플랫
　　폼경쟁법』

홍명수, "플랫폼 중립성의 경쟁법적 의의", 『동아법학』 제90호, 2021.

Areeda·Hovenkamp, Fundamentals of Antitrust Law, 1994.

Colomo, "Self−Preferencing─ Yet Another Epithet in Need of Limiting Principles",
　　World Competition Volume 43. Issue 4, 2020.

Hovenkamp, Federal Antitrust Policy, The Law of Competition and Its Practice,
　　5th Edition, 2016.

Wu, "Network Neutrality, Broadband Discrimination", 2 Journal on Telecom and
　　High Tech Law 141, 2003.

제2편

플랫폼의 자사우대와 불공정거래행위 규제

제 1 장

자사우대와 부당한 차별행위

심재한

자사우대와 부당한 차별행위*

심 재 한**

I. 온라인 플랫폼의 성장과 자사우대

온라인 플랫폼은 현대 사람들의 일상생활에서 매우 중요한 역할을 하고 있으며, 이를 활용하지 않고서는 생활, 사회 및 경제에 대한 광범위한 참여는 거의 불가능하게 되었다. 온라인 플랫폼 규제와 이에 따른 공정하고 적절하며 사용자 친화적인 프레임워크를 만드는 문제는 현재 인터넷과 디지털 세계에서 경쟁의 촉진과 소비자 보호의 핵심 문제 중 하나이다.

공정거래법 제1조에서는 "공정하고 자유로운 경쟁"을 법의 제정목적으로 규정하고 있다. 이는 사업자가 자유롭고 공정한 경쟁수단을 사용하는 경우 자신들의 경제적인 생활관계를 법률상의 제재를 받지 않고 만들어 나갈 수 있다는 뜻이 된다. 이중에서 '자유로운 경쟁'은 시장에 대한 진입과 퇴출이 자유롭다는 것이 전제가 된다. 중요한 것은 새로운 사업자의 시장에 대한 진입가능성이며, 이는 경쟁에 참여하려는 의사와 능력을 가진 모든 사업자들에게 시장이 개방되어 있어야 한다는 의미이다. 그런데 온라인 플랫폼 비즈니스의 발전에 따라 플랫폼 특유의 교차 네트워크 효과(cross network effect)를 통한 독점의 위험 증대, 플랫폼을 통한 시장의 쏠림(tipping) 및 검색 엔진 제어의 관점에서 위험성이 지적되고 있다. 일단 시장 지배력을 확보한 온라인 플랫폼은 자금력과 데이터 파워를 통해 스스로에 대한 우대정책 즉 자사우대를 시행하거나, 독점적인 계약을 추구하거나, 이용자가 "멀티호밍"을 하지 못하도록 하여 그 플랫폼을 더욱 확장하고 보호

---

* 이 글은 저자의 논문인 "자사우대 행위에 대한 공정거래법 적용"(유통법연구 제9권 제1호, 2022년 6월)과 "온라인 플랫폼의 검색결과 제시와 경쟁촉진 및 소비자 보호"(유통법연구 제9권 제2호, 2022년 12월)를 편집·수정·보완한 결과물임.
** 영남대학교 법학전문대학원 교수

하려는 행위를 할 것이라는 우려가 나타나고 있다.

이중에서 근래 특히 세계 각국의 경쟁당국으로부터 주목을 받고 있는 행위 유형은 자사우대(Self-preferencing)이다. 자사우대에 대해 경쟁법 분야에서 관심을 가지게 된 것은 오래된 일은 아니다. 자사우대행위로서 유통업 분야에서 기존에 흔히 볼 수 있었던 행위는 대형유통업체 사업자가 자신의 매장에 자사의 PB상품(Private-Brand products)을 전면에 배치하여 판촉활동에 나서는 것이었으며, 이에 대해 공정거래법은 개입하지 않았다. 그런데 온라인 플랫폼을 통한 유통이 급격하게 확대되면서 중개플랫폼이 소비자에게 제시하는 검색 결과에 따른 노출순위가 플랫폼을 이용하여 상품을 유통시키고자 하는 사업자의 판매결과에 상당한 영향을 미치게 되었다. 이때 온라인 플랫폼 사업자가 자신의 상품을 상위의 검색 결과로 노출시킨다면 다른 사업자의 사업활동에 부정적 영향을 미칠 수 있는 상태가 될 수 있고, 따라서 최근 온라인 플랫폼 사업자의 자사우대(Self-preferencing) 행위에 대한 경쟁법 적용 문제가 세계 각국에서 다양하게 전개되고 있다.

II. 관련사례

1. 구글쇼핑 사건

EU집행위원회(European Union Commission)가 2017년에 시정명령을 부과한 구글쇼핑(Google Shopping) 사건은 자사우대와 관련된 최초의 사례로 평가되고 있다.

(1) 개   요

EU집행위원회는 소위 GAFA와 같은 거대 온라인 플랫폼에 대한 경쟁법 집행에 선도적인 역할을 하고 있다. 이미 2010년부터 EU집행위원회는 구글에 대하여 경쟁법 위반혐의에 대해 조사에 들어갈 것임을 밝혔다. 이후 수년간 예비조사를 진행하였으며, 2015년에 구글이 쇼핑관련 검색서비스를 통하여 시장지배력을 남용한 혐의가 있다는 점과 안드로이드와 관련한 구글의 행위가 경쟁법 위반 소지가 있어 별도의 조사에 들어간다는 내용을 구글에 발송하였다.[1]

---

1) EU Commission, Antitrust: Commission Sends Statement of Objections to Google on

2017년 6월 EU집행위원회는 구글이 검색결과를 제시하면서 자사의 비교쇼핑서비스를 우선으로 배치하고 경쟁 비교쇼핑사이트의 순위를 강등시킨 행위를 유럽연합기능조약(TFEU) 제102조에 따라 금지되는 시장지배적지위 남용행위로 판단하여 시정명령과 함께 24억2천만 유로의 과징금을 부과하였다.[2] EU집행위원회의 결정에 대해 구글은 EU일반법원(General Court)에 불복소송을 제기하였는데, EU일반법원은 2021년 11월 10일 판결로 EU집행위원회의 결정을 지지하였다.[3]

한편 구글이 검색 알고리즘을 조작하여 검색 결과를 왜곡함으로써 불공정한 경쟁방법 및 불공정하거나 기만적인 행위 등을 금지하는 FTC법 제5조를 위반하였는지가 문제된 '검색왜곡(search bias) 사건'에 대해 미국 FTC는 2013년 1월 만장일치로 무혐의 결정을 하였고,[4] 캐나다 경쟁총국 또한 2016년 4월 무혐의 결정을 한 바 있다.

(2) 관련시장

EU집행위원회는 이 사건의 관련상품시장으로 일반인터넷검색(general internet search) 서비스시장과 비교쇼핑서비스 시장의 두 시장을 획정하였으며, 관련지역시장은 모두 국가별 시장으로 획정하였다. EU집행위원회의 견해에 따르면 일반인터넷검색 서비스와 콘텐츠제공 웹사이트, 전문검색엔진 및 소셜네트워크 등 여타 온라인 서비스와의 사이에 수요 및 공급 측면에서 제한된 대체성을 가지므로 별도의 관련시장에 속한다. 또 고정기기와 모바일기기에서 제공되는 일반인터넷검색 서비스는 하나의 시장에 포함된다고 판단하였다.

또한 비교쇼핑서비스는 전문검색 서비스, 온라인 검색광고 플랫폼, 온라인 판매자, 온라인 상거래 플랫폼 또는 오프라인 비교쇼핑 수단들과 대체성이 없기 때문에 별개의 관련시장에 속한다고 판단하였다. 특히 사업자가 제공하는 비교쇼핑

Comparison Shopping Service; Opens Separate Formal Investigation on Android, Press Release, April 15, 2015, http://europa.eu/rapid/press-release_IP-15-4780_ en.htm.

2) European Commission-Fact Sheet, Antitrust: Commission fines Google € 2.42 billion for abusing dominance as search engine by giving illegal advantage to own comparison shopping service (27 June 2017).

3) EuG, Urteil v. 10.11.2021, Rs. T-612/17 (Google und Alphabet/Kommission [Google Shopping]).

4) Statement of the Federal Trade Commission Regarding Google's Search Practices In the Matter of Google Inc. FTC File Number 111-0163, January 3, 2013.

서비스들은 아마존이나 이베이(eBay)와 같은 상거래 플랫폼과는 별도의 시장에 속한다고 하고, 설령 비교쇼핑서비스와 상거래 플랫폼이 동일한 관련시장에 속한다고 할지라도 각 관련시장 내에서 서로 가장 밀접한 경쟁관계에 있으므로 구글의 행위가 비교쇼핑서비스 간 경쟁을 제한하는 효과를 초래할 우려가 있음은 변하지 않는다고 하였다.[5]

또한 EU집행위원회는 PC를 통한 검색서비스와 스마트폰 등 모바일 기기를 통한 검색서비스가 동일한 관련시장에 속한다고 하면서도, 설령 양자를 별개의 시장으로 획정하더라도 구글의 지배적 지위에는 변화가 없다고 하였다.[6]

(3) 시장지배력

유럽경제지역(European Economic Area, EEA) 31개국에서 EU집행위원회가 조사를 시작한 2008년 이래 일반적인 인터넷 검색서비스 시장에서 구글은 대부분 90%가 넘는 시장점유율을 가지고 있었다.[7] 이 시장은 특히 네트워크 효과로 인하여 높은 진입장벽이 존재한다. 그리고 검색엔진을 소비자가 많이 사용할수록 광고주들에게 더 매력적인 것이 되고, 여기서 발생하는 수익은 더 많은 소비자를 끌어오는 데 이용될 수 있으며, 검색엔진에서 소비자들에 대하여 수집한 데이터는 더 나은 검색결과를 도출하는 데 다시 이용되기도 한다.[8] 구글의 일반 검색서비스를 주된 검색서비스로 이용하는 이용자 중에서 소수만이 다른 일반검색서비스를 이용하고 있으므로 멀티호밍은 제한적이다.[9]

---

5) European Commission Decision of 27.6.2017, Case AT.39740 — Google Search (Shopping), pp.28~55, 183~185.

6) European Commission Decision of 27.6.2017, Case AT.39740 — Google Search (Shopping), pp.34~35.

7) European Commission—Press release, Antitrust: Commission fines Google € 2.42 billion for abusing dominance as search engine by giving illegal advantage to own comparison shopping service (27 June 2017); European Commission Decision of 27.6.2017, Case AT.39740 — Google Search (Shopping). 예컨대 구글과 미디어저작권관리단체(VG Media) 및 각종 언론사와의 분쟁과 관련하여 독일 연방카르텔청이 조사한 바에 따르더라도 구글이 독일에서 차지하는 시장점유율은 90% 이상이었고, 경쟁자였던 Bing은 5% 미만이었다. BKartA, Beschl. v. 8.9.2015, http://www.bundeskartellamt.de/SharedDocs/Entscheidung/DE/Entscheidungen/Missbrauchs aufsicht/2015/B6‐126‐14.html.

8) European Commission—Press release, Antitrust: Commission fines Google € 2.42 billion for abusing dominance as search engine by giving illegal advantage to own comparison shopping service (27 June 2017); European Commission Decision of 27.6.2017, Case AT.39740 — Google Search (Shopping).

9) European Commission Decision of 27.6.2017, Case AT.39740 — Google Search (Shopping),

EU집행위원회는 특히 매우 높은 시장점유율은 예외적인 상황이 아니라면 그 자체가 시장지배적 지위의 존재에 대한 증거가 될 수 있으며,[10] 기술혁신 주기가 짧아 급속히 발전하는 분야라도 안정된 시장지배적 지위가 인정될 수 있음을 지적[11]하면서 구글의 시장지배적 지위를 인정하였다.[12]

EU일반법원에서의 소송에서 구글은 자신의 시장지배적 지위를 부인하지 않았고, EU일반법원은 구글이 압도적인 지배력(superdominant)을 가지고 있다고 판단하였다.[13]

(4) 행위사실

구글은 인터넷검색 서비스를 무료로 제공하면서 매출의 90% 이상을 검색광고를 포함한 광고로부터 올리고 있다. 구글은 인터넷검색 시장에서의 지배력을 자사의 비교쇼핑 서비스에 대한 트래픽의 원천으로 활용하였다.

EU집행위원회의 조사 결과 구글은 일반인터넷검색 결과 페이지로부터 경쟁 비교쇼핑 서비스로 가는 트래픽(traffic)을 줄이고 자신의 비교쇼핑 서비스(Google Shopping)로 가는 트래픽은 늘림으로써, 경쟁 비교쇼핑 서비스로 갈 트래픽을 자신의 비교쇼핑 서비스로 가는 트래픽으로 전환시켰다.[14] 이로써 검색결과 페이지에서 경쟁 비교쇼핑 서비스에 비해 자신의 비교쇼핑 서비스를 우선적으로 검색되도록 하였다. 즉 구글의 비교쇼핑 검색결과는 검색결과의 꼭대기 혹은 오른쪽에 마련된 공간에 나타나지만 경쟁사의 비교쇼핑 서비스는 구글의 검색 결과에서 낮은 검색순위로 나타나도록 하였고, 이것은 소비자들이 구글 검색 결과에서 경쟁사의 비교쇼핑 서비스를 거의 보지 않는다는 것을 의미한다.

시선추적(Eye-tracking) 분석을 통해 알아본 소비자들의 행태는 검색의 첫

---

pp.57~70.

10) Case 85/76, Hoffmann-La Roche v Commission, EU:C:1979:36, paragraph 41; Case T-65/98, Van den Bergh Foods v Commission, EU:T:2003:281, paragraph 154.

11) Case T-340/03, France Telecom v Commission, EU:T:2007:22, paragraphs 107~108.

12) European Commission Decision of 27.6.2017, Case AT.39740 - Google Search (Shopping), sections 6.2.5. and 6.2.6.

13) EuG, Urteil v. 10.11.2021, Rs. T-612/17 (Google und Alphabet/Kommission [Google Shopping]), ECLI:EU:T:2021:763, Rn. 182, 183.

14) European Commission-Press release, Antitrust: Commission fines Google € 2.42 billion for abusing dominance as search engine by giving illegal advantage to own comparison shopping service (27 June 2017); European Commission Decision of 27.6.2017, Case AT.39740 - Google Search (Shopping).

번째 페이지에 나오는 결과, 그 중에서도 윗부분에 나타나는 결과를 클릭하는 경향이 강하게 나타났다. 데스크탑 검색결과 중 첫번째 페이지의 상위 열 개에 95% 가량의 클릭수가 집중되고, 최상위 결과는 35% 클릭을 한다. 검색결과의 두 번째 페이지에 나오는 결과는 그것이 최상위에 나오더라도 1% 정도만이 클릭하는 것으로 나타났다. 모바일의 경우는 화면이 작기 때문에 소비자들이 첫 번째 검색결과에 집중하는 경향이 더욱 두드러졌다.[15]

2. 네이버쇼핑 사건

(1) 공정거래위원회 및 서울고등법원의 판단

공정거래위원회는 2021년 네이버에 대하여 비교쇼핑서비스 검색결과에서 자신의 오픈마켓서비스를 이용하는 사업자의 상품이 상위에 노출되기 유리하도록 부당하게 검색 알고리즘을 설계하고 적용하는 행위를 하였다는 이유로 시정명령과 함께 266억3천5백만원의 과징금을 부과하였다(이하 "네이버쇼핑 사건"이라 한다).[16] 또한 자사 동영상에 가점을 주거나 경쟁사에게 검색 알고리즘 개편 사실을 전혀 알리지 않는 방식으로 검색 결과를 왜곡하였다는 이유로 시정명령과 함께 2억원의 과징금을 부과하였다(이하 "네이버동영상 사건"이라 한다).[17]

공정거래위원회는 양 사건에 대해 "플랫폼 사업자가 자사에 유리하게 검색 알고리즘을 조정·변경하는 방식으로 이른바 '자사우대'를 한 행위를 제재한 최초의 사례라는 데 의의가 있다"고 발표하였다.[18]

공정거래위원회의 "네이버쇼핑 사건" 결정에 대해 네이버는 취소를 구하는 소를 제기하였지만 서울고등법원은 원고 패소판결을 하였고,[19] 위 판결에 불복하여 네이버는 상고하였다.

---

15) European Commission—Fact Sheet, Antitrust: Commission fines Google €2.42 billion for abusing dominance as search engine by giving illegal advantage to own comparison shopping service (27 June 2017).

16) 공정거래위원회, 의결 제2021-027호, 2021. 1. 27.

17) 공정거래위원회, 의결 제2021-021호, 2021. 1. 25.

18) 공정거래위원회, 보도자료 "부당하게 자사 서비스를 우선 노출한 네이버쇼핑·동영상 제재 — 온라인 중개 사업자가 검색 연산 방식을 조정·변경해 자사 서비스를 우대한 행위를 제재한 최초 사례—", 2020. 10. 6.

19) 서울고등법원 2022. 12. 14. 선고 2021누36129 판결.

(2) 네이버쇼핑 서비스 개요

네이버는 1999년 설립된 이후부터 현재까지 네이버 홈페이지를 운영하면서 사용자에게 온라인 검색서비스와 유료 전문서비스(쇼핑, 부동산, 영화 등)를 제공하여 왔다. 네이버는 다양한 쇼핑몰에서 판매되는 상품 정보를 검색·비교할 수 있는 온라인 비교쇼핑서비스(쇼핑 분야 전문 검색 서비스)를 제공하는 동시에 오픈마켓 서비스도 제공하고 있다.

온라인 비교쇼핑서비스는 다양한 온라인 쇼핑몰 사업자로부터 상품가격 등 상품에 대한 정보를 제공받은 후, 특정 상품에 대한 정보를 검색하는 소비자에게 해당 정보를 제공하여 소비자가 원하는 상품을 최적의 조건으로 구매할 수 있도록 도와주는 서비스이다. 온라인 비교쇼핑서비스 사업자는 상품정보를 검색하는 소비자를 해당 상품을 판매하는 온라인 쇼핑몰과 연결해주고, 온라인 쇼핑몰 사업자로부터 그에 따른 일정 수수료를 지급받는 방식으로 수익을 창출한다.[20]

오픈마켓이란 온라인을 통해 누구나 상품을 자유롭게 구매할 수 있고 판매도 할 수 있는 온라인 상의 자유 시장공간 또는 그러한 시장의 운영형식을 의미한다.[21] 오픈마켓에서 발생하는 상품거래의 당사자는 상품의 판매자와 구매자이다. 오픈마켓 사업자는 이러한 판매자와 구매자를 이어주는 상품판매중개자, 즉 플랫폼으로서의 역할을 수행하며, 그 대가로서 상품판매자로부터 일정 판매수수료를 수취하는 방법 등으로 수익을 창출한다.[22]

네이버는 2003년경부터 지식 쇼핑이라는 이름으로 상품 검색 및 가격 비교 서비스를 제공하기 시작했으며, 2015년 그 명칭을 '네이버쇼핑'으로 변경하였다. 네이버쇼핑 검색 결과에는 자사 오픈마켓 상품과 11번가, G마켓, 옥션, 인터파크 등 경쟁 오픈마켓 상품이 모두 노출된다.

공정거래위원회는 네이버의 오픈마켓 서비스를 "스마트 스토어"로 파악하였다. "스마트 스토어"는 2018년부터 사용되는 명칭이며, 이는 원래 2012년 "샵N" 으로 시작하여 2014년 "스토어팜"으로 전환되었다가 현재의 명칭인 "스마트 스토어"로 변경되었다.

---

20) 공정거래위원회, 의결 제2021-027호, 2021. 1. 27., 4면.
21) 공정거래위원회, 의결 제2021-027호, 2021. 1. 27., 12면.
22) 공정거래위원회, 의결 제2021-027호, 2021. 1. 27., 13면.

(3) 행위사실

네이버의 상품 정보 검색 노출 순위는 크게 두 단계를 거쳐 결정된다. 먼저, 검색어와의 관련성(relevance)을 기준으로 네이버 등록 상품의 기초 순위를 산정한다. 관련성(relevance)은 해당 상품의 검색 질의에 대한 적합도, 인기도 등을 점수화한 값을 의미한다. 이렇게 산정된 상위 300개 상품을 대상으로 다양성 함수를 적용해 점수를 재계산하여 상위 120개 상품의 최종 순위를 결정한다. 120개의 상품은 PC 기준의 검색 결과 쪽당 40개 상품이 노출되므로 첫 1~3쪽에 해당된다.

네이버는 자사 오픈마켓을 출시한 2012년 4월을 전후로 경쟁 오픈마켓 상품에 1 미만의 가중치를 부여하여 노출 순위를 내렸다. 또한 자사 오픈마켓 상품은 쪽당 일정 비율 이상 노출을 보장하는 방식을 도입하여, 처음에는 노출 보장 비율을 15%(쪽당 40개 중 6개)로 설정하였다가 2012년 12월에는 노출 보장 비율을 20%(쪽당 40개 중 8개)로 확대하였다. 그리고 2013년 1월에는 자사 오픈마켓 상품에 적용되는 판매 지수에 대해서만 추가적으로 1.5배의 가중치를 부여하여 상품 노출 비중을 높이기도 하였다. 아울러 2013년 9월에는 동일한 쇼핑몰의 상품이 연달아 노출되는 경우 해당 쇼핑몰 상품 노출 순위를 하향 조정하였다. 이때 경쟁 오픈마켓 상품은 오픈마켓 단위로 동일한 쇼핑몰이라고 본 반면, 자사 오픈마켓 상품은 입점 업체 단위로 논리를 적용하여 자사 오픈마켓 상품 노출이 크게 늘었다. 이로 인해 자사 오픈마켓 상품이 검색 결과를 도배하는 현상이 우려되자 자사 오픈마켓 상품 노출 개수를 일정 수준으로 제한하기도 하였다. 2015년 6월 네이버페이 출시를 앞두고는 네이버페이와 연동되는 자사 오픈마켓 상품 노출 제한 개수를 완화(8 → 10개)하였다.

Ⅲ. 시장지배력 전이

1. 구글쇼핑 사건

온라인 플랫폼 경제에서 거대 플랫폼 사업자가 가지게 되는 지배력의 원천은 해당 플랫폼의 검색엔진 서비스인 경우가 많다.[23] 구글의 경우 일반 인터넷

---

23) 강지원·임지영, "온라인 플랫폼 사업자의 자사우대에 대한 경쟁법상 허용 범위의 한계 ― 네

검색(general internet search) 서비스에서 지배적 지위를 가지고 있는 것으로 나타났다.

구글쇼핑 사건에서 EU집행위원회는 구글이 일반인터넷 검색 결과 페이지로부터 경쟁 비교쇼핑 서비스로 가는 트래픽(traffic)을 줄이고 자신의 비교쇼핑 서비스(Google Shopping)로 가는 트래픽은 늘림으로써, 경쟁 비교쇼핑 서비스로 갈 트래픽을 자신의 비교쇼핑 서비스로 가는 트래픽으로 전환시켰다고 발표하였다. 그 결과 구글의 비교쇼핑 서비스(Google Shopping)는 트래픽에서 급격한 성장을 나타낸 반면 경쟁사의 비교쇼핑 서비스는 구글의 검색결과 페이지로부터의 트래픽이 감소하였다. 예를 들어 구글의 비교쇼핑 서비스(Google Shopping) 트래픽은 영국에서 45배, 독일에서 35배, 네덜란드에서 29배, 스페인에서 17배, 이탈리아에서 14배 증가하였다. 반대로 경쟁 비교쇼핑 웹사이트로의 트래픽은 영국 85%, 독일 92%, 프랑스 80%가 감소하였다.[24]

EU집행위원회는 구글의 행위는 유럽경제지역(EEA) 내 일반 인터넷 검색시장에서 가지는 지배적 지위를 남용하여 비교쇼핑 서비스시장에서의 경쟁을 제한하는 행위로서 EU기능조약 제102조 위반에 해당한다고 판단하였다. 즉 인터넷 검색시장의 시장지배력을 별개의 시장인 비교쇼핑서비스 시장으로 전이하는 것을 문제로 삼았다.[25]

EU에서 통상적으로 지배력전이 이론은 끼워팔기나 로열티 리베이트 사례에서의 경쟁제한성을 설명하기 위한 근거로 활용되었다. 예컨대 주상품시장에서의 지배력을 가지고 있는 사업자가 끼워팔리는 상품(부상품)의 시장(tied product market)에서 경쟁을 감소시키고 거래상대방의 자유를 제한하는 경우에는 경쟁제한성이 인정되어 금지될 수 있다. 그리고 자신의 가격비교서비스를 우대함과 동시에 경쟁가격비교서비스를 강등시키는 반경쟁적 성격은 특정한 상황에 의해 결정되어야 한다고 보고 있다.[26]

이버쇼핑 사건과 EU Google Shopping 사건, 영국 Streetmap 사건을 중심으로 — ", 『경쟁법연구』 제44권, 한국경쟁법학회(2021), 196면.

24) European Commission—Fact Sheet, Antitrust: Commission fines Google € 2.42 billion for abusing dominance as search engine by giving illegal advantage to own comparison shopping service (27 June 2017).

25) European Commission—Fact Sheet, Antitrust: Commission fines Google € 2.42 billion for abusing dominance as search engine by giving illegal advantage to own comparison shopping service (27 June 2017).

따라서 구글쇼핑 사건에서 EU일반법원(General Court)은 아래와 같은 세 개의 특정한 상황 ① 구글의 일반검색엔진에 의해 생성된 비교쇼핑서비스를 위한 트래픽의 중요성; ② 일반적으로 상위에 배치된 몇 가지 검색결과에만 집중하는 사용자의 행동; ③ 비교쇼핑서비스의 트래픽에서 '전환된' 트래픽의 큰 비중과 그것이 효과적으로 대체될 수 없다는 사실을 적시하며 이로 인해 문제의 행위는 경쟁 약화로 이어질 수 있었다고 판단했다.[27]

즉 구글이 일반 검색서비스 시장에서의 압도적인 지배적 지위가 자신의 비교쇼핑서비스에 영향을 줌으로 인해 예컨대 켈쿠(Kelkoo)나 컴페어(Compare) 등 EU지역에서 운영되는 비교쇼핑서비스 사업자들을 경쟁에서 배제하게 되거나 최소한 자신의 비교쇼핑서비스를 통해 발생하는 이익을 취득하게 되는 것을 지적한 것이다.

2. 네이버쇼핑 사건

EU에서는 구글이 일반 검색서비스 시장에서의 압도적인 지배력(super-dominant)을 가지고 있지만 국내에서는 네이버가 지배적 지위를 가지고 있다. 그런데 구글쇼핑 사건에서 EU집행위원회 및 EU일반법원이 구글이 가지고 있는 일반 인터넷 검색시장의 시장지배력을 별개의 시장인 비교쇼핑서비스 시장으로 전이하는 것을 문제로 삼은 것과는 달리 네이버쇼핑 사건에서 공정거래위원회는 네이버쇼핑이 "비교쇼핑 서비스시장에서의 시장지배력을 전이하여 국내 오픈마켓 시장에서의 경쟁을 제한하고자 했다는 점"[28]을 지적하고 있다.

네이버쇼핑이 비교쇼핑서비스시장에서 가지게 된 시장지배력의 원천은 구글 사건에서와 마찬가지로 일반 검색서비스 시장에서의 지배력이라고 보아야 한다. 소비자들이 상품을 비교검색하고자 할 때 예전에는 다나와, 에누리 등과 같은 비교쇼핑서비스 사업자를 먼저 검색한 후 그 사이트를 찾아가 자신이 원하는 상품을 검색하였다면, 네이버가 비교쇼핑서비스를 제공한 이후에는 네이버 검색창에 상품명을 입력함으로써 이전에 다나와, 에누리 등의 사이트에 접속해야 했던 단계를 없애는 편리함을 경험하게 되어 비교쇼핑서비스에서 네이버의 점유율이 상

---

26) Monti, The General Court's Google Shopping Judgment and the scope of Article 102 TFEU. https://ssrn.com/abstract=3963336.

27) EuG, Pressemitteilung v. 10.11.2021, Nr. 197/21.

28) 공정거래위원회, 의결 제2021-027호, 2021. 1. 27., 120면.

승하였을 것으로 판단된다.

하지만 공정거래위원회의 지적대로 네이버쇼핑이 "비교쇼핑서비스 시장에서의 시장지배력을 국내 오픈마켓 시장으로" 전이했는지에 대해서는 의문이 있다. 일반적으로 온라인 플랫폼 시장에서의 지배력을 전이하는 경우는 구글사건에서 본 바와 같이 일반 인터넷검색 결과 페이지로부터 경쟁 비교쇼핑 서비스로 가는 트래픽(traffic)을 줄이고 자신의 비교쇼핑 서비스(Google Shopping)로 가는 트래픽은 늘림으로써, 경쟁 비교쇼핑서비스로 갈 트래픽을 자신의 비교쇼핑서비스로 가는 트래픽으로 전환시키는 방법을 예상할 수 있다. 이러한 방법을 네이버쇼핑 사건에 대입하여 보면 네이버가 비교쇼핑서비스 시장에서의 지위를 바탕으로 오픈마켓 경쟁자인 11번가 내지 G마켓을 열세에 놓고 자신의 오픈마켓 서비스를 우위에 놓아야 한다.

하지만 공정거래위원회는 네이버가 자신의 비교쇼핑서비스를 통해 직접적으로 오픈마켓 시장에 지배력을 전이했다는 설명대신 자신의 오픈마켓 입점사업자와 경쟁 오픈마켓 입점사업자를 차별하는 행위를 통한 간접적인 방법으로 지배력을 전이하였다는 설명을 하고 있다. 공정거래위원회의 이러한 설명이 설득력을 얻기 위해서는 자신의 오픈마켓 입점사업자와 경쟁 오픈마켓 입점사업자를 차별하는 행위가 부당하고, 입점사업자에 대한 차별행위로 말미암아 오픈마켓 경쟁자인 11번가 내지 G마켓을 경쟁에서 배제시키게 되었다는 인과관계가 증명되어야할 것이지만 공정거래위원회와 서울고등법원의 판단을 살펴보면 이에 대한 증명이 미흡한 것으로 보인다. 차별행위의 부당성과 인과관계 성립 여부는 아래에서 살펴본다.

Ⅳ. 차별행위로서의 자사우대행위

1. 공정거래법 규정의 적용

'온라인 플랫폼 사업자의 시장지배적지위 남용행위에 대한 심사지침'에 따르면 "자사우대 행위를 통해 온라인 플랫폼 시장의 영향력을 지렛대(leverage)로 하여 연관시장으로 지배력이 전이"시킬 수 있음을 나타내고 있다. 하지만 공정거래법상 시장지배적지위 남용행위로서 지배력 전이를 금지하는 명시적인 규정은 없다. 따라서 공정거래위원회는 네이버쇼핑 사건에서는 시장지배적지위 남용행위 중 다른 사업자의 사업활동 방해 행위(구 공정거래법 제3조의2 제1항 제3호, 동 법 시행령 제5조 제3항 제4호), 불공정거래행위 중 차별 취급 행위 및 부당한 고객 유인 행위(구 공정거래법 제23조 제1항 제1호, 동법 시행령 제36조 제1항 별표1의2 2. 차별적 취급 및 동법 제23조 제1항 제3호, 동법 시행령 제36조 제1항 별표1의2 4. 나. 위계에 의한 고객 유인)로 판단하였다.[29)]

2. 차별행위 개요

차별행위에 대한 금지조항은 독점적 사업자가 독점적 지위를 구축하고 있지 못하거나 독점적 지위에 대한 위협을 받고 있는 지역에서 염매(local price cutting)를 통해 지배력을 강화하는 행위를 차단하기 위해 가격차별(price discrimination)을 금지한 미국 클레이턴법(Clayton Act) 제2조를 모태로 하고 있다.

전통적으로 문제시 되는 차별의 형태는 지역적 차별과 거래상대방별 차별로 나뉜다. 지역에 따른 차별은 특정지역에서 다른 지역보다 부당하게 유리하거나 또는 불리한 조건으로 거래하는 경우(예컨대, 어떤 사업자가 A지역에서는 높은 가격으로 판매하고 그 판매이익을 기초로 B지역에서는 낮은 가격으로 판매하는 경우)이다. 주로 특정지역의 경쟁자를 배제하거나 다른 시장에서의 자기의 지위를 확립하는 수단으로 쓰인다고 평가된다. 상대방에 따른 차별은 거래상대방에 따라서 서로 다른 조건으로 거래하는 경우이며, 자기의 경쟁자와의 관계에서 영향을 미치는 경우가 있고 차별에 의해 상대방끼리의 경쟁에 영향을 미치는 경우가 있다.

그런데 지역적 차별과 거래상대방별 차별은 기본적으로 거래주체인 甲이 자신의 거래상대방 중 서로 다른 A(상대방 혹은 지역)와 B(상대방 혹은 지역)로 나누어 차별하는 행위에 대해 적용하였다. 예컨대 지멘스 사건[30)]에서 공정거래위원회는 지멘스가 자신의 CT, MRI를 구매한 고객이 독립 유지보수 사업자(independent service organization, ISO) 등 경쟁사업자와 거래하는지 여부에 따라 서비스 소프트웨어 서비스키의 가격, 기능, 발급기간 등의 라이선스 조건을 차별하는 행위를 했다고 하여 제재를 부과하였다.[31)] 퀄컴 I 사건[32)]에서도 퀄컴

---

29) 공정거래위원회는 네이버동영상 사건에서는 부당한 고객 유인 행위로 판단하였다.

30) 공정거래위원회, 의결 제2018-094호, 2018. 3. 13.

31) 이에 대해 서울고등법원(2020. 2. 6. 선고 2018누43110 판결)은 지멘스의 라이선스 정책이 ISO 대상 서비스키 제공의 범위를 유지보수서비스 제공에 필수적인 베이직 레벨(레벨 3~4)

은 자신의 부품과 모뎀칩을 사용하는 업체와 그렇지 않은 업체에 대하여 기술료를 차별적으로 부과한 점이 문제시 되었다.

이렇듯 차별취급 행위에 대한 기존의 사례들은 거래상대방 사이에서 차별한 것인데 네이버쇼핑 사건에서는 자신과 타사를 차별한 것이 되어 법적용이 가능한지 여부가 문제시 될 수 있다.[33]

3. 자신과 타인의 차별행위

(1) 불공정거래행위로서의 자신과 타인의 차별행위

공정거래위원회 심결 사례 중 자신과 타인의 차별행위로 인하여 제재를 받은 대표 사례는 롯데쇼핑㈜의 시장지배적지위 남용행위 등에 대한 건[34]이다. 이 사건에서 공정거래위원회는 롯데쇼핑㈜이 자신의 사업부인 롯데시네마로 하여금 내부조직인 롯데엔터테인먼트 외 다른 배급사가 배급한 영화 79편에 대하여 흥행예상 순위나 주말관람객수 순위와 다르게 롯데엔터테인먼트가 배급하는 영화보다 더 적은 상영회차나 더 작은 상영관을 배정하고, 영화전단 등 선전재료물을 롯데엔터테인먼트가 배급하는 영화보다 나쁜 위치에 배치하는 등 부당하게 특정 사업자에 대하여 거래내용에 관하여 현저하게 불리하게 취급하였음을 이유로 구 공정거래법 제23조 제1항 제1호, 법 시행령 [별표1의2] 제2호 나목의 거래조건 차별 규정을 적용하였다.

이 심결에 대해 서울고등법원에서는 "원고의 내부 조직구조 및 인사구조상 롯데시네마와 롯데엔터테인먼트는 원고에 소속된 하나의 사업부 또는 그 내부 조직에 불과하여 원고에 대한 독자적인 거래상대방이 된다고 보기 어려우므로, 특정사업자에 대한 거래조건이나 거래내용이 '다른 사업자'에 대한 것보다 유리 또는 불리하여야 한다는 거래조건 차별의 요건(공정거래법 제23조 제1항 제1호)을

을 한도로 규정하고 있고, 이는 저작권자가 저작권 행사의 일환으로 제3자에 대한 저작물 사용 허락의 범위를 정한 것으로 부당하다고 볼 수 없으므로, 라이선스 정책에 따라 ISO와 거래하는 병원에 대하여 베이직 레벨을 한도로 서비스키를 유상 발급한 것이 서비스키의 기능 및 접근권한을 부당하게 차별한 것이라고 볼 수 없다고 판단하였다. 자세한 내용은 정재훈, "시장지배적 의료기기 사업자의 경쟁제한적 차별행위 — 지멘스 사건을 중심으로 —", 『의료법학』 제23권 제1호, 대한의료법학회(2022), 81면 이하 참조.

32) 공정거래위원회, 의결 제2009-281호, 2009. 12. 30.
33) 강지원·임지영(주 23), 190면.
34) 공정거래위원회, 의결 제2015-070호, 2015. 3. 6.

충족하지도 않으므로, 거래조건 차별행위에 대한 처분사유가 성립하지 않는다"[35]
고 판결하였으며, 이후 대법원 2017. 7. 11. 선고 2017두39372 판결(심리불속행
기각)로 종료되었다.

(2) 시장지배적지위 남용행위로서의 자신과 타인의 차별행위

공정거래위원회가 2021년 12월 30일부터 시행한 '시장지배적지위 남용행위
심사기준'[36]에서는 다른 사업자의 사업활동을 어렵게 하는 행위(영 제9조 제3항
제4호)로서 "자사 또는 다른 거래상대방 대비 가격 또는 거래조건을 부당하게 차
별하는 행위"를 규정하여 자신과 타사를 차별한 행위에 대해 법적용이 이루어질
수 있음을 고시하고 있지만, 개정전 '시장지배적지위 남용행위 심사기준'[37]에서
는 "거래상대방에게 정상적인 거래관행에 비추어 타당성이 없는 조건을 제시하
거나 가격 또는 거래조건을 부당하게 차별하는 행위"라고만 규정하고 있다.

유통업자로서 온라인 플랫폼은 백화점이나 대형 마트와 같은 오프라인 유통
업자와 형태는 다르지만 입점업체와 소비자를 연결시켜 거래가 이루어지도록 해
주고 수수료 내지 판매수익을 얻는다는 측면에서는 동일한 기능을 한다. 그런데
오프라인 유통업자는 오래 전부터 자신의 PB상품을 개발하여 판촉활동에 나서기
도 하였고, 이러한 행위 자체에 공정거래법을 적용시키는 시도는 이루어지지 않
았다. 예컨대 대형 마트에서 화장지 내지 과자 등의 PB상품을 개발하여 좋은 매
대에 배치하거나 소비자에 대한 혜택을 더 많이 제공하는 등의 판촉활동을 진행
하는 경우 경쟁 화장지업체나 과자업체로 유입될 수도 있을 소비자들의 구매행
위를 자신의 PB상품을 위해 전환시키는 행위로서 지배력 전이나 차별행위 문제
가 제기되지는 않았다.[38]

원래 지배력 전이를 위한 가장 극단적인 차별행위는 거래거절 행위라 할 수
있다. 즉 대형 마트에서 PB상품의 판촉을 위해 좋은 매대(賣臺)에 배치하는 등
의 행위를 넘어서 극단적으로 PB상품과 겹쳐지는 경쟁 상품의 유통을 거절하면
PB상품과 경쟁 상품을 100 대 0의 비율로 차별하는 행위가 되는 것이다. 시장
지배적지위 남용행위로서의 거래거절은 그 행위를 통해 경쟁자를 특정 시장에

---

35) 서울고등법원 2017. 2. 15 선고 2015누39165 판결.
36) 공정거래위원회고시 제2021-18호.
37) 공정거래위원회고시 제2015-15호, 2015. 10. 23.
38) 강지원·임지영(주 23), 197면.

서 배제할 가능성이 있는 경우 인정될 수 있으며, 특히 필수설비원리(Essential-Facility-Doctrine)에 따르면 거래거절은 남용행위를 구성하는 핵심적인 유형이 된다. EU집행위원회는 구글쇼핑 사건에서 필수설비원리에 따라 결정을 내리지 않았다. 하지만 EU일반법원(General Court)은 구글이 현재 시장에서 경제적으로 실행 가능한 방식으로 대체할 실제 또는 잠재적 대안이 없다는 점에서 필수설비와 유사한 특성을 가지고 있다고 판단하였다.[39] 즉 EU일반법원은 구글을 준필수설비(Quasi-Essential-Facility)로 바라보고 있는 것이다.

공정거래위원회는 네이버쇼핑 사건에서 필수설비원리를 언급하지는 않았다. 시장지배적 사업자의 지위 남용행위임을 주장하기 위해서는 그 행위가 "상품의 가격 상승, 산출량 감소, 혁신 저해, 유력한 경쟁사업자의 수의 감소, 다양성 감소 등과 같은 경쟁제한의 효과가 생길 만한 우려가 있는 행위로서 그에 대한 의도와 목적이 있었다는 점"[40]이 증명되어야 한다. 공정거래위원회는 네이버의 가격비교 검색 알고리즘의 조정 및 변경행위에 경쟁제한 의도와 목적이 있었음을 설명하고 있지만 실제로 경쟁제한 의도와 목적에 따라 가격비교 검색 알고리즘을 조정·변경하였는지는 의문이다. 이에 대해서는 아래에서 살펴본다.

4. 검색 알고리즘의 조정과 차별행위와의 관계

(1) 온라인 플랫폼과 검색 서비스

온라인 플랫폼을 기반으로 하는 비즈니스가 양면시장(two sided market) 내지 다면시장(multi sided market)의 특성을 가지고 있다는 점은 주지의 사실이다. 이러한 다면시장에서 온라인 플랫폼 이용자는 원하는 검색결과 서비스를 제공받고, 광고업자는 광고를 게재하고, 사업자는 상품이나 서비스를 판매하는 등 목적에 따라 다각적인 관계를 설정하게 된다. 온라인 플랫폼에서 검색 서비스 이용자와 광고업자는 검색엔진을 사이에 두고 통상 양(+)의 간접적 네트워크 효과를 얻게 되므로 검색 서비스를 이용하는 사람이 많아지면 많아질수록 상품이나 서비스를 제공하는 사업자가 더 많이 늘어나고 온라인광고 또한 늘어나게 되어 플랫폼의 확장이 촉진되는 결과를 보인다.[41]

---

39) EuG, Urteil v. 10. 11. 2021, Rs. T-612/17 (Google und Alphabet/Kommission [Google Shopping]), ECLI:EU:T:2021:763, Rn. 224: "It must be noted that *Google's* general results page has characteristics akin to those of an essential facility."

40) 대법원 2007. 11. 22. 선고 2002두8626 판결 참조.

검색 서비스가 제공되는 온라인 플랫폼의 시장지배적 지위는 통상 검색이용자의 이용횟수, 총체류시간, 재방문자나 고착의 정도 등에 의해 판단된다. 검색 플랫폼의 시장지배적 지위에 대해서는 시장의 선점효과로 인하여 독과점이 형성되고 고착되기 쉬운 특성과 함께 그 과정에서 지배력 유지 및 강화를 위한 위법행위 가능성이 크다는 지적이 있어왔다. 검색이용자의 습관은 물론 이용자가 검색서비스를 이용하고자 하는 경우에 이를 자동적으로 연결시키는 기술적인 조치 등이 고착화를 초래할 수 있다고 알려져 있다.

(2) 검색 알고리즘의 조정 및 변경
1) 검색 서비스의 의미와 배열순위의 결정기준

검색 서비스는 대부분 온라인 플랫폼 사업자의 사업활동에 필수적인 요소이다. 우리는 물건을 살 때 뿐만이 아니고 관심있는 뉴스를 찾거나, 네비게이션으로 목적지에 도달하기 위한 최적의 경로를 구하거나, 특정주제에 연관성을 가지는 자료를 얻고자 하는 등의 경우에 우선 검색기능을 이용한다. 온라인 플랫폼은 검색엔진을 통해 다면적인 시장에서 영업활동을 수행한다. 검색엔진은 검색 서비스 이용자와 사업자 사이의 중개자가 되어 검색결과와 링크를 제공함으로써 양자가 직접적인 거래를 할 수 있도록 해준다. 온라인 플랫폼은 각 검색마다 이용자의 요구를 충족시키고, 가능한 더 유용하고 타당한 결과를 도출하기 위하여 다양한 판단기준을 발췌하여 조합하고, 그 가치의 우열을 설정한다.

그런데 다수의 검색결과가 온라인 플랫폼에 순차적으로 표시되거나 아니면 애당초 표시되지 않게 되고, 그 결과에 따라 유불리(有不利)가 나뉘게 되면 당사자들은 온라인 플랫폼에 항의하거나 그 근거의 제시를 요구하게 된다. 특히 검색결과를 나타내는 온라인 플랫폼이 대다수의 사람들이 이용하는 지배적 사업자인 경우라면 검색결과에 대한 항의나 근거제시에 대한 요구는 더욱 커지게 된다. 따라서 온라인 플랫폼 사업자들의 검색결과의 제공이 우월적인 지위를 남용할 가능성이 높고, 이를 견제하기 위해 정부가 개입해야 한다는 논리가 오래전부터 있어왔다.

다른 한편으로는 특정 사업자 또는 서비스만을 대상으로 검색결과를 조작하는 것이나 검색엔진을 운영하는 사업자가 자사 서비스에 대해 우선권을 부여하

---

41) 다만 지나치게 많은 광고가 플랫폼에 올라오는 경우에는 음(−)의 간접적 네트워크 효과로 인해 오히려 플랫폼 이용자가 줄어들게 하는 결과가 나타날 수 있다.

는 것을 검색편향성(search bias)이라고 하며, 그 문제를 해결하기 위한 대안으로 검색중립성 개념이 제시되기도 하였다.[42] 원래 검색중립성 개념은 통신산업에 있어서 망중립성 개념을 차용하여 차단금지 조항(no blocking of legal content and application)을 검색사업자에게 적용하였다.[43] 그러나 통신산업에 통용되던 개념을 인터넷 플랫폼 사업자의 행위 기준으로 적용하기에는 각 서비스의 형태와 기반이 다르기 때문에 더 이상 논의가 이루어지지는 않고 있다.

검색중립성을 중시하는 견해에 따르면 검색사업자가 특정 목소리나 콘텐츠에 대한 가중치를 임의로 부여할 수 있기 때문에 민주주의의 가치를 훼손할 수 있다거나, 시장에 새로이 진입하고자 하는 신규사업자들이 자사 서비스를 소개할 기회가 감소하고 이는 다시 시장 내 경쟁을 위축시키기 때문에 경제적 효율성을 떨어뜨리며 불공평한 영향으로 인해 공정성을 훼손시킬 수도 있다는 의견을 제시한다.[44] 이와 관련된 검색중립성은 보통 "인터넷 검색엔진이 사용하는 검색 알고리즘의 구조와 검색결과에 있어서 자신의 것과 다른 경쟁 사업자 또는 하류 사업자의 것을 차별하지 않는 것"으로 이해되고 있다.[45]

하지만 "완벽하게 중립적인 검색결과란 결국 검색자의 의도와 전혀 관련 없는 정렬순서로 링크들을 보여주는 것에 불과하여 검색으로서 전혀 의미가 없는 것"[46]이라는 지적이 설득력을 가진다. 공공성과 중립성의 요청이 비교적 큰 언론사에서도 취재를 하고 기사를 배열하는 편집권을 가지듯이, 검색 서비스의 이용자에게 더 많은 편익을 제공하는 검색결과를 제시하여 더 많은 이용자를 끌어들이고자 하는 온라인 플랫폼 사업자도 바로 그 '더 많은 편익을 제공하는' 검색결과를 도출하기 위하여 알고리즘을 끊임없이 조정하게 된다. 온라인 플랫폼 입장에서 스스로 경쟁력을 키워나갈 수 있는 가장 타당한 방법은 그가 제시하는 검색결과가 검색 이용자의 의도를 더 정확하게 반영할 수 있도록 알고리즘을 계속해

---

42) 류민호·김정환·김성철, "검색중립성 연구에 대한 문헌분석: 주요 쟁점과 찬반 논점", 『Information Society & Media』 Vol. 16, No. 3, 2015, 87면.

43) 류민호·김정환·김성철(주 42), 87면; 이황, "디자인 변경에 대한 경쟁법 규제와 구글쇼핑 사건", 『선진상사법률연구』 통권 제90호, 2020, 94면.

44) 류민호·김정환·김성철(주 42), 87면.

45) 이황(주 43), 94면.

46) European Commission, Staff Working Document, Online Platforms, Accompanying the document Communication on Online Platforms and the Digital Single Market, SWD(2016) 172 final, p.31(이황(주 43), 94면 각주 134에서 재인용).

서 조정하는 방안이라 할 것이다. 검색의 결과가 더욱 정교하게 이용자의 검색의
도를 반영할수록 이용자의 만족도가 높아져서 그 플랫폼을 더욱 많이 이용하게
될 것이고, 이는 소비자 전체의 효용성을 높이는 결과가 된다.

2) 롯데쇼핑㈜의 시장지배적지위 남용행위 등에 대한 건[47]에서의 법원의 판단

이 사건의 내용을 간단하게 보면 극장을 운영하는 사업자가 영화 상영과 관
련하여 자신이 배급한 영화와 경쟁배급사업자를 차별취급하였다고 하여 문제된
사례이다. 이는 비록 전통적인 오프라인 극장사업에서 발생한 분쟁이기는 하지
만, 이를 구조적으로 따져보면 플랫폼에서의 거래에서 발생한 분쟁이라는 속성을
가진다는 사실을 알 수 있다. 즉 극장이라는 플랫폼을 두고 한편에는 극장에 자
신들이 배급하는 영화를 더 많이 올려 수익을 극대화하고자 하는 사업자인 영화
배급업자가 있고, 다른 한편에는 극장에 입장하여 상영되는 영화를 시청하는 관
람객이 있는 양면시장이 형성된다.[48] 극장사업자 입장에서는 상영 가능한 수많은
영화중에 관람객의 행태를 정확하게 반영한 영화가 극장의 상영관에 배정되도록
해야 한다. 그래야만 더 많은 관람객이 그 극장을 찾게 될 것이고, 이는 자신의
이익을 향상시킨다. 그런데 더 많은 관람객이 극장을 찾게 된다는 것은 영화배급
업자에게도 더 많은 이익을 가져다 준다는 말이 된다. 때문에 영화배급업자들에
게 그 극장의 선호도가 더 높아지게 하는 교차 네트워크 효과가 나타날 수 있다.

극장에서는 다양한 영화배급업자로부터 영화를 공급받아 가장 많은 관람객을
끌어들일 수 있도록 상영시간, 상영관, 상영일자 등을 정해야 하고, 만약 처음 예
상한 것과 다른 영화가 성공하게 되면 그 영화에 더 많은 상영기회를 배정해야
한다. 이에 대해 서울고등법원은 다음과 같이 설명하고 있다. "영화 상영업자들
은 자신의 수익을 극대화하기 위하여 개봉되는 영화들에 관하여 다양한 흥행 요
소들을 고려하여 정확한 수요예측을 시도한 다음 상영회차와 상영관 규모 등을
결정하게 되며, 실제로 현실화 된 수요가 예측과 다른 경우에는 신속하게 대응하
여 영화별 상영회차와 상영관 규모 등을 조정하게 된다."[49]

극장에서는 영화별 상영회차와 상영관 규모 등을 조정하기 위하여 아래와 같

---

47) 공정거래위원회, 의결 제2015-070호, 2015. 3. 6.
48) 물론 이밖에도 극장에서 영화 상영 전후에 더 많은 광고를 게재하고자 하는 광고업자도 다른
   하나의 시장을 형성하여 다면시장의 성격도 설명될 수 있으나, 본 사건의 전개와는 관련이 없
   기 때문에 더 이상의 논의는 하지 않는다.
49) 서울고등법원 2017. 2. 15. 선고 2015누39165 판결.

은 평가요소와 항목을 고려한 것으로 알려져 있다.

	평가요소	평가항목	비고
영화반응	TSFF모델(원고 내부 흥행 분석시스템) 점수	TSFF모델에서 산출된 예상관객 수	
	업계관계자 및 기자	시사 반응에 대한 별점(각종 매체 별점 평균)	
영화정보	감독	전작의 흥행성적	
	배우	전작의 흥행성적 및 인지도	
	P&A(노출도)	광고 및 마케팅 비용	
	예정 스크린 수	개봉 예정 스크린 수	
	유사 규모 장르 실적	장르, 총 제작비 예산 규모가 비슷한 기 개봉작 입장객	유사 규모 장르의 실적이 좋을수록 점수가 높아짐
	상영등급 및 시간	개봉작 실적에 따라 기준표 작성	
경쟁상황	동시기 상영작 대비 경쟁력	영화진흥위원회 예매 정보(개봉주 월요일 오전 기준)	예매가 많을수록 점수가 높아짐

극장에서 자신이 상영하는 영화들의 상영회차와 상영관 규모 등을 결정하여 제시하는 것은 마치 온라인 플랫폼이 검색결과 목록을 제시하는 것과 같은 의미를 가진다. 극장이 상영회차와 상영관 규모 등을 적절하게 배치하게 되면 더 많은 관람객을 끌어들일 수 있고, 온라인 플랫폼이 적절한 검색결과 목록을 제시하게 되면 더 많은 이용자를 끌어들일 수 있을 것이기 때문이다.

온라인 플랫폼이 자신의 경쟁력과 이용자의 효용을 높이기 위하여 알고리즘을 계속해서 조정하는 과정과 동일하게 롯데쇼핑㈜의 시장지배적지위 남용행위 등에 대한 건에서도 극장이 상영되는 영화의 시간이나 상영관 배정을 조정하는 과정을 서울고등법원은 다음과 같이 설명하고 있다. "수요예측은 영화 자체의 줄거리, 주연, 완성도 등과 같은 요소뿐 아니라 영화관이 위치한 장소, 위 장소를 왕래하는 유동 인구의 규모, 연령대와 직업군, 기호 및 개봉 시기와 사회적 분위기 등까지 포괄하는 사정들을 종합적으로 고려하여 내리는 고도의 경영상 판단 사항에 해당한다."[50]

서울고등법원은 "경영상 판단사항"의 의미가 무엇인지에 대해 설명하지는 않

---

50) 서울고등법원 2017. 2. 15. 선고 2015누39165 판결.

았다. 다만 이는 통상 회사법상의 개념으로 통용되는 "경영판단 원리(Business Judgement Rule)" 개념을 차용한 것으로 보인다. "경영판단 원리"란 "이사들이 필요한 정보를 충분히 수집·조사하고 검토하는 절차를 거친 다음 이를 근거로 회사의 최대 이익에 부합한다고 합리적으로 신뢰하고 신의성실에 따라 경영상의 판단을 내렸고, 그 내용이 현저히 불합리하지 아니하여 이사로서 통상 선택할 수 있는 범위 안에 있는 것이라면, 비록 사후에 회사가 손해를 입게 되는 결과가 발생하였다고 하더라도 그로 인하여 이사가 회사에 대하여 손해배상책임을 부담한다고 할 수 없다"[51]는 것이다. 이는 보통 선관주의의무를 충실히 이행한 이사들의 손해배상책임을 면제해주기 위하여 미국의 판례상 인정되어 오던 법리를 우리나라 판례에서도 도입한 것이라 할 것이다.

롯데쇼핑㈜의 시장지배적지위 남용행위 등에 대한 건[52]에서 서울고등법원이 "경영판단 원리"를 차용하였다고 볼 경우, 그 의미는 극장에서 필요한 정보를 충분히 수집·조사하고 검토하는 절차를 거친 다음 이를 근거로 극장의 최대 이익에 부합한다고 합리적으로 신뢰하고 신의성실에 따라 경영상의 판단을 내렸고, 그 내용이 현저히 불합리하지 아니하여 극장으로서 통상 선택할 수 있는 범위 안에 있는 것이라면 그로 인해 발생하는 문제에 대한 법적인 책임을 부담시킬 수 없다는 뜻이 될 것이다. 이런 의미에서 서울고등법원은 사업자의 재량권이 남용되지 않고 신의성실에 따라 상영회차와 상영관 규모 등을 결정하였다면 비록 결과적으로 자사가 아닌 다른 배급사의 영화에 대하여 다소 불리한 배정이 있었다고 하더라도 공정거래법상의 문제는 발생하지 않는다고 본 것이다. 이러한 설명은 아래의 표현과 같다.

"원고가 위와 같은 기준으로 영화의 흥행예상 등급 및 순위를 도출하더라도 수시로 변화하는 외부변수들을 모두 반영하지 못하는 한계는 여전히 있다 할 것이다. 원고의 영화 편성원칙을 보더라도 다양한 평가항목에 대한 평가자의 주관적인 견해가 포함될 수밖에 없음을 알 수 있다. 따라서 영화 상영업자에게 영화의 흥행예상 등급이나 순위만으로 상영회차를 배정하여야 할 의무가 있는지도 의문이다. 따라서 원고가 원고의 사업부인 롯데엔터테인먼트가 배급한 영화보다

---

51) 대법원 2002. 6. 14. 선고 2001다52407 판결; 대법원 2007. 7. 26. 선고 2006다33609 판결; 대법원 2011. 10. 13. 선고 2009다80521 판결.
52) 공정거래위원회, 의결 제2015−070호, 2015. 3. 6.

흥행예상 순위 또는 흥행예상 등급이 더 높은 다른 배급사의 영화 5편에 대하여 롯데엔터테인먼트가 배급한 영화보다 적은 상영회차를 배정하였다는 사정만으로 위 영화 5편을 현저하게 불리하게 차별 취급하였다고 단정하기는 어렵다."[53]

　이러한 논리구조를 온라인 플랫폼의 알고리즘에 따른 검색결과 제시와 결부시켜 본다면, '만약 온라인 플랫폼 사업자가 다양한 변수들을 조합하여 플랫폼 생태계 전체에 최대한 이로운 결과를 나타낼 수 있도록 신의성실에 따라 경영상의 판단을 내렸고, 그 내용이 현저히 불합리하지 아니하여 플랫폼으로서 통상 선택할 수 있는 범위 안에 있는 것이라면 비록 검색결과 순위에 있어 자사와 타사의 차이가 있었다는 사정만으로 이를 현저하게 불리하게 차별 취급하였다고 단정하기는 어렵다'고 해야 할 것이다.

(3) 네이버쇼핑의 검색 알고리즘의 조정 내지 변경 행위

1) 검색·배열순위의 조정을 통해 오픈마켓 입점사업자를 차별할 이유가 있었는가?

　공정거래위원회는 네이버쇼핑 사건에서 경쟁제한의 효과가 생길 만한 우려가 있는 행위로서 그에 대한 의도와 목적이 있었다는 점을 아래와 같은 검색 알고리즘의 조정 내지 변경 행위가 있었음을 통해 증명하고자 하였다.

〈네이버의 쇼핑 검색 알고리즘 조정·변경 행위〉[54]

행위 사실	주요 내용
경쟁 오픈마켓 랭킹 가중치 하향 조정 ('12년 2월 등)	– 경쟁 오픈마켓 상품에 대해 1 미만의 가중치(0.975 등)를 부여하여 노출 순위 하락
자사 오픈마켓 노출 비중 보장 및 확대	– 쪽당 자사 오픈마켓 상품 노출 비율을 인위적으로 보장하는 방식 도입(15%→20%)

---

53) 한편 동일한 기업집단에 속한 계열회사 사이의 지원행위와 관련된 사건에서도 대법원은 "계열회사들 사이의 지원행위가 지원하는 계열회사를 포함하여 기업집단에 속한 계열회사들의 공동이익을 도모하기 위한 것으로서 특정인 또는 특정회사만의 이익을 위한 것은 아닌지, 지원계열회사의 선정 및 지원 규모 등이 당해 계열회사의 의사나 지원 능력 등을 충분히 고려하여 객관적이고 합리적으로 결정된 것인지, 구체적인 지원행위가 정상적이고 합법적인 방법으로 시행된 것인지, 지원을 하는 계열회사에 지원행위로 인한 부담이나 위험에 상응하는 적절한 보상을 객관적으로 기대할 수 있는 상황이었는지 등까지 충분히 고려하여야 한다. 위와 같은 사정들을 종합하여 볼 때 문제된 계열회사 사이의 지원행위가 합리적인 경영판단의 재량 범위 내에서 행하여진 것이라고 인정된다면 이러한 행위는 본인에게 손해를 가한다는 인식하의 의도적 행위라고 인정하기 어렵다"고 판단한 바 있다. 대법원 2017. 11. 9. 선고 2015도12633 판결.

행위 사실 ('12년 7월, 12월)	주요 내용
자사 오픈마켓 판매 지수 가중치 부여('13년 1월)	– 자사 오픈마켓 상품에 적용되는 판매 지수에 추가 가중 치(1.5배)를 부여하여 노출 비중 상승
동일몰 논리 도입 ('13년 9월)	– 경쟁 오픈마켓 상품에 대해서만 불리한 기준을 적용하 여 자사 오픈마켓 상품을 우대
자사 오픈마켓 노출 제한 (cut – off) 완화 ('15년 4월)	– 네이버페이와 연동되는 자사 오픈마켓 상품 노출 제한 개수를 완화(8→10개)

　　네이버쇼핑 사건에서 공정거래위원회는 네이버쇼핑이 자신이 가지고 있는 X(가격비교 검색서비스 제공자) 시장에서의 행위를 통해 Z(오픈마켓 입점사업자)를 차별하여 Y(오픈마켓) 시장에 영향을 끼치는 구도를 설정하고 있다.

　　Y(오픈마켓) 시장도 하나의 온라인 플랫폼이기 때문에 그 시장의 한쪽 측면인 Z(오픈마켓 입점사업자)가 많으면 많을수록 Y(오픈마켓)를 이용하는 소비자가 더 많아지는 양(+)의 간접적 네트워크 효과가 나타날 수 있다. 네이버쇼핑이 Y(오픈마켓) 시장에 영향을 끼치고자 하는 목적하에 Z(오픈마켓 입점사업자)를 차별하기 위한 X(가격 비교 검색 서비스 제공자) 시장에서의 행위를 했는지 여부는 불분명하다. 기본적으로 네이버쇼핑이 제공하는 가격 비교 검색 서비스를 통한 수익은 Z(오픈마켓 입점사업자)로부터 나오는 것이다. 공정거래위원회에서도 "오픈마켓의 입점사업자가 네이버쇼핑에 지불하는 중개수수료 등 비용을 부담한다. 비교쇼핑서비스에의 노출에 따른 중개수수료는 오픈마켓을 통해 네이버쇼핑에 전달될 뿐이고, 그 수수료 대부분의 실질적인 지불주체는 오픈마켓이 아닌 오픈마켓 입점사업자이다"[55]라고 하며 이를 인정하고 있다.

　　앞서 본 바와 같이 네이버쇼핑은 Z(오픈마켓 입점사업자)가 스마트 스토어를 통해 자신에게 등록하건 다른 오픈마켓에 등록하건 상품이 판매되면 수수료 수익을 얻게 된다. 게다가 Z(오픈마켓 입점사업자)는 반드시 네이버쇼핑에만 등록하거나 아니면 경쟁 오픈마켓에만 등록하는 양자택일의 상황도 아니다. 많은 오픈마켓 입점사업자들은 전환비용이 적고 채널간의 이동이 용이하기 때문에 멀티호밍(multihoming)을 진행하여 복수의 오픈마켓에 입점하고 있고,[56] 당연히 네이버

54) 공정거래위원회, 보도자료, 2020. 10. 6., 5면.
55) 공정거래위원회, 의결 제2021-027호, 2021. 1. 27., 112면.

쇼핑에 입점한 사업자들 중 많은 사업자들은 다른 오픈 마켓에도 입점하고 있다. 이러한 상황속에서 네이버쇼핑에 입점한 사업자에게 우선적으로 판매할 기회를 준다고 해도 동일한 사업자가 다른 오픈마켓을 통해 판매할 기회가 사라진 것일 뿐이라면 네이버쇼핑이 얻는 수익의 측면에서는 영향이 없다. 반대로 생각하면 가격 비교 검색 결과 네이버쇼핑에서 구매하지 않고 다른 오픈마켓에서 구매를 하더라도 두 개의 오픈마켓에 동일한 입점사업자가 있다면 네이버쇼핑이 얻는 수익에서 차이가 없는 것과 같다.

2) 검색·배열순위의 조정으로 인해 오픈마켓 시장의 경쟁상황이 악화되었는가?

공정거래위원회는 네이버쇼핑의 행위로 인해 네이버쇼핑 검색 결과에서 네이버 오픈마켓 상품의 노출 비중이 증가하고 경쟁 오픈마켓 상품의 노출 비중이 감소하였고, 그 결과 오픈마켓 시장에서 네이버의 점유율이 급격히 상승하였다고 보았다.

오픈마켓별 시장 점유율(거래액 기준)[57]

	네이버	A	B	C	D	E	합계
2015년	4.97%	27.03%	38.30%	25.97%	3.15%	0.58%	100.00%
2018년*	21.08%	21.78%	28.67%	18.16%	2.57%	7.74%	100.00%

상기의 표를 보면 공정거래위원회가 설명한 바와 같이 2015년에서 2018년 상반기 사이에 오픈마켓 시장에서 네이버의 점유율이 약 4.2배 상승한 것은 사실이다. 하지만 당해 기간 동안 E도 약 13.3배 상승한 것을 보면 오픈마켓 시장의 구조적인 변화가 감지된다.

즉 2015년 당시의 오픈마켓 시장 구조를 보면 1위인 B가 38.30%, 2위인 A는 27.03%, 3위인 C는 25.97%의 점유율을 가지고 있다. 따라서 상위 3개 사업자의 시장점유율의 합계가 91.30%에 달하는 완전한 과점시장의 형태를 가진다. 그런데 2018년의 경우 1위인 B가 28.67%, 2위인 A는 21.78%, 3위인 네이버는

56) 정연승·김현진, "국내 온라인 쇼핑 유형 및 경쟁 분석: 네이버쇼핑을 중심으로", 『유통경영학회지』 제22권 제1호, 한국유통경영학회(2019), 43면.
57) 공정거래위원회, 보도자료, 2020. 10. 6., 5면. 2018년은 2018년 1월~2018년 6월까지의 합산임.

21.08%의 시장점유율을 보임으로써 상위 3개 사업자의 시장점유율의 합계가 75%가 되지 않아 과점이 해소되었음을 볼 수 있다. 또한 기존에 3위에서 4위 사업자가 된 C의 경우에도 18.16%의 시장점유율을 보임으로써 3위 사업자인 네이버와 격차가 3%도 되지 않아 전체적으로 보면 오픈마켓 시장에서 4개의 사업자가 경쟁을 하는 구도가 되었다. 기존 과점사업자의 시장점유율이 하락하고, 낮은 점유율을 보이던 E와 네이버가 약진하게 된 시장의 변화가 오로지 제3자에게 현저한 부정적 영향을 미치는 남용행위로 평가할 수 있는지 의문이다. 기존 과점사업자인 A, B, C는 점유율이 하락하기는 하였지만 여전히 오픈마켓 시장에서 1위, 2위, 4위의 점유율을 기록하며 경쟁을 이어나가고 있기 때문이다.

3) 인과관계

네이버쇼핑이 비교 쇼핑 검색 결과를 자신에게 유리하게 설정한 행위가 지배적 지위 남용행위로서 공정거래법이 적용되기 위해서는 네이버쇼핑의 행위로 인해 오픈마켓 시장에서 경쟁을 제한하는 효과가 나타났다는 점에 대한 인과관계가 드러나야 한다. 지배적 지위를 가지고 있는 X시장에서의 남용행위가 Y시장에서 경쟁을 제한하는 효과가 나타나는 경우를 우려하는 지배력 전이 문제에서 인과관계가 단절된다면 Y시장에서의 경쟁상황 변화는 Y시장 자체에서의 문제일 뿐 X시장으로부터 건너온 문제는 아니기 때문이다.

구글쇼핑 사건에서는 구글이 지배력을 가진 X(일반 검색서비스) 시장에서의 행위가 Y(비교쇼핑) 시장에 끼친 영향으로 인한 트래픽 변화가 비교적 단순하게 연결된다. 그러나 앞서 설명한 바와 같이 네이버쇼핑 사건에서는 X(가격비교 검색서비스 제공자) 시장에서의 행위를 통해 Z(오픈마켓 입점사업자)를 차별하여 Y(오픈마켓) 시장에 영향을 끼치는 구도가 설정된다.

네이버쇼핑에서 제공하는 가격비교 검색서비스의 결과로서 목록(List)을 제시하는 것은 이에 따라 계약이 체결되는 효과가 나타나는 것이 아니라 청약의 유인(請約 誘引) 행위일 뿐이다. 즉 네이버쇼핑에서 가격비교 검색서비스의 결과를 제시하더라도 그 결과에 따라 Z(오픈마켓 입점사업자)와 Y(오픈마켓)의 거래가 자동적으로 이루어지는 것이 아니라, 검색을 시도한 소비자가 특정 Z(오픈마켓 입점사업자)의 상품을 선정하여 매수의 청약을 하고 입점사업자의 승낙을 거쳐 거래가 이루어지게 되는 것이다. 공정거래위원회는 네이버쇼핑 "두 번째 페이지에 노출된 상품의 경우 첫 페이지에 노출된 상품과 비교하여 클릭 수는 평균 37.74% 수준이며, 열 번째 페이지에 노출된 상품의 경우 클릭 수가 평균 2.56%에 불과한 것으로 나타난다"[58] ⋯ "TNEX의 온라인 쇼핑 소비자의 인식 및 행동에 대한 설문조사[59] 결과도 마찬가지이다⋯ 쇼핑 코너 첫 페이지 내에서 상품 구매를 자주 또는 가끔 한다고 답변한 소비자는 65%인 데에 비해 세 번째 페이지 이후에서 상품 구매를 자주 또는 가끔 한다고 답변한 소비자는 그 절반 수준인 36%에 불과하다"[60]고 하여 소비자들이 구매행태가 네이버쇼핑의 검색 결과에 강하게 연동되어 있음을 나타내고자 하고 있다.

하지만 네이버쇼핑 한 페이지에는 한 두 개의 상품만 나타나는 것이 아니라 40개의 상품이 표시되며, 따라서 세 번째 페이지 이후까지 검색하여 쇼핑을 한 소비자가 36%라고 한다면 그들은 네이버 검색 결과로 제시된 상품을 최소한 120개 이상 살펴보고 구매를 한다는 말이 된다. 소비자가 네이버쇼핑 검색 결과에 많은 영향을 받기는 하지만 전적으로 종속된 상황이 아니라면, 또한 네이버쇼핑 검색 결과의 앞쪽에 네이버쇼핑에만 입점한 사업자뿐만 아니라 다른 오픈마켓 입점 사업자도 나타난다면, 네이버쇼핑이 오픈마켓 입점사업자에 차별행위를 하고 이로 인해 경쟁 오픈마켓이 경쟁에서 불리하게 되었다는 인과관계를 직접적으로 인정하기 어렵게 된다.

또한 만약 네이버쇼핑과 경쟁 오픈마켓이 동일한 시장에서 활동하는 직접적인 경쟁자라고 한다면 네이버쇼핑이 경쟁 오픈마켓인 인터파크, 11번가 등을 배제하는 행위를 하고 경쟁 오픈마켓에서 지배적 사업자가 될 유인이 발생하게 된다. 하지만 네이버쇼핑은 오픈마켓인 동시에 가격비교검색서비스 제공자이다. 네이버쇼핑의 가격비교검색서비스를 통해 경쟁 오픈마켓인 인터파크, 11번가에서 상품이 팔리더라도 네이버쇼핑에 수수료가 지급되기 때문에 네이버쇼핑이 경쟁 오픈마켓인 인터파크, 11번가 등을 배제하는 행위를 할 유인은 낮다고 보아야 한다. 반대로 인터파크, 11번가 등의 오픈마켓 사업자는 네이버쇼핑이 가격 비교 검색 서비스 시장에서 70%의 시장지배력을 가지고 있기 때문에 네이버쇼핑과의 지속적인 제휴를 통해 영업활동을 확대해 나가는 것이 중요하다. 이는 공정거래위원회 심결에서 "인터파크, 11번가, 이베이코리아 등은 네이버쇼핑과의 제휴를

---

58) 공정거래위원회, 의결 제2021-027호, 2021. 1. 27., 149면.
59) 2017. 12. 4.~2017. 12. 5. 동안 만 20~49세 남녀 1,000명을 대상으로 진행하였다.
60) 공정거래위원회, 의결 제2021-027호, 2021. 1. 27., 150면.

중단하였다가 다시 재개하였으며 직매입 상품의 로켓배송서비스를 통해 크게 성
장한 쿠팡조차도 '네이버 검색 기능의 역할 없이 자체적으로 고객 유입을 운영하
는 것은 한계가 있다'며 2018년 11월 다시 제휴를 재개하게 되었다고 밝힌 바 있
다"[61]는 부분을 통해서도 알 수 있다. 그런데 이 부분을 다시 읽어 보면 "인터파
크, 11번가, 이베이코리아 등은 네이버쇼핑과의 제휴를 중단하였다가 다시 재개"
하였음을 알 수 있다. 만약 인터파크, 11번가, 이베이코리아 등 오픈마켓과 가격
비교 검색 서비스 제공자로서의 네이버쇼핑과의 제휴가 네이버쇼핑 일방의 결정
에 의해 중단되었고, 그것이 네이버쇼핑이 자신의 오픈마켓 서비스만을 성장시키
기 위한 의도하에 진행되었다면 그것은 경쟁제한적인 자사우대 행위로 의심할
수 있을 것이다. 하지만 공정거래위원회 심결에서는 이러한 정황은 보이지 않고,
인터파크, 11번가, 이베이코리아 및 쿠팡 등은 네이버쇼핑과의 제휴를 자발적으
로 중단하였다가 자발적으로 다시 재개한 것으로 파악된다. 그렇다면 네이버쇼핑
과의 제휴가 중단되었던 시기에는 인터파크, 11번가, 이베이코리아 및 쿠팡 등
사업자의 판매는 저조하기 때문에 상대적으로 네이버쇼핑 자신의 오픈마켓 점유
율은 올라갈 수밖에 없다.

한편 2019년에 발표된 온라인쇼핑 유형별 입점판매업체 조사 분석 내용[62]을
살펴보아도 매출, 이익, 판매수수료, 판매관리, 판매대금지급, 운영자금 내지 입
점지원 등의 분야에서 네이버쇼핑에 대한 입점 사업자들의 만족도가 오픈마켓이
나 소셜커머스에 비해 상대적으로 높은 수준으로 나타나고 있다.[63] 입점 사업자
들 입장에서는 매출이나 이익이 더 많이 나고, 대금지급도 만족스럽게 진행이 되
는 판매채널에서의 활동에 더 집중하는 경향을 보일 것이기 때문에 오픈마켓의
점유율 하락과 네이버쇼핑의 상승이 오로지 네이버쇼핑의 검색결과 차별행위에
기인한다고 단정할 수 없게 된다.

네이버쇼핑의 오픈마켓 서비스 부분 성장이 간편결제서비스인 네이버페이의
도입과 밀접하게 연결이 되어 있음을 지적[64]한 설명도 네이버쇼핑이 자신의 입

---

61) 공정거래위원회, 의결 제2021−027호, 2021. 1. 27., 168면.
62) 정연승 · 김현진(주 56), 43면 이하.
63) 상세한 수치는 정연승 · 김현진(주 56), 44면 〔표8〕 온라인쇼핑 유형별 입점판매업체 조사
    결과 요약 참고.
64) 김성만 · 송태원, "네이버쇼핑 자사서비스 우대 심결사건에 대한 법적 검토 ─ 시장지배적 지
    위 남용행위 적용을 중심으로 ─",『경제법연구』제20권 1호, 2021, 166면.

점 사업자를 우대하여 경쟁 오픈마켓을 배제했다는 결과의 인과관계를 희석시킨다. 이에 따르면 네이버 오픈마켓 서비스의 시장점유율이 본격적으로 증가하기 시작한 시점은 이 사건 처분 의결서상 검색알고리즘 조정이 있었던 2012년부터가 아니라 2015년 이후부터이고, 2015년은 네이버페이가 도입된 시기이다.[65]

소비자인 네이버페이 가입자가 단기간에 급증하게 되면서 양(＋)의 간접적 네트워크 효과가 나타나 네이버쇼핑 오픈마켓에 입점하는 사업자들도 급증하게 되었다. 동일한 상품이 네이버쇼핑 오픈마켓과 인터파크, 11번가, 이베이코리아 등의 오픈마켓에 등록이 되어 있는 상황을 가정할 때 네이버페이에 가입한 소비자는 그에 따른 혜택을 받기 위하여 네이버쇼핑에서 구매했을 가능성이 높다. 네이버페이에 가입하지 아니한 소비자라고 할지라도 상품 검색 결과 동일한 상품이 네이버쇼핑 오픈마켓과 인터파크, 11번가, 이베이코리아 등의 오픈마켓에 등록이 되어 있다면 네이버쇼핑에서 구매를 진행할 가능성이 높다. 왜냐하면 인터파크, 11번가, 이베이코리아 등의 오픈마켓에 등록이 되어 있는 상품을 구매하기 위해서는 당해 오픈마켓에 접속하여 로그인을 하고 구매절차를 진행해야 하지만, 네이버쇼핑에서 그대로 구매를 하면 새로운 로그인 절차를 생략할 수 있어 그만큼의 소비자 효용이 올라가기 때문이다.

공정거래위원회 심결서상 네이버의 쇼핑 검색 알고리즘 조정·변경 행위는 2012년부터 2015년 사이에 이루어졌다. 그런데 2015년 네이버쇼핑 오픈마켓 시장점유율은 4.97%에 불과하다. 네이버쇼핑 오픈마켓 분야의 성장은 2015년부터 일어났다. 이 사실은 네이버쇼핑의 가격비교 검색서비스에서의 자사우대 행위와 그 차별행위로 인한 경쟁제한적 효과발생의 인과관계가 단절된 것이라고 보아야 할 것이다.

5. 시장지배적지위 남용행위로서의 차별행위와 그 의도 및 목적

시장지배적 사업자의 지위 남용행위임이 인정되기 위해서는 그 행위가 경쟁제한의 효과가 생길 만한 우려가 있는 행위인지 또한 그에 대한 의도와 목적이 있었다는 점이 증명되어야 한다. 이는 대법원이 포스코 판결[66]에서 시장지배적 사업자의 거래거절행위가 그 지위 남용행위에 해당한다고 주장하려면 "그 거래

---

65) 김성만·송태원(주 64), 166면.
66) 대법원 2007. 11. 22. 선고 2002두8626 판결.

거절이 상품의 가격상승, 산출량 감소, 혁신 저해, 유력한 경쟁사업자의 수의 감소, 다양성 감소 등과 같은 경쟁제한의 효과가 생길 만한 우려가 있는 행위로서 그에 대한 의도와 목적이 있었다는 점을 입증하여야 할 것"이라고 판시한 이래 계속 유지되고 있다.

우선 네이버쇼핑의 검색·배열순위의 조정행위를 통해 자신의 입점사업자만을 유리하게 취급하는 차별을 하고, 이로 인해 그 윗 단계의 오픈마켓 시장에서 경쟁제한 효과가 나타났는지 의문이다. 2015년과 비교하여 2018년에 네이버쇼핑의 시장점유율이 급증한 것은 사실이지만, 그로 인해 시장집중도가 오히려 완화되었다. 게다가 네이버쇼핑이 시장지배력을 가지는 가격비교쇼핑 서비스로부터 직접적으로 오픈마켓을 차별하여 시장지배력을 전이하였다는 것이 아니라, 간접적으로 각 오픈마켓에 대한 입점사업자를 차별하여 시장지배력을 전이하였다는 것이 공정거래위원회의 설명이지만, 2015년에서 2018년 사이에 네이버쇼핑의 시장점유율이 급증한 원인이 네이버페이의 도입과 밀접한 관련이 있다는 의견도 제시되는 등 입점사업자를 차별행위와 오픈마켓의 영향에 대한 인과관계가 완전하지 않은 것도 사실이다.

다른 한편으로 공정거래위원회는 네이버쇼핑의 검색·배열순위의 조정행위를 경쟁제한의 의도와 목적을 증명하는 대상으로 삼고 있다. 하지만 검색·배열순위의 설정이 완전히 중립적인 알고리즘을 통해 이루어지는 경우는 오히려 검색서비스 결과의 질이 떨어지기 때문에 타당성을 가질 수 없다는 점이 널리 알려져 있다. 또한 네이버쇼핑의 검색·배열순위의 조정행위는 입점사업자에 대해 적용되었는데, 네이버쇼핑에 직접 입점한 사업자와 소위 경쟁 오픈마켓에 입점한 사업자를 차별하는 것이 네이버쇼핑의 수익과 관련하여 큰 의미가 없음을 알 수 있었다. 관련시장을 좁게 획정해 보면 네이버쇼핑은 자신에 직접 입점한 사업자의 오픈마켓과 경쟁 오픈마켓의 가격비교쇼핑서비스 제공자이지만, 기능을 넓게 보면 오픈마켓 중의 오픈마켓, 즉 국내 최상위 오픈마켓이기 때문에 네이버쇼핑의 입장에서는 누가 어떤 상품을 판매하는가가 문제라기보다는 자신의 검색서비스를 이용하여 구매를 하였는가 아닌가가 더 중요한 문제가 된다. 네이버쇼핑의 입장에서는 경쟁 오픈마켓을 배제하고 자신의 입점사업자에게만 플랫폼을 제공하는 거래거절 행위를 하는 것보다는 간접적 네트워크 효과를 극대화시키기 위해 경쟁 오픈마켓을 자신의 플랫폼 안으로 끌어들이는 전략이 훨씬 중요하다. 그리고 자신의 플랫폼이 소비자들에게 매력적이고 유용하게 활용되기 위해서는 소비자에게 가장 적합한 검색의 결과가 제공될 수 있는 알고리즘을 구성하는 것이 중요하다. 이러한 맥락에서 단순히 어떤 기간 동안 자신의 입점사업자에게 가중치를 부여한 행위만으로 경쟁제한의 의도와 목적이 있었음을 증명하려한 공정거래위원회의 방식에는 의문이 있다.

또한 설령 공정거래위원회가 언급한 대로 네이버쇼핑의 행위에 경쟁제한의 의도와 목적이 숨어 있었음을 인정한다고 하더라도, 그 자체로서 공정거래법을 적용할 수는 없다. 대법원의 포스코 판결의 의미는 경쟁제한의 '의도가 증명'이 되면 공정거래법을 적용할 수 있다는 것이 아니다. 우선 경쟁제한 행위가 존재한다는 점과 그 행위가 시장에 미치는 부정적인 영향이 증명되어야 한다. 그리고 이에 부가하여 '의도도 증명'이 되어야 공정거래법을 적용할 수 있다는 것이다. 오로지 경쟁제한행위가 시장에 부정적인 영향을 미친다는 객관적인 측면만 가지고는 공정거래법상의 시장지배적 지위남용행위를 인정하는데 난점이 따른다. 왜냐하면 이는 시장지배적 지위를 가진 사업자에게 사적자치, 즉 거래상대방 선택의 자유 내지 거래조건 설정의 자유 등을 심각하게 제약할 위험을 가지기 때문이다. 또한 시장지배적 지위남용행위에 대해서는 공정거래법상 형벌이 부과될 수 있다. 즉 구법 제66조(신법 제124조)에 따르면 시장지배적 지위남용행위를 한 자에 대해서는 3년 이하의 징역 또는 2억원 이하의 벌금에 처할 수 있다. 따라서 구성요건적 행위 이외에 고의의 요소가 증명되어야 한다.

정리하여 설명하자면 시장지배적 지위남용행위에 대한 제재를 위해서는 우선 경쟁제한 행위 및 그 행위가 시장에 미치는 부정적인 영향이 전제되어야 한다. 그 후 경쟁제한의 의도가 증명되어야 한다. 대법원은 포스코 판결에서 "거래거절행위로 인하여 현실적으로 위와 같은 효과가 나타났음이 입증된 경우에는 그 행위 당시에 경쟁제한을 초래할 우려가 있었고 또한 그에 대한 의도나 목적이 있었음을 사실상 추정할 수 있다"고 하여 시장지배적 지위남용과 경쟁제한의 효과가 현실적으로 나타났음을 전제로 주관적 요건으로서 경쟁제한의 의도와 목적은 추정될 수 있다는 점을 밝혔다. 반대로 경쟁제한의 의도와 목적이 증명되었다 하더라도 경쟁제한 행위 및 그 행위가 시장에 미치는 부정적인 영향이 전제되는 것은 아니다.

하지만 앞서 본 바와 같이 공정거래위원회의 심결과 서울고등법원의 판결은 차별행위에 대한 경쟁제한성의 증명에서 의문이 해소되지 않았기 때문에 '의도의 증명' 단계 이전에도 공정거래법을 적용하는 것은 무리가 있어 보인다.

V. 맺는말

시장지배력의 전이 행위로서의 자사우대 행위는 다양한 형태로 나타날 수 있다. 구체적으로 보면 우선 거래거절의 형태로 나타날 수 있다. 예를 들어 시장지배력을 가진 유통사업자나 온라인 플랫폼 사업자가 오로지 PB상품이나 자사의 상품만을 거래의 대상으로 하고, 다른 경쟁사업자의 상품은 자신의 유통망이나 온라인 플랫폼에 올리지 못하도록 거래거절을 하는 형태가 될 수 있다. 이때 유통사업자나 온라인 플랫폼 사업자의 지배력이 크면 클수록 시장지배력의 전이효과가 강하게 나타나고 따라서 경쟁자 배제의 효과도 클 수밖에 없다.

거래거절보다 비교적 낮은 경쟁제한성을 가지고 있는 자사우대 행위는 끼워팔기 행위로 보인다. 이미 마이크로소프트 사건에서 OS 시장에서 압도적인 우위를 보유한 마이크로소프트가 윈도우 미디어 플레이어 등을 끼워팔기 한 행위가 시장지배력의 전이 행위로서 문제시 된 바 있다.

마지막으로 자사우대 행위로서 차별적 취급행위는 행위 태양 자체로만 본다면 끼워팔기 행위보다 경쟁제한성이 덜하다고 볼 수 있다. 왜냐하면 기본적으로 상거래에서 거래조건 등은 거래 상대방에 따라 혹은 상황(商況)에 따라 시시각각 변하는 것은 당연하고, 자유의 원칙상 개별거래에 있어 거래조건 등을 달리한다는 것이 모두 위법성이 있다고 볼 수는 없기 때문이다. 따라서 그 차별취급으로 인하여 경쟁사업자가 시장으로부터 배제되거나 시장에서의 경쟁을 침해하는 경우 등 부당한 것일 때에 위법행위가 될 수 있다.

그런데 온라인 플랫폼에서의 자사우대 행위는 이용자가 입력한 검색어에 대한 결과값을 도출함에 있어 플랫폼에 의해 임의의 가중치가 부여된 변수가 포함된 알고리즘을 통해 온라인 플랫폼 자신이 제공하는 상품이나 서비스가 상위에 노출되는 형태로 나타나게 된다. 대법원에서는 "거래조건 차별에 해당하기 위해서는 특정사업자에 대한 거래조건이나 거래내용이 다른 사업자에 대한 것보다 유리 또는 불리하여야 할 뿐만 아니라 그 유리 또는 불리한 정도가 현저하여야 하고, 또 그렇게 차별취급하는 것이 부당한 것이어야 한다"[67]는 입장을 견지하고

---

67) 대법원 2006. 5. 26. 선고 2004두3014 판결.

있으므로 검색 결과의 제시에 있어 우리나라의 경쟁법인 공정거래법상 차별행위가 있는지 여부에 대한 판단은 차별정도의 현저성과 부당성에 기반하게 될 것이다. 즉 검색 결과 제시와 관련된 알고리즘의 조정행위가 특정사업자를 경쟁에서 현저하게 불리하게 하기 위해 이루어졌고, 그 행위에 대한 정당화 요소가 존재하지 않음이 증명되어야 할 필요성이 있다.

EU에서는 검색·배열순위의 투명성 제고와 반경쟁행위의 제거를 위하여 공정하며 비차별적인 조건을 적용해야 하는 의무 사항이 포함된 법규범이 제정되고 있다. 우선 2019년 '온라인 중개서비스 이용사업자를 위한 공정 및 투명성 촉진에 관한 EU규칙 2019/1150'[68](일명 EU P2B법)이 제정되었다. 이에 따르면 온라인 플랫폼 사업자는 검색·배열순위 주요 원칙을 공개해야 한다(제5조). 즉 온라인 플랫폼 사업자가 자사 웹사이트 화면에 배열되는 업체·상품 등의 우선순위를 결정짓는 주요 변수 및 이 변수들이 다른 변수에 비해 상대적 가중치가 부여되는 이유를 약관에 명시하고, 특정 업체의 경제적 대가 지급이 검색·배열순위의 결정에 영향을 미치는 경우 그러한 사실을 약관에 명시하거나 일반 대중에 공개해야 한다.[69]

이밖에도 EU에서 소수의 플랫폼 사업자에 집중된 힘에서 야기되는 문제를 해결하고자 다양한 입법이 추진되었다. 그 중 하나는 불법 콘텐츠의 유통 및 확산을 차단하고 소비자를 보호하기 위한 디지털 서비스법(Digital Service Act)이고, 다른 하나는 디지털 시장법(Digital Market Act, 이하 'DMA'라 한다)이다. EU집행위원회는 '게이트키퍼(gatekeepers)' 역할을 수행하는 온라인 플랫폼의 반경쟁 행위를 해결하기 위해 2020년 12월 15일 DMA 초안을 제안한 이래 수정을 거듭하여 2022년 EU규칙(Regulation) 2022/1925[70]로 DMA가 제정되었다. DMA 제6조 제5항에 따르면 게이트키퍼는 순위 및 관련 인덱싱 및 크롤링에서 게이트키퍼

---

68) Regulation (EU) 2019/1150 of the European Parliament and of the Council of 20 June 2019 on promoting fairness and transparency for business users of online intermediation services, OJ L 186, 11.7.2019, pp.57~79.

69) 자세한 내용은 정신동, "온라인 플랫폼에서의 검색순위 투명성 확보와 그 한계 — EU법과의 비교를 중심으로", 『유통법연구』 제8권 제2호, 2021, 8면 이하 참조.

70) Regulation (EU) 2022/1925 of the European Parliament and of the Council of 14 September 2022 on contestable and fair markets in the digital sector and amending Directives (EU) 2019/1937 and (EU) 2020/1828 (Digital Markets Act), OJ L 265, 12.10.2022, pp.1~66.

자체가 제공하는 서비스 및 제품을 제3자의 유사한 서비스 또는 제품보다 더 유리하게 취급해서는 안 된다. 게이트키퍼는 이러한 순위에 투명하고 공정하며 비차별적인 조건을 적용해야 한다. DMA는 2023년 5월 2일부터 시행되고 있다.

우리나라에서도 이와 유사하게 "온라인 플랫폼 중개서비스업자는 온라인 플랫폼 이용사업자가 되려는 자"에게 "온라인 플랫폼 이용사업자가 판매하는 재화 등의 정보가 온라인 플랫폼에서 소비자에게 노출되는 방식 및 노출 순서의 결정 기준(온라인 플랫폼 이용사업자가 지불하는 수수료가 노출 방식 및 순서에 미치는 영향을 포함한다)"이 포함된 서면 제공의무(제6조 제1항 제10호)가 규정된 온라인 플랫폼 중개거래의 공정화에 관한 제정법률(안)이 추진된 바 있다.

하지만 검색·배열순위의 설정에 있어서 비차별적인 조건을 적용해야 하는 의무에 대해서는 "반드시 불공정 내지 차별적 의도를 가지지 않더라도 공정이라는 가치는 주관적으로 판단되는 영역이므로 완벽하게 '공정하고 비차별적'인 정책 및 조건을 설정하는 것이 쉽지 않을 수 있다"[71]는 비판이 존재한다. 또한 온라인 플랫폼에서 판매되는 재화 등의 정보가 노출되는 방식 및 노출 순서의 결정 기준에 대해 경영판단의 원리가 적용되는 경우에도 경쟁법 위반여부를 판단하는 것은 용이하지 않게 될 것이다.

---

71) 최난설헌, "EU 디지털 시장법의 함의와 경쟁법의 역할", 『선진상사법률연구』 통권 제100호 (2022. 10.), 85면.

[참고문헌]

강지원·임지영, "온라인 플랫폼 사업자의 자사우대에 대한 경쟁법상 허용 범위의 한계 — 네이버쇼핑 사건과 EU Google Shopping 사건, 영국 Streetmap 사건을 중심으로 —", 『경쟁법연구』 제44권, 한국경쟁법학회, 2021.

김성만·송태원, "네이버쇼핑 자사서비스 우대 심결사건에 대한 법적 검토 — 시장지배적 지위 남용행위 적용을 중심으로 —", 『경제법연구』 제20권 1호, 2021.

류민호·김정환·김성철, "검색중립성 연구에 대한 문헌분석: 주요 쟁점과 찬반 논점", 『Information Society & Media』 Vol. 16, No. 3, 2015.

이황, "디자인 변경에 대한 경쟁법 규제와 구글쇼핑 사건", 『선진상사법률연구』 통권 제90호, 2020.

정신동, "온라인 플랫폼에서의 검색순위 투명성 확보와 그 한계 — EU법과의 비교를 중심으로", 『유통법연구』 제8권 제2호, 2021.

정연승·김현진, "국내 온라인 쇼핑 유형 및 경쟁 분석: 네이버쇼핑을 중심으로", 『유통경영학회지』 제22권 제1호, 한국유통경영학회, 2019.

정재훈, "시장지배적 의료기기 사업자의 경쟁제한적 차별행위 — 지멘스 사건을 중심으로 —", 『의료법학』 제23권 제1호, 대한의료법학회, 2022.

최난설헌, "EU 디지털 시장법의 함의와 경쟁법의 역할", 『선진상사법률연구』 통권 제100호, 2022.

Monti, The General Court's Google Shopping Judgment and the scope of Article 102 TFEU. https://ssrn.com/abstract=3963336

제2장

부당한 고객유인과 자사우대

손동환

부당한 고객유인과 자사우대*

손 동 환**

I. 서

현대사회는 급변한다. 경제활동이 종전과 전혀 다른 방식으로 이루어지고 새로운 방식의 경제활동이 종전의 것을 압도하는 경우도 많다. 우리 일상생활도 공급과 소비라는 경제활동에 참여하는 것이 주를 이루므로 그러한 변화를 쉽게 체감한다. 이러한 변화는 산업의 디지털화, ICT산업에서 온라인 플랫폼 중심의 재편, 온라인 플랫폼 중 검색엔진에 대한 의존성, IT혁신산업의 승자독식, 데이터경제시대 등으로 표현된다.

히브리대학 역사학 교수 유발 하라리의 전망은 이러하다.[1] 데이터 시스템에 대한 의존성이 인간의 자유의지를 대신하고, 수많은 데이터를 감당하지 못하여 빅데이터와 알고리즘에 의존하게 될 것이고, 이러한 변화는 데이터를 통제할 수 있는 초인간(호모데우스)의 등장으로 인한 계급의 분화를 가져오거나 데이터를 신봉하는 데이터교의 등장을 가져올 것이다. 또 데이터 시스템에 대한 현대의 의존성을 다음과 같이 이야기한다.

「존과 폴이라는 2명의 남자로부터 구애를 받는 여성이 누구를 선택할 것인가를 구글에게 물으면, 구글은 '난 네가 태어난 날부터 너를 알고 있고 네 유전자정보, 심장기록도 가지고 있어. 네가 존과 폴을 만날 때의 심장박동, 혈압도 기록하고 있어. 너는 외모를 중시하니까 존보다 폴을 선택하려 하겠지만 외모가 사랑하

---

* 이 글은 2022. 10. 21. '공정거래법상 다면플랫폼의 자사우대'라는 주제로 열린 서울대 경쟁법센터 제4차 법정책세미나에서 발표한 글을 수정보완한 것입니다. 부족한 점을 일깨워주신 세미나 토론자들과 논문 심사위원들께 감사드립니다.
** 성균관대학교 법학전문대학원 교수
1) 유발 하라리, 호모데우스, 김영사(2017), 462~463면.

는 관계에 미치는 영향은 14%이야. 나는 그들도 너만큼 잘 알고 있는데 수많은 관계에 관한 수 십 년 통계치를 토대로 나는 너에게 존과 만날 것을 권하고, 네가 만족할 확률은 87%야.'라고 답한다.」

온라인 플랫폼을 중심으로 하는 경제활동의 변화에 대하여, 미국[2]과 EU 경쟁당국[3]은 구글의 비교쇼핑서비스에 관하여 상반된 결론을 내린 바 있고, 우리 공정위도 네이버의 검색결과 등과 관련하여 공정거래법상 시지남용이나 불공정거래행위에 해당한다는 결론을 내리기도 하였다.[4] 이들 결론에 대하여, 자국기업이 온라인 플랫폼을 주도하는 미국과 소위 미국 혁신기업에 절대적으로 의존하는 EU의 입장 차이라거나, 새로운 거대복합기업들의 등장을 가져올 수 있는 현실에 대하여 경쟁당국의 적극 개입이 필요하다거나, 섣부른 개입은 시장왜곡을 가져오고 혁신을 저해할 수 있다거나 하는 식으로 접근할 수도 있다.[5]

앞서 인문학자와 달리 급변하는 경제활동을 경쟁법적 연구대상으로 삼는 경우에는 변화하는 경제현실에 발맞추어 어느 범위까지 공정거래법을 탄력적으로 해석할 수 있을지, 목적론적 해석의 범위를 어디까지 확장할 수 있을지가 과제가 된다. 새로운 경제현실의 포섭을 위한 무리한 해석은 그동안 쌓아올린 경쟁법 해석이나 규제의 예측가능성을 해하는 위험을 가져오기 때문이다.

이 글에서는 온라인 플랫폼 사업자가 쇼핑서비스를 비롯한 전문서비스 시장에도 진출하여 수직통합 등이 이루어진 경우 자사 서비스 등을 우선 노출시킨 행위를 공정거래법상 부당한 고객유인으로 포섭할 수 있는지에 관한 해석론을 시도한다. 먼저 부당한 고객유인이라는 금지유형의 속성, 개별 성립요건에 관한 해석론을 전개하고 이에 터 잡아 위와 같은 온라인 검색플랫폼 사업자의 행위를 부당한 고객유인으로 금지시키는 데 있어서의 고려사항들을 살펴보기로 한다.

---

2) FTC Google Search Statement, 2013, pp.2~4.

3) European Commission Decision of June 27, 2017, Google Search(shopping), Case At39740.

4) 공정위 2021. 1. 27. 의결 2018서감2521(네이버쇼핑부문), 공정위2021. 1. 25. 의결 2018서경0449(네이버동영상부문), 공정위 2021. 1. 20. 의결 2018서감0345(네이버 부동산 부문).

5) 입법론적 접근으로, 강지원·임지영, "온라인 플랫폼 사업자의 자사우대에 대한경쟁법상 허용 범위의 한계 — 네이버쇼핑사건과 EU Google Shopping 사건, 영국 Streetmap 사건을 중심으로 —", 『경쟁법연구』 제44권(2021), 215~217면.

II. 부당한 고객 유인

1. 공정거래법령[6]상 체계

(1) 부당한 고객유인 규정

공정거래법은 불공정거래행위 유형의 하나로 부당한 고객유인을 규정하고(제 45조 제1항 제4호), 이를 금지한다. 고객유인이라는 단어가 가지는 부정적 선입관에도 불구하고, 고객유인은 경쟁의 가장 기본적 수단이므로 이는 장려되어야 할 영역이다. 고객유인은 장려되고 '부당한' 고객유인은 금지된다. 양자를 구분짓는 개념표지는 부당성뿐이다. 그런데 동법 시행령은 이를 부당한 이익에 의한 고객유인(별표2 4의가)과 위계에 의한 고객유인(별표2 4의나), 그밖의 부당한 고객유인(별표2 4의다)으로 세분화하고 있다. 금지되는 고객유인의 객관적 성립요건을 정하고 있으니, 이제 객관적 요건과 부당성 요건의 의미를 정해야만, 금지되는 부당한 고객유인의 범위를 정할 수 있다. 시행령에서 '이익에 의한 고객유인'은 부당성을 요건으로 규정하고, '위계에 의한 고객유인'은 부당성을 요건으로 규정하지 않지만, 합헌적 법령해석 원칙에 비추어도 법률의 위임을 받은 시행령에서 법률이 정한 부당성이라는 요건을 제외할 수 있다고 보기는 어렵다. 이익에 의한 것이건, 위계에 의한 것이건 시행령상 객관적 요건과 부당성 요건 모두를 구비할 때 금지대상이 된다.

(2) 불공정거래행위로서 부당한 고객유인

1) 불공정거래행위에서 부당성

불공정거래행위 금지유형들의 문언상 거래상대방의 존재를 상정하고 있다는 점, 공정거래법은 공정하고 자유로운 경쟁 제한 금지라는 행정목적 달성을 위하여 행정청에 일정한 권한을 부여하고 있는데 단지 거래당사자들 사이의 사적인 불공정을 해소하기 위한 것으로 보기는 어려운 점 등에 비추어 부당성 내지 공정거래저해성[7]은 거래상대방에 대한 영향과 경쟁·거래에 대한 영향 모두를 말한

---

6) 「독점규제 및 공정거래에 관한 법률」을 이하 '공정거래법'이라 약칭한다.

7) 불공정거래행위에서 공정거래저해성과 부당성은 사실상 동일한 의미로 이해하고 있는 것이 통설{권오승·서정, 독점규제법(제5판), 법문사, 426면} 및 판례(대법원 1998. 9. 8. 선고 96누9003 판결)의 태도이다.

다고 설명할 수 있다.

2) 부당한 고객유인에서 공정거래저해성

부당한 고객유인에서 공정거래저해성도 마찬가지인데, 법령상 거래상대방을 경쟁자의 고객으로 정하고 있고, 고객유인은 경쟁수단이라는 점에 비추어 경쟁수단이 경쟁자의 고객에게 불이익을 주고, 그것이 경쟁을 제한하는 것일 때 인정할 수 있을 것이다. 불공정한 경쟁수단에 의해 경쟁이 제한된다는 것은, 외견상 경쟁이 존재하는 것처럼 보이지만 그 실질을 보면 시장에서 사업자들의 성과나 능률에 기하지 않은 경쟁수단이 만연하여 성과경쟁이 어려워지는 경우를 의미한다. 이때 경쟁은 양적인 면이 아니라 질적인 면에서 제한된다고 할 수 있다. 위계·기만의 경쟁수단을 사용하는 사업자와 정당한 경쟁수단을 사용하는 사업자 중에 전자가 시장에서 우위에 서게 되고 후자가 시장에서 퇴출된다면 그와 같은 경쟁수단 사용이 결국은 시장의 다양성을 해하는 셈이 되고, 그 정도까지 이르지 아니더라도 정당한 성과경쟁이 아닌 방법을 사용하는 것이 시장에서 허용되지 못할 정도에 이른다면 그러한 시장은 경쟁이 제한되는 것과 마찬가지라는 관점이다. 경쟁촉진으로 소비자에게 다양한 선택지가 보장되더라도 그 중 무엇을 선택할지에 대한 판단이 주체적이고 합리적으로 이루어지지 않는다면 소비자의 이익은 보장되지 않을 것이고, 한편 소비자의 선택이 주체적이고 합리적으로 이루어지는 환경이 실현되면 경쟁제한행위도 억제할 수 있게 되는 것이다.

2. 부당한 고객유인행위의 성격

(1) 예비행위적 성격

1) 사업자의 거래행위는 고객을 유치하여 나름의 방식으로 거래의 내용을 교섭하여 정하는 과정을 거친다. 이때 거래의 내용이 상대방을 차별하거나, 구속하거나, 불이익을 주거나, 누군가의 사업활동을 방해하거나, 거래가격이 너무 낮거나 하여 공정거래저해성이 인정되면 금지된다. 그런데 부당한 고객유인이라는 금지유형은, 이러한 과정에서 시간순으로는 가장 앞부분에 해당하는, 고객을 유치하는 국면에서의 공정거래저해성을 문제삼는다. 뒤에 이어지는 거래내용이 어떠한지는 묻지 않고, 다만 거래에 이르는 과정에서 고객에게 잘못된 정보를 제공한 행위를 포착하여 금지하는 것이다. 이처럼 부당한 고객유인은 거래 前 단계의 행위를 대상으로 한다는 점에서 상대방이나 시장에 미치는 영향 면에서 모두 예비

행위적 성격을 가진다.

2) 이러한 예비행위적 성격은 몇 가지 유의점을 환기시킨다.

먼저 상대방인 고객에 대한 관계에서이다. 거래 전에 거짓정보를 고객이 제공받더라도, 거래에 이를 가능성이 객관적으로 전혀 없거나 가능성이 있더라도 개별적 교섭 후 실제 거래에 이르지 않은 경우로 한정하여 본다면, 고객에게 아무런 피해가 없는데 이를 굳이 금지할 필요가 있는가 하는 점이다.

다음으로 경쟁에 미치는 영향 면이다. 부당한 고객유인은 성과경쟁이나 능률경쟁이 아니라는 이유만으로 해당 경쟁수단을 금지하는 것이 아니다. 다양한 고객유치수단의 등장은 경쟁을 촉진시키는 면이 크기 때문에 쉽게 금지할 수 없고, 문제된 고객유치수단이 시장에서 자리잡기 전에는 고객에게 어느 정도 영향을 주는지, 당해 사업자에게 얼마나 유리하게 작용하여 경쟁자에게 얼마나 불리하게 작용하는지를 파악하기도 어렵다. 이 단계에서는 경쟁에 미치는 영향을 쉽게 알기 어려우므로, 시장에서 성과나 능률에 입각한 경쟁수단을 봉쇄시킬 정도의 상당한 영향이 예상되는 경우에 금지시키는 것이 적정할 수 있다. 또 당해 고객유치행위로 거래가 성사된 경우라면 당해 거래내용이 경쟁에 미치는 영향에 초점을 맞추는 것이 옳고 거래에 이르는 과정에서의 잘못된 정보제공을 새삼 금지하는 것은 적절하지 않다. 특히 문제된 거래내용으로 거래가 이루어질 것이라는 점을 제대로 알리지 않았다는 면을 들어 부당한 고객유인이라고 보기는 어렵다. 예컨대 사후적으로 고객을 차별할 줄 알았다면, 또는 구속조건을 부가할 줄 알았다면, 또는 거래상 지위를 남용할 줄 알았다면 거래를 개시하지 않았을 것인데 그러한 사정을 알리지 않은 점을 들어 부당한 고객유인으로 규제할 수는 없다는 것이다.

3) 미국에서 FTC법 제5조가 불공정한 경쟁방법, 불공정하거나 기만적 행위 또는 관행을 금지하고 있다.[8] 그 입법취지에 관하여, 연방대법원은 다른 경쟁입법들을 넘어서 맹아적 행위, 즉 발전하면 경쟁법 위반이 될 수 있는 행위들을 금지할 의도로 제정되었다[(FTC v Ind. Federation of Dentist, 476 us 447, 454(1986)]고 확인하였다. 경쟁제한성이 분명하지 않은데 경쟁제한적 행위로 발전할 수 있으므로 금지할 수 있다면, 당해 행위의 심사기준은 경쟁제한성보다 완화된 잣대로 심사하여 금지할 수 있다는 의미가 된다. FTC는 셔먼법이나 클레이

---

8) ABA, Antitrust Law Developments I(Eighth)(2017), pp.659~670.

튼법으로 금지되는지 여부가 명확하지 않은 행위에 대해서 맹아이론을 들어 집행을 확대하였고, 의회와 법원의 감수성에 영향을 받으며 그 인정범위가 변천되어 왔다. 예컨대 배타조건부 거래행위에서 봉쇄율 증명없는 규제(Brown Shoe사건)나 담합의 예비음모(invitation to coordination)에 대한 금지 등이다. 1980년대 항소법원들의 강력한 반론을 고려하여 FTC 스스로도 맹아이론의 적용을 거부하고 종래 경쟁법 원리 내에서만 FTC법 제5조를 적용할 수 있을 뿐이라고 하였다가(General Foods사건), 2009년 인텔 사건에서, 비인텔 CPU 성능을 낮추기 위한 인텔의 소프트웨어 재디자인이 FTC법 제5조 위반이라고 결정하기도 하였다.[9] 또 2015. 8월에 이르러 FTC법이 제정된 1914년 이래로 처음 경쟁정책에 관한 최초 성명을 발표하였는데, FTC법 제5조의 입법의도가 다른 경쟁법보다 넓은 범위를 담당하려는데 있다고 하면서, 특히 경쟁법 정신에 반하는, 성숙하기를 기다리면 다른 경쟁법을 위반하게 될 해악에 대한 규제에 그 취지가 있다고 하였다. 또 그와 동시에 셔먼법상 해결이 가능하면 규제를 자제할 것도 제시하였다. 그 후 2022. 11. 10. 발표한 성명에서 2015년 성명을 대체한다고 선언하게 된다. FTC법 제5조가 셔먼법이나 클레이튼법을 넘어서 경쟁조건에 부정적 영향을 미치는 다양한 불공정한 행위를 포섭한다고 하면서 셔먼법상 합리의 원칙 심사가 아니라 당해 행위가 경쟁에 직간접적 영향을 주는 경쟁수단일 것과 성과경쟁을 넘어서는 불공정한 수단일 것이라는 2가지 심사기준을 제시한 것이다.[10] 2015년 발표와 마찬가지로 2022년 발표 후에도 불공정한 경쟁수단에 관한 논란은 계속될 수 있는데, 이는 2022년 발표에서도 FTC 내부적으로 만장일치 결론에 이르지 못하였던 점에서도 드러난다.[11]

　FTC법 제5조를 둘러싼 논란은, 현재 단계에서 경쟁제한성 증명은 없지만 소비자에 대한 해악이 드러나고 곧이어 경쟁제한적 행위로 발전할 수 있는 행위를 금지할 수 있는지가 주된 대상이다. 이러한 논의는 부당한 고객유인의 해석에도

　9) 75 Fed Reg 48,338(FTC 8,. 10. 2010.).

　10) FTC Restores Rigorous Enforcement of Law Banning Unfair Methods of Competition, https://www.ftc.gov/news－events/news/press－releases/2022/11/ftc－restores－rigorous－enforcement－law－banning－unfair－methods－competition.

　11) FTC는 Commissioner Christine S. Wilson의 반대에도 Lina M. Khan, Rebecca K. Slaughter, Alvaro M. Bedoya의 찬성으로 3:1로 정책성명에 이르렀다. Christine S. Wilson은 반대의견을 발표하면서 그 근거로 실질적 가이던스가 없고 반독점법 판례들의 기반을 흔든다는 점을 들었다.

참조할 점이 있다. 고객에 대한 불이익만으로 쉽게 부당한 고객유인을 인정하는 경우에는 섣부른 집행이 될 수 있고, 또 지나치게 경쟁질서에 대한 영향을 강조하면 규정의 존재의의를 몰각시킬 수 있다는 점이다. 또한 그것이 고정된 것이 아니라 시대변화에 따라 역할이 달라질 수 있다는 점에서도 그러하다.

(2) 부당한 고객유인의 위험범적 성격

부당한 고객유인의 객관적 성립요건의 기본적 얼개는 「거짓 정보 제공 → 고객의 오인 → 거래로의 유인」으로 구성된다. '거짓 정보 제공'은 이익의 제공이나 위계·기만행위를 포섭하는데, 고객에 대한 이익제공도 그것이 단기적으로는 고객에게 유리할 수 있지만 장기적으로는 고객에게 불리한 영향을 주는 것이므로 고객의 합리적 선택을 어렵게 하는 요인이라는 면에서 잘못된 정보제공으로 볼 수 있는 점, 위계·기만행위는 그 자체로 고객에게 잘못된 정보를 제공한다는 점에서 그러하다. 그런데 부당한 고객유인의 단계별 성립요건들을 보면, 객관적 관점에서 볼 때 거짓이라고 판단할 수 있는 정보가 오인의 가능성을 낳고 그것이 거래를 성립시킬 가능성이 있으면 금지한다. 즉 잘못된 정보, 오인, 거래유인의 각 단계별 판단 모두에서 가능성을 기준으로 금지 여부가 결정되는 것이다. 법익 침해 정도를 기준으로 구분하자면, 법익의 침해 前 단계인 법익에 대한 위험 발생만으로 금지하는 셈이다. 이러한 관점에서 각 성립요건을 신중하게 해석해야 할 뿐 아니라 자칫 객관적 성립요건에 포섭되는 경우가 광범위해질 위험이 있으므로 규범적 요건인 공정거래저해성 판단의 역할이 커진다고 할 것이다.

(3) 정보 비대칭성 해소적 성격

「거짓 정보 제공 → 고객의 오인 → 거래로의 유인」의 얼개를 염두에 두면, 부당한 고객유인은 시장실패 중 하나인 정보의 비대칭성을 감안한 불공정거래행위 유형이라고 할 수 있다. 사업자와 고객 사이의 정보의 양이 다르기 때문에 낮은 품질의 상품이 선택되는 역선택이나 도덕적 해이가 나타나는데, 부당한 고객유인은 이러한 정보의 비대칭성에서 발생하는 문제 상황이라 할 수 있다. 만약 제공받은 정보가 잘못되었다고 하더라도 고객이 쉽게 정보의 진위를 파악할 수 있다면 그 정보로 인하여 고객이 오인에 이를 가능성은 낮다. 잘못된 정보를 제공하더라도 시장에서 손쉽게 교정될 수 있는 정보, 예컨대 바나나, 오렌지, 아보카도와 같은 과일의 경우처럼 사업자가 아무리 신선하다고 정보를 제공해 보아야 먹

어보지 않더라도 색깔이나 모양을 보고 손으로 만져보는 등의 탐색만으로(search goods) 손쉽게 그 정보의 진위를 파악할 수 있는 것이라면, 그러한 정보제공은 경쟁당국의 개입 전 시장에서 쉽게 교정될 것이므로 굳이 금지시킬 필요가 없다. 반면 고객이 경험해 보지 않으면 해당 정보의 진위를 파악하기 어려운 경우, 경험해 보더라도 사업자에게 정보가 전속되어 있어 거래 여부를 결정짓는 정보의 진위를 알 수 없는 경우(experience goods) 비로소 시장에 개입하여 당해 행위를 금지시킬 필요가 있다. 이와 같이 정보 비대칭성 해소라는 기능 측면에서 보면, 당해 고객유인 행위를 금지시킬지는 문제된 거짓 정보가 시장에서 즉각적으로 교정 가능한지 여부에 따라 달라질 수 있다. 부당한 고객유인 해당 여부가 정보 비대칭성을 기준으로 정해진다는 것이다.

(4) 거래상 지위남용적 성격

위계 · 기만에 의한 부당한 고객유인행위는, 일방 사업자가 거래상대방보다 자사 제품이나 경쟁사 제품에 관하여 정보 면에서 우위에 있고, 정보 면에서의 우월성에 기초하여 거짓 정보를 거래상대방에게 제시하고 자사 제품을 우량상품으로 오인하게 하여 거래로 유인하는 것이다. 이러한 면에서 부당한 고객유인은 거래상 지위남용과도 유사한 면이 있다. 상대방과의 거래에서 상대적으로 우월한 지위, 상당한 영향을 줄 수 있는 지위에 있는 사업자에게 거래상 지위가 인정되는데, 정보 면에서 사업자들이 거래상대방인 고객보다 상대적으로 우월한 거래상 지위에 있고, 이를 이용하여 정상적인 거래관행을 벗어난, 단순 과장 정도를 넘는 정보를 위계 · 기만의 방법으로 제공할 때 남용행위를 인정할 수 있을 것이다. 물론 거래상 지위남용의 객관적 성립요건이 되는 행위 내용의 면, 거래 내용의 공정성을 공정거래저해성의 핵심적 판단기준으로 삼는 점에서 부당한 고객유인과 차이를 보이지만, 그 속성 면에서 유사성은 인정할 수 있다.

이렇게 보면, '부당한 고객유인'은 사업자가 거래상대방인 고객과 비교하여 정보 면에서 상당한 우위에 있고, 사업자가 제공하는 정보가 고객의 의사결정에 상당한 영향력을 행사할 정도로 시장에서 지배적인 역할을 가질 때 인정할 수 있을 것이다. 만약 사업자 제공 정보의 처리[12]가 사업자에게 전속되어 있고 그의 노하

---

12) 개인정보보호법상 "처리"란 개인정보의 수집, 생성, 연계, 연동, 기록, 저장, 보유, 가공, 편집, 검색, 출력, 정정(訂正), 복구, 이용, 제공, 공개, 파기(破棄), 그 밖에 이와 유사한 행위를 말한다(제2조 제2호).

우를 통해서만 처리되어 거래상대방에게 제공될 수 있는 것이라면 부당한 고객
유인으로 금지되기 쉬울 것이다. 반면 사업자가 제공하는 정보가 그 처리 면에서
거래상대방이 쉽게 개입할 여지가 있다면 쉽게 부당한 고객유인을 인정하기는
어려울 것이다. 거래상 지위남용적 성격에서 정보처리에 대한 거래상대방의 개입
이 얼마나 용이한지 여부가 금지 여부를 정하는 주요기준이 될 수 있는 것이다.

3. 성립요건

(1) 거짓 정보 제공

1) 이익제공과 위계 · 기만행위

공정거래법 시행령은 부당한 고객유인에 관하여 이익제공과 위계 · 기만이라
는 2가지 방법을 거짓 정보제공의 대표적 내용으로 제시하고 있다.[13]

이익제공과 관련해서는 병원 리베이트와 상조회사 이관할인 방식 영업 등이
문제된 바 있다. 병원 리베이트 사건[14]에서 이익을 받는 주체인 처방 병원과 비
용을 부담하는 주체인 환자, 건강보험공단이 분리되어 처방 병원에 대한 이익제
공이 처방약 의사결정에 영향을 미칠 수 있다는 점에서 잘못된 정보제공이라고
할 수 있다. 상조회사 사건[15]에서는 고객이 가입 상조회사를 변경하더라도 종전
납입금을 뺀 잔여 납입금만 부담하면 상조용역을 제공해주는 할인방식이 장기적

---

13) 시행령 별표 2 불공정거래행위의 유형 또는 기준

> 4. 부당한 고객유인
>   법 제45조제1항제4호에 따른 부당하게 경쟁자의 고객을 자기와 거래하도록 유인하는 행
>   위는 다음 각 목의 행위로 한다.
>   가. 부당한 이익에 의한 고객유인
>   정상적인 거래관행에 비추어 부당하거나 과대한 이익을 제공하거나 제공할 제의를 하여
>   경쟁사업자의 고객을 자기와 거래하도록 유인하는 행위
>   나. 위계에 의한 고객유인
>   「표시 · 광고의 공정화에 관한 법률」 제3조에 따른 부당한 표시 · 광고 외의 방법으로 자
>   기가 공급하는 상품 또는 용역의 내용이나 거래조건 및 그 밖의 거래에 관한 사항을 실
>   제보다 또는 경쟁사업자의 것보다 현저히 우량 또는 유리한 것으로 고객이 잘못 알게 하
>   거나 경쟁사업자의 것이 실제보다 또는 자기의 것보다 현저히 불량 또는 불리한 것으로
>   고객을 잘못 알게 하여 경쟁사업자의 고객을 자기와 거래하도록 유인하는 행위
>   다. 그 밖의 부당한 고객유인
>   경쟁사업자와 그 고객의 거래를 계약성립의 저지, 계약불이행의 유인 등의 방법으로 거
>   래를 부당하게 방해하여 경쟁사업자의 고객을 자기와 거래하도록 유인하는 행위

14) 대법원 2010. 12. 23. 선고 2008두22815 판결 등.
15) 대법원 2018. 7. 12. 선고 2017두51365 판결.

으로는 상조용역시장 전체의 부담으로 돌아가 가입고객에게 불이익이 될 수 있음을 간과하도록 만든다는 점에서 잘못된 정보제공이라고 평가할 수 있다. 반면 위계·기만행위는 전형적인 잘못된 정보제공에 해당한다.

　2) 위계·기만행위

　(가) 시행령 내용

　위계·기만의 방법으로, '자신의 제품 등'이 우량상품 또는 우월상품이라거나 경쟁자 제품 등이 불량상품 또는 열등상품이라는 잘못된 정보를 제시하는 것을 시행령상 규정하고 있다. '자신의 제품 등'에는 자신이 공급하는 재화나 서비스의 내용이나 거래조건 및 그 밖의 거래에 관한 사항만 문언상 포함되지만, 이는 예시적인 것으로 자신의 제품 등에 관한 일체의 사항을 의미한다고 할 수 있다. 이 때 '자신의 제품 등'에는 자신과 이해관계를 같이하는 제3자의 제품도 포함된다. 우량상품은 자신의 실제와, 우월상품은 경쟁자 제품과 각 비교한 것인데, 법문상으로는 '우량 또는 유리'하다고 표현하고 있다. 이때 거짓 정보인지 여부는 제공된 정보와 '실제'의 비교를 통해 확인해야 하므로 실제에 관한 엄밀한 증명이 필요하다고 보는 입장[16]도 가능하다. 이는 대가성 부당지원행위에서 상당히 유리한 조건의 거래인지 여부를 판단하기 위해 정상가격을 산출하여 비교하는 방식에서 유추한 것이라 하겠다. 하지만 실제와 제공정보 사이의 정량적 차이에 집중하는 접근은 다시 얼마만큼의 차이가 있어야 위계·기만인지의 문제로 이어지고 결국 보통의 일반소비자 인식을 기준으로 정할 수밖에 없다는 점에서 한계를 가진다. '실제'라는 비교대상을 상정하기 어려운 상황이라도 통상의 거래상대방이 문제된 행위를 객관적으로 위계·기만으로 받아들이는지를 고려하여 정할 수 있다고 보아야 하기 때문이다.

　(나) 유추개념

　형법상 공무집행방해, 업무방해죄의 구성요건적 수단이 되는 위계는, 행위자의 행위 목적을 이루기 위하여 상대방에게 오인, 착각, 부지를 일으키게 하여 그 오인, 착각, 부지를 이용하는 것을 의미한다.[17] 자본시장법(자본시장과 금융투자업에 관한 법률)상 금지유형인 금융투자상품에 대한 불법을 목적으로 사용되는 위

---

16) 홍대식, "온라인 검색서비스에 대한 위계에 의한 부당한 고객유인행위 규정의 적용", 『법학논집』 제24권 제4호(통권 70호), 이화여자대학교 법학연구원(2020. 6.), 83~86면.

17) 대법원 2021. 4. 29. 선고 2018도18582 판결; 대법원 2013. 11. 28. 선고 2013도5117 판결.

계는, 거래 상대방이나 불특정 투자자를 기망하여 일정한 행위를 하도록 유인할 목적의 수단, 계획, 기교 등을 뜻한다.[18] 사기죄의 기망은 널리 재산상의 거래관계에서 서로 지켜야 할 신의와 성실의 의무를 저버리는 모든 적극적, 소극적 행위를 말한다. 또 민법상 사기에 의한 의사표시는 취소할 수 있고, 이는 사기자의 기망행위를 전제로 하는데, 기망행위는 상대방에게 그릇된 관념을 가지게 하거나 강화, 유지하는 일체의 용태를 의미한다.[19]

또 표시광고법(표시·광고의 공정화에 관한 법률)상 기만광고는, 사실을 은폐하거나 축소하는 등의 방법으로 소비자를 속이거나 소비자로 하여금 잘못 알게 할 우려가 있는 광고행위로서 공정한 거래질서를 해칠 우려가 있는 광고를 말한다.[20]

위계에 관한 여러 법령들의 해석에 비추어 보면, 위계고객유인에서 위계·기만행위는, 자신과의 거래로 유인할 목적으로 상대방이 오인할 만한 거짓정보를 제공하는 행위라고 할 수 있다. 그런데 이는 위계·기만행위에 대한 개념 정의가 아닌 위계·기만 고객유인 전체에 대한 개념정의라 할 수 있다. 또 공정거래법 시행령상 실제보다 우량제품, 경쟁제품보다 우월제품이라는 잘못된 정보를 제공하는 것을 위계·기만행위 요소라고 구체화하고 있지만, 이것만으로 장려되어야 할 정당한 고객유인과 명확한 선을 긋기에는 부족하다. 결국 부당한 고객유인에서 위계·기만행위는, 거짓정보 제공부터 시작하여 거래상대방의 오인, 거래로의 유인으로 이르게 하는 일련의 과정이라는 점에 기초해야만 합리적 해석이 가능하다. 고객의 오인, 거래로의 유인을 염두에 두지 않으면 위계·기만행위만을 별개로 떼어놓고 보는 것만으로는 그 실체를 규정짓기 부족한 것이다. 예컨대 제공된 정보에 자사제품을 엄청난 우량제품이라고 하는 내용이 있다고 하더라도 그와 상반되는 내용의 정보들을 누구나 손쉽게 얻을 수 있다면 오인 가능성이 낮아서 이를 금지할 수는 없는 것이다.

3) 현저성 기준

또 정보의 오류 정도 또는 고객의 오인 정도에서 공통적으로 현저성을 요건으로 하고 있다. 현저성은, 착취남용이라고 분류되는 '부당하게 소비자의 이익을

---

18) 대법원 2022. 5. 26. 선고 2018도13864 판결.
19) 송덕수, 민법주해Ⅱ, 박영사(1999), 552면.
20) 대법원 2021. 3. 11. 선고 2019두60646 판결.

현저히 저해할 우려가 있는 행위'의 요건인지라 익숙한 내용이다. 착취남용에 대해서는 시장에 대한 직접개입이라는 성격 탓에 그 요건을 매우 엄격하게 접근하는 경향이 있지만, 위계고객유인에서는 위계·기만의 정도가 단순한 과장을 넘어서 고객에게 영향을 미치는 정도가 매우 크다는 의미로 보는 것이 자연스럽다. 이동통신서비스에 가입하면서 휴대폰을 구입하면 고가 단말기를 할인받아 저렴하게 구입할 수 있는 것처럼 고객을 유인하여 이동통신서비스에 가입하도록 하였는데, 실제로는 장래 지급받을 장려금만큼 휴대폰 가격이 부풀려진 것이었을 뿐 할인 혜택은 없었던 휴대폰·이동통신서비스 결합판매 사건에서, 판례[21]는 '현저성' 요건의 충족 여부를 판단함에 있어서는 계량화·수치화된 위계의 정도가 어떠한지를 유일한 기준으로 삼아서는 안 되고, 이와 함께 사업자가 사용한 위계의 방법이나 태양, 사업자의 위계가 고객의 거래 여부 결정에 미치는 영향의 정도 등을 종합적으로 고려하여야 한다는 원심 판단을 수긍한 바 있다.[22]

(2) 오인의 우려
1) 의   미
판례[23]는 위계·기만행위에 의한 고객유인에서 오인을 '잘못 알게 할 것'이라고 규정한 시행령 문언과 달리 오인될 우려로 충분하다고 한다. 오인이란 고객의 상품 또는 용역에 대한 선택 및 결정에 영향을 미치는 것을 말하고, 오인의 우려란 고객의 상품 또는 용역의 선택에 영향을 미칠 가능성 또는 위험성을 말한다고 밝힌 바 있다.

2) 판단기준
(가) 오인 여부의 판단대상
오인의 우려만으로 충분하다면, 그 오인 여부 판단에서 누구를 기준으로 할 것인지가 중요하다. 판례는 보통의 거래경험과 주의력을 가진 소비자를 상정하고 있다. 법령상 경쟁자의 고객을 행위의 상대방으로 정하고 있지만, 부당한 고객유인은 거래로의 유인을 전제로 하므로 장래의 고객도 포함된다고 할 것이다.[24] 그

---

21) 대법원 2019. 9. 26. 선고 2014두15047 판결.
22) 대법원은 이때 '순수판매가격 + 장려금 = 공급가'로 정한 휴대폰 각 가격요소의 규모나 비율이 상당한 점, 위반행위가 거래전반에 미친 영향, 소비자의 의사결정에 미친 영향 등을 종합 고려한 것이라고 원심 판단을 평가하면서 그 결론을 수긍하였다.
23) 대법원 2019. 9. 26. 선고 2014두15047 판결.
24) 대법원 2002. 12. 26. 선고 2001두4306 판결.

러면 이때 소비자는 막연한 일반적 소비자 집단이 아닌 거래가 이루어질 가능성
이 있는 소비자로 한정적으로 보는 것이 적절하다. 어떤 경우에 오인의 우려가
생기는지는 결국은 개별·구체적으로 판단할 수밖에 없을 것이지만, 거래가 성
사된 경우를 전제로 하면, 오인하지 않았더라면 그러한 거래를 하지 않았을 경우
라고 말할 수 있다. 표시광고법상 오인의 우려를 낳는 광고를 일반 소비자가 받
아들이는 전체적·궁극적 인상을 기준으로 하여 객관적으로 판단한다고 보았지
만[25] 이 역시 개별·구체적 판단에 따른다는 의미라 하겠다.

  (나) 판단기준시기

  판단기준시기에 있어서 ① 위계·기만행위 시점을 기준으로 할 것인지, 아니
면 ② 거래에 이르기까지 전체 과정을 기준으로 할 것인지의 2가지 기준시점을
상정할 수 있다. 판례는 경품행사를 광고하면서 주민등록번호와 휴대전화번호 등
응모자의 개인정보를 수집하여 이를 보험회사에 제공하는 것에 동의하여야만 경
품행사에 응모할 수 있다는 사실을 알리지 않았던 사건에서, 소비자들이 광고 이
후 응모권 작성 단계에서 비로소 올바른 정보를 얻어 잘못된 인식을 바로잡을 가
능성이 있다는 사정만으로는 기만광고가 아니라고 볼 수 없다고 판단한 바 있
다.[26] 이는 앞서 상정한 위계·기만행위 시점 기준설의 입장이다. 그런데 부당한
고객유인은 거짓 정보를 제공하여 오인의 우려를 낳고 거래로 유인되는 일련의
과정으로 이루어지는 행위이고, 오인의 우려 면에서도 현저성이 인정되어야 하는
점에서 표시광고법과 다르며, 정보의 비대칭성을 시장에서 해소할 수 없을 때 비
로소 경쟁당국이 개입한다는 속성을 가지므로, 거래에 이르기 전에 이미 시장에
서 충분히 오인의 우려가 해소될 수 있는 새로운 정보 등이 제공되는 상황을 고
려하는 것이 바람직하다. 이러한 면에서 표시광고법상 오인가능성 판단기준시점
과 달리 공정거래법상 부당한 고객유인 판단에서는 전체과정 기준설이 타당할
수 있다.

  3) 현저성 기준

  성립요건상 오인의 우려에도 현저성이 요구되고, 앞서 본 바와 같이 판례도
사업자의 위계가 고객의 거래 여부 결정에 미치는 영향의 정도가 현저할 것을 요
구하고 있다.

---

25) 대법원 2021. 3. 11. 선고 2019두60646 판결.
26) 대법원 2017. 4. 7. 선고 2016두61242 판결.

거짓 정보로 인하여 거래상대방이 오인에 빠질 우려의 객관적 판단을 위해서는 위계고객유인의 속성과 관련하여 살펴보아야 한다. 먼저 정보비대칭성 해소적 성격에서 보면, 제공된 정보가 시장에서의 일상적인 탐색을 통해서 진위가 밝혀지는 정보인지 여부를 살펴야 한다. 다음으로 거래상 지위남용적 성격에서 보면, 사업자 제공 정보에 거래상대방이 정보의 처리[27] 등의 면에서 열위적 지위에 있고 당해 정보가 사업자에 전속된 것인지 여부이다. 사업자가 제공하는 정보에 거래상대방이 손쉽게 접근할 수 있거나(거래상 지위남용 측면) 그 정보의 진위 여부를 쉽게 판별할 수 있는 경우(정보비대칭성 해소 측면)인지를 살펴야 한다. 이와 같이 정보의 성격이나 정보처리 면에서의 지위의 비교 등을 통하여 오인의 우려에 관한 현저성 여부를 판단할 수 있을 것이다.

(3) 거래로의 유인

부당한 고객유인을 금지하는 것은, 위계·기만 행위를 이용한 경쟁수단을 사용하여 거래에 이르는 것을 막기 위한 것이므로, 위계고객유인은 당연히 거래를 전제로 한다. 이를 앞서 예비행위적 성격이라고 하였다. 거래란 '주고받음, 사고팖'이라는 뜻이므로 상대방 존재를 상정한 것이고, 사적인 경제활동이자 영업의 성격을 가진다고 할 것이다. 이와 같은 거래가 전제되지 아니한 행위는, 거짓정보를 제공하여 고객을 오인시킬 우려를 낳는다고 하여도 부당한 고객유인행위라고 할 수 없다.

법문상 '자기와 거래하도록 유인할 것'을 규정하지만, 자기와 이해관계를 같이하는 제3자와 거래하도록 유인하는 것도 포함된다고 할 것이다. 거짓정보 제공으로 고객의 합리적 선택을 방해하는 점과 위 제3자와 경쟁자 사이에서 경쟁수단 불공정성 여부가 문제되는 점 등에서 동일하기 때문이다.

(4) 공정거래저해성

1) 위계고객유인의 객관적 요건을 구비하였더라도, 위험범적 성격 탓에 포섭 범위가 과도할 수 있다. 이때 공정거래저해성이 표지로서 역할을 한다. 공정거래저해성은, 위계고객유인에 의한 피해가 개인 차원을 넘어서 경쟁질서나 거래질서에 영향을 미치는 것, 즉 경쟁질서를 해치는 결과로 이어지는 경쟁수단의 불공정

---

27) 개인정보보호법상 "처리"란 개인정보의 수집, 생성, 연계, 연동, 기록, 저장, 보유, 가공, 편집, 검색, 출력, 정정(訂正), 복구, 이용, 제공, 공개, 파기(破棄), 그 밖에 이와 유사한 행위를 말한다(제2조 제2호).

성을 의미한다. 그 판단은 입법취지를 고려하고, 여러 제반사정을 종합하여 개별·구체적으로 판단할 수밖에 없다.

2) 판례 태도

판례 태도 역시, 입법취지가 거래상대방과 공정한 경쟁질서 2가지 측면의 보호라는 점을 염두에 두고 제반사정 고려기준(Test of all circumstances)을 제시하고 있다.[28]

다만 판례 기준은, 당해 위계고객유인이 거래상대방을 위계를 사용하여 거래로 유인하는 것을 넘어서 그러한 경쟁수단의 양적 확장 측면, 즉 다수 소비자를 상대로 한 것인지, 파급효과, 동일수단 채택한 사업자들의 수나 규모, 경쟁사업자들의 모방우려, 계속적·반복적인지 여부 등을 중시하고 있다. 이러한 경향은 남부CC 판례에서 이미 예상된 것이다.[29] 불공정거래행위 금지가 사적분쟁해결수단이 아닌 경쟁보호수단이라는 점을 강조하려는 의도로 읽히지만, 구체적 고려요소 선정에는 보다 신중할 필요가 있다.[30] 소수의 거래상대방을 대상으로 하더라도 그 피해 정도가 질서침해에 이른다고 볼 수 있고, 반대로 다수의 거래상대방에게 문제되지만 시장에서 충분히 해결가능한 고객유인행위라면 경쟁질서에 미치는 영향은 작다고도 할 수 있다. 당해 행위가 얼마나 확장가능성이 있는

28) 대법원 2019. 9. 26. 선고 2014두15047판결 위계에 의한 고객유인행위를 금지하는 취지는 위계 또는 기만행위로 소비자의 합리적인 상품선택을 침해하는 것을 방지하는 한편, 해당 업계 사업자 간의 가격 등에 관한 경쟁을 통하여 공정한 경쟁질서 내지 거래질서를 유지하기 위한 데에 있다. 따라서 사업자의 행위가 불공정거래행위로서 위계에 의한 고객유인행위에 해당하는지를 판단할 때에는, ① 그 행위로 인하여 보통의 거래 경험과 주의력을 가진 일반 소비자의 거래 여부에 관한 합리적인 선택이 저해되거나 다수 소비자들이 궁극적으로 피해를 볼 우려가 있게 되는 등 널리 업계 전체의 공정한 경쟁질서나 거래질서에 미치게 될 영향, 파급효과의 유무 및 정도, 문제 된 행위를 영업전략으로 채택한 사업자의 수나 규모, 경쟁사업자들이 모방할 우려가 있는지 여부, 관련되는 거래의 규모, 통상적 거래의 형태, ② 사업자가 사용한 경쟁수단의 구체적 태양, ③ 사업자가 해당 경쟁수단을 사용한 의도, ④ 그와 같은 경쟁수단이 일반 상거래의 관행과 신의칙에 비추어 허용되는 정도를 넘는지, ⑤ 계속적·반복적인지 여부 등을 종합적으로 살펴보아야 한다.
29) 거래상 지위 남용행위의 상대방이 경쟁자 또는 사업자가 아니라 일반 소비자인 경우에는 단순히 거래관계에서 문제 될 수 있는 행태 그 자체가 아니라, 널리 거래질서에 미칠 수 있는 파급효과라는 측면에서 거래상 지위를 가지는 사업자의 불이익 제공행위 등으로 인하여 불특정 다수의 소비자에게 피해를 입힐 우려가 있거나, 유사한 위반행위 유형이 계속적·반복적으로 발생할 수 있는 등 거래질서와의 관련성이 인정되는 경우에 한하여 공정한 거래를 저해할 우려가 있는 것으로 해석함이 타당하다고 할 것이다(대법원 2015. 9. 10. 선고 2012두18325 판결).
30) 공정거래저해성이 아닌 거래상대방의 범위에서 고려하는 태도에 대한 비판적 견해로, 이봉의, 공정거래법, 박영사(2022), 901면.

지를 기준으로 하는 행위 확장론[31)]에 관해서는 일본 공정위의 사건 선택기준에 불과하고 공정거래저해성과는 별개로 보아야 한다는 것이 일본의 통설[32)]이다. 다수의 소비자를 대상으로 한 것인지, 계속적·반복적 성격을 가지는지 여부에 치중하여 불공정거래행위가 아니라고 판단할 경우, 공정거래법이 오히려 거래 상대방의 피해구제를 어렵게 만드는 결과를 가져올 수 있다는 점[33)]을 지적할 수 있다. 판례가 밝힌 위계고객유인을 금지하는 입법취지를 염두에 두고, 1차적으로는 거래상대방의 불이익, 2차적으로 그것이 경쟁질서에 대한 왜곡을 가져오는지를 종합하여 공정거래저해성을 판단하되, 정량적 기준에 매몰되지 않도록 해야 할 것이다.

Ⅲ. 자사우대

1. 자사우대의 개념

자사우대(self-preferencing)는 법률상 개념이 아니고 단어 자체나 그 연원에 부정적 의미가 내포되어 있으므로 신중하게 사용되어야 한다. 다만 논의를 위하여 공정위가 관련 심사지침안[34)]을 예정하면서 사용한 개념을 원용하기로 한다.[35)] 심사지침안에 따르면, 자사우대란 온라인 플랫폼 사업자가 자사 온라인 플랫폼에서 자사의 상품 또는 서비스를 경쟁사업자의 상품 또는 서비스 대비 유리하게 취급하는 행위를 말한다. 자사우대는 온라인 플랫폼 사업자가 자사의 상품 또는 서비스를 경쟁사업자의 상품 대비 우선적으로 노출하는 등 직접적으로 우대하는 행위뿐만 아니라, 자사와 거래하는 온라인 플랫폼 이용사업자의 상품 또는 서비

---

31) 우리 대법원 남부CC 판례와 같이 행위의 상대방의 숫자, 행위의 계속성, 전파성 등에 비추어 양적 확대기회를 가지는지를 기준으로 삼아 공정거래저해성을 판단하자는 일본에서의 주장이다.

32) 根岸 哲, 주석 독점금지법, 有斐閣, 413면.

33) 남부CC판례의 다음 부분이 특히 그러하다. "공정거래법 제23조 제1항은 단순히 불공정한 계약내용이나 사법상 권리의무를 조정하기 위한 것이 아니라 공정한 거래질서 또는 경쟁질서의 확립을 위하여 경제에 관한 규제와 조정이라는 공법적 관점에서 불공정한 거래행위를 금지하는 규정이라고 보아야 한다."(대법원 2015. 9. 10. 선고 2012두18325 판결).

34) 온라인 플랫폼 사업자의 시장지배적지위 남용행위 및 불공정거래행위에 대한 심사지침 제정(안) (2022. 1. 6.자 공정위 보도자료).

35) 위 심사지침안에 관한 해석론으로는, 박준영, "온라인플랫폼 사업자의 반경쟁적 우려에 대한 규범적 대응현황 및 쟁점", 『법학연구』 제32권 제2호, 연세대학교 법학연구원(2022).

스를 그렇지 않은 이용사업자의 상품 또는 서비스 대비 우선적으로 노출하는 등 간접적으로 우대하는 행위도 포함한다.[36]

또 공정위는 위 지침 제정안에서 매우 개괄적이라는 한계는 있지만 자사우대의 사례를 들고 있는데, 이를 중심으로 다음 견본사례가 위계고객유인이 될 수 있는지를 살펴보기로 한다.

> A는 비교쇼핑서비스[37]를 이용하는 소비자들에게 자사 검색결과 노출순위는 적합도, 인기도, 신뢰도 등 객관적 지표에 의해 결정된다고 공지하면서, 자사 및 타사 서비스에 동일한 원칙을 적용하여 노출순위를 결정하고 있다고도 설명하였다. 이와 같은 공지 내용과 달리 A는 검색 알고리즘을 인위적으로 조정하여 자사 오픈마켓 입점업체(A 또는 A관련업체)를 우대하였다.

2. 거짓 정보 제공 여부

(1) 견본사례 검토

공정거래법 시행령은 위계고객유인에 관하여 자사 서비스가 실제 또는 경쟁자보다 우량 또는 우월하다는 잘못된 정보를 제공하는 것을 요건으로 한다.

이에 비추어 A의 행위를 보면, 먼저 A비교쇼핑서비스로의 고객유인이라는 측면에서, 실제로는 자사우대 검색결과를 제공하면서 객관적 기준에 의한 검색결과를 제공한다고 거짓정보를 제공한 것이다. 다음으로 A쇼핑서비스(오픈마켓)로의 고객유인이라는 측면에서, 실제는 검색어 관련성이 높지 않은 A(입점업체)의 검색순위를 높게 매긴 검색결과를 제시하여 실제보다 우량한 제품을 판매한다는 거짓정보를 제시하였다는 것 또는 A(입점업체)가 경쟁자(입점업체)보다 검색어 관련성이 높지 않음에도 검색결과상 우선순위로 노출시켜 경쟁자(입점업체)보다 우

---

36) 각주 34의 위 지침과 같다.

37) EU 경쟁위원회는 구글이 인터넷 일반검색 결과에서 자사 비교쇼핑서비스를 상위에 노출시킨 행위와 관련하여 비교쇼핑서비스를 전문화된 검색서비스라고 하면서 그 특성을 아래와 같이 정의하였다.(Google Search(Shopping) Case. at.39740, 2017.6.27.) "Comparison shopping services are specialised search services that: (ⅰ) allow users to search for products and compare their prices and characteristics across the offers of several different online retailers (also referred to as online merchants) and merchant platforms (also referred to as online marketplaces); and (ⅱ) provide links that lead (directly or via one or more successive intermediary pages) to the websites of such online retailers or merchant platforms."

월한 제품을 판매한다는 거짓정보를 제시하였다는 것 등을 상정할 수 있다.

쇼핑서비스(오픈마켓)로의 유인은, A가 비교쇼핑서비스에서 종합쇼핑몰, 오픈마켓 등(입점업체)의 가격, 거래조건을 비교제시하고, 이들을 비교한 검색결과에서 링크를 통해 직접 제품거래를 할 수 있는 쇼핑서비스(입점업체)로 이동, 구매할 수 있도록 하는 것을 말한다.

(2) 위계고객유인 규제의 실효성

검색엔진의 자사우대가 금지되는 것인지, 아니면 보다 전문적 검색엔진인 비교쇼핑서비스 검색결과에서는 자사우대가 허용되는 것인지, 그 자체로 공정거래법에 위반되는 행위는 아닌지에 관해서 어려운 논의가 예상된다.[38] 그런데 A가 자사제품(입점업체)을 검색결과에서 우선노출한 행위를 자사제품이 실제보다 우량하다는 거짓정보를 제공한 위계고객유인으로 금지할 수 있다면, 경쟁당국 입장에서는 자사우대 관련 논의를 정면으로 다루지 않으면서도 자사우대 검색결과 제공행위를 금지시킬 수 있어 효율적인 규제수단이 될 수 있다. 위계고객유인에 해당되는지에 있어서 주된 관심은, 자사우대조치가 반영된 검색결과를 제시하여 고객의 합리적 선택을 방해하였는지 여부이지, 자사우대 자체의 위법성이 아니기 때문이다.

(3) 거짓정보제공 여부

위계고객유인과 관련해서도 선순위 검색노출을 우량제품이라는 정보제공으로 볼 수 있는지, 검색엔진은 검색어에 객관적으로 관련성 있는 순서로 검색결과를 제시할 의무가 있음에도 이에 반하여 자사우대 조치를 반영한 것인지, 자사우대 조치가 반영된 검색결과라는 점을 공개할 의무가 있는지 등이 문제될 수 있다. 그런데 이는 모두 합리적 고객이 해당 검색결과를 통해 A사(입점업체) 제품이 우량제품이라고 오인하게 될 우려가 생길 정도의 것인지 하는 문제일 뿐이다. 합리적 소비자가 A사의 선순위 검색노출을 두고, 이러한 결과가 'A사 제품이 우월 또는 불량 아니면 그와 무관한 것이구나, 검색결과에 자사우대 조치가 반영된 것이구나, 또는 검색어 관련성만을 기준으로 정해진 것이구나, 아니면 별다른 의미없는 정보로 내가 직접 탐색해서 결정해야 되겠구나'라고 판단할 것인지가 위계고

---

38) 이봉의, "디지털플랫폼의 자사 서비스 우선에 대한 경쟁법의 쟁점", 『법학연구』 제30권 제3호, 연세대학교 법학연구원(2020) 369, 380~386면.

객유인 해당성을 판단하는데 의미가 있다는 것이다.

3. 오인의 우려

(1) 판단기준시점

위계고객유인은 거래로 유인하기까지의 과정에서 불공정한 경쟁수단을 사용하였기에 금지하는 것이므로, 거짓정보를 제공받은 이후 거래 전까지 선택에 필요한 합리적 검색·숙고기간 동안 당해 정보가 선택에 어떤 영향을 미치는지 관찰해서 오인의 우려를 낳았는지를 살펴보는 것이 타당하다. A가 자사우대 반영 검색결과를 제시하였더라도, 소비자가 당해 검색결과를 받은 시점에 곧바로 오인의 우려가 생겼다고 보는 것은, 합리적 소비자라면 하였을 행위, 예컨대 다른 정보나 검색결과를 참고하는 행위 등의 가능성을 전혀 도외시하는 것이다. 사업자의 문제된 정보 제공 이후 거래 여부를 결정할 합리적 시간 동안의 전체과정을 기준으로 삼는 것이 타당할 것이다. 견본사례에서는 소비자의 오인 우려 기준시점과 관련하여 A의 행위 이후 합리적 시간 동안 취득한 정보가 오인 우려를 해소시킬 수 있는 가능성을 고려하지 않았다는 문제점을 지적할 수 있다.

(2) 현저성
1) 정보비대칭성 해소적 성격

공정거래법상 위계고객유인은 정보의 오류 정도나 고객 오인 정도에서 현저성을 요구하고 있다. 검색결과에서 자사제품을 우선노출시키는 행위를 대형마트에서 자신들의 PB상품을 고객주목도가 높은 공간에 배치하는 행위에 빗대어 거짓정보도 아니고 정보 오류 면이나 고객 오인 면에서도 현저성이 없다고 주장하는 것을 흔히 본다.[39] 그런데 대형마트에서는 PB상품과 경쟁상품을 손쉽게 비교할 수 있어 PB상품들만 놓고서 선택해야 하는 상황을 상정하기는 어렵다. 즉 마트 사업자와 소비자 사이에 마트 내 상품에 관한 정보 비대칭성이 있다고 하더라도, 예컨대 어디에 어떤 제품이 있고 각 제품의 가격이나 거래조건이 얼마나 다른지에 관하여 일반 소비자라면 단시간의 쇼핑이라는 검색을 통해 쉽게 해소할 수 있는 성격의 것이다. 다만 이러한 정보비대칭성이라는 면은 제품 성격이나 진열 형태에 따라 달라질 수 있다. 아이스크림 냉장고를 생각해 보자. 상당한 깊이

---

39) 심재한, "자사우대 행위에 대한 공정거래법 적용—네이버쇼핑 사건을 중심으로", 『유통법연구』 제9권 제1호(2022), 91, 110면.

까지 PB 아이스크림들로만 채워져 있어서 다른 제품을 사기 위해서는 50cm까지 파헤쳐야 한다면, 이런 경우까지 시장에서 해소되기는 어렵다.

온라인 비교쇼핑서비스 시장에서 A의 점유율이 절대적 수준이라면 그가 제공하는 정보를 경쟁 비교쇼핑서비스 사업자를 통해 비교하여 그 진위를 파악하는 것은 쉽지 않다. 예컨대 위 아이스크림 냉장고처럼 A사 관련업체들의 상위 검색노출 빈도가 비관련업체보다 훨씬 커서 40개가 노출되는 첫 화면에는 A사 관련업체만 있을 정도이고, 당해 비교쇼핑서비스 사업자 외에는 변변한 경쟁자가 없어서 다른 정보파악이 어렵다면, 경쟁당국의 개입을 통해 정보비대칭성을 해소시킬 필요성은 커진다. 반면 경쟁이 치열한 쇼핑몰 시장에서 자사제품을 검색상위에 노출시켰다면 소비자는 경쟁사 쇼핑몰 검색을 통해 손쉽게 우선노출 검색결과의 진위 내지 적합성을 파악할 수 있게 된다.

A가 자사제품을 우선 검색노출시켰더라도 보통의 거래경험과 주의를 가진 소비자라면 합리적 시간 안에 A 검색결과의 검색어 관련성을 다른 검색을 통해 손쉽게 파악할 수 있고, 우선 검색노출된 상품이 나에게 맞는 우량제품이나 우월제품이라는 인식을 손쉽게 바로 잡을 수 있다면, 정보비대칭성은 시장에서 해소될 수 있다고 하겠다. 이때 판단할 기준이 되는 소비자 집단도 제품의 종류와 특징에 따라 달라질 것이고, 최소한 인터넷쇼핑으로 구매경험이 있는 소비자, 당해 상품에 대한 보통의 거래경험이 있는 소비자들을 판단기준집단으로 삼는 것이 중요하다. 견본사례는 A의 시장점유율, 관련시장에서의 경쟁구도, 우선 검색노출한 제품의 종류나 특징이 드러나지 않는 점에서 문제점을 지적할 수 있다.

2) 거래상 지위남용적 성격

A 비교쇼핑서비스를 통해 제공되는 정보들이 수집, 생성, 검색, 편집 등의 면에서 A에게 전속된 정도가 매우 크고 그 정보들이 소비자들에게 상당한 영향력을 행사할 수 있다면, A의 거짓정보 제공은 거래상 지위남용적 성격을 가지므로 이를 시정하기 위하여 위계고객유인으로 인정된다고 할 수 있다. 앞서 정보비대칭성 해소가 A 제공정보 외 다른 정보를 종합하여 A 정보의 진위파악이나 그 영향을 감소시킬 수 있는지의 문제라면, 거래상 지위남용 해소는 A 제공정보에 대한 접근성, 당해 정보에 대한 소비자의 처리가능성 문제라 할 수 있다.

비교쇼핑서비스 검색결과는 A가 개별 쇼핑사업자들로부터 취득한 정보를 기초로 하므로 정보의 수집, 생성 면에서 A에게 소비자들에 대하여 거래상 지위가 있지만, 정작 소비자들이 원하는 최종 검색결과는 소비자들의 편집이 가능하다는 점에서 거래상 지위남용적 성격이 크다고 하기 어렵다. 예컨대 소비자는 검색결과 순위의 디폴트 값과 달리 높은 가격순, 낮은 가격순, 리뷰많은 순 등으로 순위를 변동시킨 검색결과를 제시받을 수 있다. 이 점에서 디폴트로 지정된 검색결과 순위가 가져올 오인의 우려가 현저한지에 관하여 면밀한 검토가 필요하다 할 것이다.

3) 판례사안과 견본사례 비교검토

선순위 검색노출에 따른 정보오류나 고객오인 정도라는 2가지 측면의 현저성을 정보비대칭성과 거래상 지위 남용적 성격의 관점에서 견본사례와 종래 판례사안들을 비교해 볼 수 있다.

먼저 서울대학교병원의 데이터베이스관리시스템 공급업자 선정을 위해 사이베이스와 경쟁하던 한국오라클이 양자를 비교·제출한 자료가 자료출처부터 자료 기준일시, 성능비교, 사이베이스사 제품의 전산장애 이력 등을 왜곡하여 기재하고 있었던 사건[40]이 있다. 대학병원이 데이터베이스 시스템에 관한 전문적 정보에 대하여 접근하기 어렵고, 그 정보 자체도 경험재로서 직접 사용해 보기 전에는 거래 전 탐색만으로 내용을 확인하기 어려운 정보라는 점에서 정보비대칭성이 크고, 서울대학교병원이 그 정보의 수집, 생성, 편집에 관여할 수 없다는 점에서 정보의 전속성이 높아 진위를 확인하기도 어려운 상황이었다. 이러한 점에서 부당고객유인행위가 인정되었다.

또 고가 휴대폰과 이동통신 서비스 결합판매 사건에서 대법원은, 소비자는 일반적으로 높은 출고가의 단말기는 성능과 품질이 우수하다고 인식하는 반면, 단말기나 이동통신 서비스의 복잡한 가격 구조나 체제를 완전히 이해하지 못한 채 이동통신사인 원고가 제공하는 정보나 유통망의 설명에 의존하여 단말기를 구매하고 이동통신 서비스에 가입하기 마련이라고 판시하였다.[41] 정보비대칭성 및 정보처리전속성이 커서 정보오류 및 고객유인의 면에서 현저성이 인정되어 위계고객유인으로 금지한 것이었다.

이러한 관점에서 견본사례를 보면, 비교쇼핑서비스 검색결과에서 A와 고객 사이의 정보 비대칭성이 어느 정도인지, 정보처리의 전속성 면에서 A행위가 거

---

40) 대법원 2002. 12. 26. 선고 2001두4306 판결.
41) 대법원 2019. 9. 26. 선고 2014두15047 판결.

래상 지위남용적 성격이 있는지, 그를 시정하기 위하여 위계고객유인으로 인정할 수 있는지 등에 관한 내용이 부족하다고 할 것이다. 결국 자사우대조치가 반영된 검색결과인지, 그러한 검색결과를 통해 A오픈마켓 입점제품을 우월·우량한 것으로 오인하는지는 정보비대칭성 정도, 거래상 지위남용적 면에서의 정보처리전속성을 기준으로 현저성 인정 여부 단계에서 최종적으로 결정된다 하겠다.

4. 거래로의 유인

(1) 예비행위성

위계고객유인은 고객을 자신과의 거래로 유인하기 위한 불공정한 경쟁방법이다. 거래를 전제로 한 행위라는 면에서 예비행위적 성격을 가진다. 견본사례에서 A의 행위는 자사 입점업체 제품을 고객에게 팔기 위하여 자사 비교쇼핑서비스 검색결과에 자사 입점업체를 우선노출시킨 것이었다. 이러한 점에서 A행위는 거래전제성이 인정된다.

(2) 무상 행위의 거래전제성

A가 제공하는 검색결과에 자사우대적 조치가 반영되어 있더라도 그를 통하여 최종적으로 고객을 거래로 유인하였는지 의문이 드는 경우들이 있다. 예컨대 일반 검색결과에서 검색엔진 사업자가 높은 광고수수료가 책정된 CP(Contents Provider)의 자료를 우선 노출시켰다고 하자. 이때 검색결과를 구했던 소비자는 단순 호기심에서 검색을 했고 검색결과 화면을 보고 특정 자료를 클릭하여 열람하였을 뿐 그 이후 더 나아갈 거래를 상정하기 어렵다. 이때도 소비자에 대한 검색엔진의 행위는 위계고객유인이 될 수 있는지 하는 것이다. 검색엔진들은 양면시장에서 검색소비자들에게는 무상 서비스를 제공하고 광고주나 CP들로부터 수익을 올린다. 이때 검색엔진이 소비자의 클릭행위로 자료를 보여주고 원래 받아야 할 금원을 받지 않았을 뿐 거래가 이루어진 것이라고 볼 수도 있다. 이때 소비자로부터 많은 클릭수를 받은 CP들은 광고 등을 통하여 수익을 올릴 수 있게 되므로 제3자와의 거래로 이어지게 하는 역할도 한다. 그러면 이때 소비자는 자사우대조치가 반영된 검색결과를 제공받아 합리적 선택에 지장을 받았고 오인하지 않았더라면 클릭하지 않았을 자료를 열람하게 된 것인가. 그에게 어떤 손해가 생겨서 그 손해가 경쟁질서를 왜곡시킨다고 할 수 있는가. 이는 거래전제성 문제

일 수도 있지만 소비자의 검색을 놓고 경쟁하는 사업자들 사이에 경쟁시장을 상
정할 수 있는지를 포함한 공정거래저해성의 문제일 수도 있다.

5. 공정거래저해성

(1) 견본사례 검토

A의 자사우대조치가 소비자의 선택 왜곡을 넘어서 경쟁질서에 어떤 영향을
미치는지 살펴보아야 한다. 판례가 제시한 기준에 따르면 자사우대조치의 파급효
과, 자사우대조치를 영업전략으로 하는 사업자 수나 규모, 그와 같은 조치의 의
도나 구체적 태양, 거래관행 등을 살펴보아야 한다. 그러면 견본사례에서는 A의
시장점유율과 A가 경쟁 오픈마켓을 경쟁에서 배제하려는 의도였는지 아니면 양
질의 제품 판매자들을 적정한 기준으로 선별하여 시장에서 신뢰를 제시하려는
의도였는지 여부, A가 자신과 관련있는 판매자들을 검색결과에서 우선노출한다
는 것이 소비자들에게도 이미 주지된 상황인지 등을 고려할 수 있을 것이다. 그
런데 자사우대 조치가 정상적 거래관행에 반하는지와 관련하여 이미 시장 전체
에서 그러한 행태가 일반적이라면 어떻게 판단할지 문제된다. 자사우대 조치가
시장에 만연하여 이를 금지시킬 필요가 크다고도 볼 수 있지만, 반면 당해 관련
시장이 상당히 경쟁적인 상황에서 이미 시장에서는 자사와 관련된 판매자들이
검색결과에서 우선노출된다는 점이 주지의 사실이라면 합리적 소비자선택을 저
해하고 그것이 불공정한 경쟁수단으로서 공정한 거래질서를 해한다고 보기 어려
운 면도 있기 때문이다. 엄밀하게 검색어 관련성을 객관적으로 반영하여 검색결
과를 산출하는 알고리즘이 존재하고 이를 사용해야 한다면, 전체 시장의 검색결
과는 유사하게 될 것이고 상위노출 빈도가 높은 사업자는 고정된다. 이는 시장참
여 희망자의 시장진입 가능성 면에서는 진입장벽을 높이는 결과가 되어 오히려
소비자 선택의 폭도 제한될 수 있다.[42] 만약 신규 참여자가 검색결과 상위 노출
이 중요하다고 생각하여 그 방법을 모색하다가 플랫폼과 별도 약정을 통해 상위
노출이 가능해지면, 소비자에게는 제품 선택기회가 넓어지고, 쇼핑몰 등의 플랫
폼별로 보다 다양한 검색결과 제시가 가능해지는 면도 생긴다.[43] 플랫폼에서는

---

[42] Joshua D. Wright, 'If Search Neutrality is the Answer, What's the Question?', ICLE Antitrust &
Consumer Protection Program White Paper Series (2011) < http://ssrn.com/abstract=
1807951> 46면 이하.

[43] 물론 이때 공급자 측 거래비용이 증가되고 그 비용이 소비자에게 전가되어 소비자 후생을 해

유통비용을 절감한 가성비 높은 PB상품을 개발하여 상위노출시키는 방법으로 소비자 선택의 폭을 넓힐 수 있다. 이러한 면에서 오히려 정상적 상관행에 부합하지 않는다는 판단은 A의 시장지배력, 온라인 쇼핑시장의 일반적 거래상황 등을 살펴 신중하게 이루어져야 한다.

(2) 무상행위의 공정거래저해성

검색엔진이 제공하는 검색결과를 바탕으로 검색 소비자의 클릭과 열람이 이어지는 것 외에 검색 소비자가 직접 유상의 거래를 하지 않는 경우에도, 검색엔진은 양면시장의 CP나 광고주들로부터 수익을 얻는 모델을 개발하고 있다. 특히 검색엔진이 사실상 직접 CP의 역할을 하는 경우는 CP들과 검색엔진이 경쟁관계에 있게 되는데, 이때도 검색엔진이 자사우대를 반영한 검색결과를 제시할 경우 CP들로서는 사업성과에 영향을 받게 된다. 이들은 소비자의 클릭수를 놓고서 경쟁하는 셈이다.

소비자들이 자사우대 검색결과에 의해 어떤 컨텐츠를 클릭할지에 관한 합리적 선택을 방해받는다고 하더라도, 이 경우 소비자들은 추가적인 유상 거래를 염두에 두지 않고, 상대적으로 선택에 있어서 덜 신중하게 접근하고 합리적 선택의 경향도 감소하게 마련이다. 이때 소비자의 불이익은 상대적으로 객관적 검색관련성이 떨어지는 컨텐츠를 열람하게 되는 것 정도이다. 공정거래법이 고객의 의사결정의 자유나 재산권 보호를 목적으로 하지 않고, 공정한 거래질서를 보호하기 위하여 위계고객유인 행위를 금지하는 것인데, 객관적 검색관련성이 떨어지는 컨텐츠를 열람하게 될 가능성만으로 공정한 거래질서를 침해하였다고 하려면 소비자의 불이익 정도, 거래질서에 대한 영향 등 양 측면 모두에서 그 인정에 신중을 기할 필요가 있다.

고객의 유상거래로 이어지지 않는 자사우대 반영 검색결과는, 소비자들의 합리적 선택을 방해한다기보다 플랫폼 사업자에게 컨텐츠를 제공하는 CP들 중 플랫폼 사업자(관련업체)와 비관련업체를 차별하는데 본질이 있다고 할 것이다. 검색엔진의 차별적 취급이 차별받는 CP들에게 불이익을 주고 사업활동을 곤란하게 하여 경쟁질서를 저해하는 경우에 이를 금지하는 것이 본질적 대응이다. 위험범적 성격을 가지는 위계고객유인의 적용범위를 넓히면 차별적 취급행위로 규제하

할 우려가 생기는 면도 분명하다.

는 것과 비교하여 합리성을 기하기도 어렵다. 자사우대 검색결과의 오류 정도나 고객 오인 정도라는 2가지 측면의 현저성 인정 여부, 그리고 오인 우려 판단의 기준이 될 소비자를 유상거래가 예정된 경우와 달리 낮은 합리성을 가진 소비자 집단으로 상정할 것인지 등의 문제가 생긴다. 반면 차별취급으로 접근하면 차별 취급당하는 거래상대방의 불이익 정도가 사업활동 곤란에 이르는지 등을 검토하면서 앞서 자사우대 검색결과의 오류 정도나 고객 오인 정도가 반영되고 사업활동 곤란이 가져오는 경쟁질서 침해 여부가 보다 선명하게 드러나게 될 수 있다.

Ⅳ. 결

고객유인 행위는 「거짓 정보 제공 → 고객의 오인 → 거래로의 유인」이라는 일련의 과정이라 할 수 있는 성립요건과 공정거래저해성이 인정될 때 부당한 위계고객유인으로 금지된다. 공정위 심사지침안이 들고 있는 자사우대행위가 위계고객유인에 해당하기 위해서는 위계고객유인의 성격에 터 잡은 위 요건들에 해당하는지를 살펴야 한다. 위계고객유인은 위험범적 성격을 가지므로 객관적 성립요건의 거짓 정보 제공과 고객 오인에서 그 정도의 현저성 구비 여부를 면밀히 살펴 그 포섭범위가 지나치게 확장되지 않도록 유의할 필요가 있다. 또 위계고객유인이 정보비대칭성에서 비롯된다는 성격과 거래상 지위남용적 성격이 있으므로 이를 현저성 여부 판단에서 지표로 활용할 수 있다. 즉, 자사 상위노출 검색결과가 있더라도 소비자가 손쉽게 그 정보의 진위를 확인할 수 있다면 정보비대칭성 해소가 시장에서의 검색만으로 이루어질 수 있으므로 위계나 고객오인 면에서 현저성을 인정하기 어렵다. 또 자사 상위노출 검색결과를 제공한 온라인플랫폼 사업자의 제공정보 편집에 소비자가 개입할 수 있다면 위 사업자의 정보제공행위가 거래상 지위남용적 성격을 가진다고 하기 어려워 마찬가지로 현저성을 인정하기 어렵게 된다. 더불어 위계고객유인은 거래를 전제로 한 예비행위적 성격을 가지므로 거래가 전제될 수 없는 단순 검색결과 제공행위에 자사우대조치가 포함되었더라도 쉽게 객관적 성립요건을 충족하였다고 보기는 어렵다. 이때는 양면시장의 다른 면에서 당해 검색결과로 인하여 불이익을 받은 CP사업자 등에 대한 부당한 차별취급 해당 여부를 살피는 것이 합리적이다.

지금까지 공정하고 자유로운 경쟁촉진이라는 관점에서 접근하는 공정거래법

상 목적론적 해석에 의하여 자사우대라는 새로운 경제현실을 어떻게 수용할 수
있을지를 살펴보았다. 기본적 해석의 틀을 유지한 채 합리적 해석의 한계를 찾는
것이 중요하기에 부당고객유인의 성격에 터잡은 성립요건 분석을 시도한 후, 이
에 따라 자사우대라는 행위가 어떻게 포섭될 수 있는지를 분석해 보았다. 아무쪼
록 새로운 경제현실과 외국 경쟁당국의 대응을 소개하는 것을 넘어서 우리 공정
거래법 해석론이 올바로 자리매김하기를 기원한다.

[참고문헌]

1. 국내문헌

(1) 단행본

권오승·서정, 「독점규제법─이론과 실무(제5판)」, 법문사(2022).

송덕수, 「민법주해 Ⅱ」, 박영사(1999).

유발 하라리, 호모데우스, 김영사(2017).

이봉의, 공정거래법, 박영사(2022).

(2) 논 문

강지원·임지영, "온라인 플랫폼 사업자의 자사우대에 대한경쟁법상 허용 범위의 한계 ─ 네이버쇼핑사건과 EU Google Shopping 사건, 영국 Streetmap 사건을 중심으로 ─", 『경쟁법연구』 제44권(2021).

박준영, "온라인플랫폼 사업자의 반경쟁적 우려에 대한 규범적 대응현황 및 쟁점", 『법학연구』 제32권 제2호, 연세대학교 법학연구원(2022).

심재한, "자사우대 행위에 대한 공정거래법 적용─네이버쇼핑 사건을 중심으로", 『유통법연구』 제9권 제1호(2022).

이봉의, "디지털플랫폼의 자사 서비스 우선에 대한 경쟁법의 쟁점", 『법학연구』 제30권 제3호, 연세대학교 법학연구원(2020).

홍대식, "온라인 검색서비스에 대한 위계에 의한 부당한 고객유인행위 규정의 적용", 『법학논집』 제24권 제4호(통권 70호), 이화여자대학교 법학연구원(2020. 6.).

2. 외국문헌

根岸 哲, 주석 독점금지법, 有斐閣.

ABA, *Antitrust Law Developments*(Eighth)(2017).

Joshua D. Wright, *'If Search Neutrality is the Answer, What's the Question?'*, ICLE.

Antitrust & Consumer Protection Program White Paper Series (2011).

제 3 장

온라인 플랫폼 기업의 자사우대에 대한
불공정거래행위 규제

이선희

온라인 플랫폼 기업의 자사우대에 대한 불공정거래행위 규제*

이 선 희**

1. 자사우대와 부당한 고객유인에 관하여

불공정거래행위로서 부당한 고객유인에 대해서는, 1) 거래에 이르기 이전의 단계를 대상으로 한다는 점, 2) 따라서 이 단계에서는 경쟁에 미치는 영향을 쉽게 알기 어려우므로 시장에서 성과나 능률에 입각한 경쟁수단을 봉쇄시킬 정도의 상당한 영향이 예상되는 경우에 한하여 금지시키는 것이 타당하다는 점, 3) 당해 유인행위로 거래가 성사된 경우라면 당해 거래내용이 부당한 차별취급에 해당한다는 등으로 경쟁에 미치는 영향에 초점을 맞추는 것이 옳고, 거래에 이르는 과정에서의 잘못된 정보제공을 새삼 문제 삼는 것이 적절하지 못하다는 점 등을 유념해야 할 것이다.[1] 이러한 측면은 평소 자사우대와 관련하여 생각하지 못할 수 있다는 점에서 더욱 주의를 요한다.

2. 자사우대와 부당한 차별취급에 관하여

자사우대라고 할 때 보통 사람들이 흔히 함께 떠올리는 것은 "대형마트에서 자신들의 PB 상품을 고객 주목도가 높은 공간에 배치하는 것"이다. 이와 같은 행위는 경쟁법상 금지되지 않을 뿐더러 오히려 브랜드 제품의 품질에 뒤지지 않는 상품을 저렴한 가격으로 소비자에게 판매한다는 점에서 소비자후생을 증진시키는 행위로 평가되고 있다. 예컨대 Hovenkamp 교수는 Lina Khan의 논문

---

* 이 글은 서울대 경쟁법센터 2022년 제3차 법정책세미나 토론문을 본서의 취지에 맞게 수정·보완한 것임

** 성균관대학교 법학전문대학원 교수

1) 손동환, "부당한 고객유인과 자사우대", 본서 제2편 제2장 참조.

"Amazon's paradox"를 비판하면서 온라인 쇼핑 서비스를 제공하는 Amazon이 PB 상품으로 건전지를 판매하는 것이 소비자후생을 증진시킨다고 주장한 바 있다.

일각에서는 대형마트의 경우 일반 소비자가 쇼핑을 하면서 단시간 내에 PB 상품을 경쟁상품과 손쉽게 비교할 수 있어서 판매자－소비자 간 정보의 비대칭성을 쉽게 해소할 수 있다는 점에서 경쟁법상 부당한 고객유인의 문제가 없다고 한다. 반면 온라인 비교쇼핑서비스시장의 경우, 해당 온라인 비교쇼핑서비스의 시장점유율, 관련시장에서의 경쟁구도, 우선 검색노출한 제품의 종류나 특징이 드러나지 않는 점 등이 부당한 고객유인에 있어서 정보의 비대칭성 해소와 관련하여 고려되어야 한다는 의견을 제시한다.[2]

그런데 사견으로는 온라인 플랫폼에서의 자사우대가 부당한 고객유인을 성립시키는 것인지를 판단함에 있어서 대형마트에서의 PB 상품진열과의 유사점과 더불어 그 플랫폼의 역할이나 기능과 관련된 고려가 추가되어야 한다고 생각한다.

세계적으로 Google의 자사우대가 주목을 끈 가장 큰 이유는 Google이 제공하는 인터넷 일반검색 서비스로 인하여 쇼핑 서비스 또한 일반에게 널리 보급되었다는 사실 때문이다. Google이 제공하는 일반검색 서비스는 공공서비스가 아니고 광고수입을 기반으로 하여 수익을 얻은 사업이기는 하였지만, Google의 이용자들은 정치, 경제, 사회 등에 관한 지식이나 정보를 얻기 위하여 Google을 이용하면서 Google이 제공하는 정보의 적합도를 신뢰하게 되었다. Google이 일반검색과 관련하여 미국에서 상당한 시장점유율을 차지하는 외에도 유럽연합의 대부분 회원국에서 90% 이상의 점유율을 차지(2016년 기준)하기에 이르게 된 것은,[3] 검색의 편의성 외에 위와 같은 적합도 등과 관련된 이용자들의 신뢰를 보여주는 것이다. Google의 일반검색 서비스에 공공재나 필수설비적 요소가 있다고 볼 여지가 있다고 한다면, 바로 이러한 Google의 성장배경에 기인한 것이라고 할 것이다. 그리고 미국에서 Google에 대한 규제논거 중의 하나로서 민주주의에 대한 위협을 이유로 들고 있는 것도 Google의 지위를 단순한 상인 이상의 것으로 파악하고 있음을 의미한다. 그러나 이와 같은 지위에 서 있는 거대 온라인 플랫폼은 Google을 포함하여 전세계적으로 몇 개 되지 않는다.

---

2) 심재한, "자사우대와 부당한 차별행위", 본서 제2편 제1장 참조.
3) EU 최초로 자사우대를 경쟁법적으로 제재한 구글쇼핑사건은 2017년에 의결이 이루어졌고, 2016년 무렵까지의 경쟁상황을 전제사실로 하고 있다.

그런데 주지하다시피 Google은 Google Shopping이라는 비교쇼핑 서비스도 운영하고 있다. 대형마트에 "물건을 사러" 가는 행위는 인터넷 세상에서는 물품 등의 구매라고 하는 특정한 목적에 따라 바로 Google Shopping 사이트 또는 다른 비교쇼핑 사이트로 들어가 물품 등을 구매하는 것에 상응한다. 그런데 인터넷 이용자들은 압도적인 시장 점유율을 가진 Google의 일반검색 사이트에서 검색하던 도중에 노출된 물품 등의 목록을 보고 구매심리가 발동하기도 하고, 심지어는 물품 등을 구매하기 위한 목적에서도 평소 익숙하게 사용하고 있는 일반검색 사이트에 먼저 들어가 거기에 노출되어 있는 목록을 보고 물품 등을 구매하는 경우가 많아지게 되었다. 그러면서 Google의 이용자들은 물품 등의 쇼핑목록도 일반검색의 경우와 마찬가지로, 적합도, 신뢰도 등 객관적인 지표에 의하여 노출순위가 결정될 것이라고 기대(어쩌면 이러한 기대 자체가 현명하지 못한, 속기 쉬운 보통의 소비자를 기준으로 한 것일 수는 있다)하였을 것이다.

그러나 Google은 (이러한 검색서비스 이용자 또는 소비자의 기대를 저버리고) 알고리즘 디자인변경을 통하여 자사의 비교쇼핑서비스를 일반검색에 있어서 상위에 노출시켰다. 이로써 물품 등을 구매하고자 하는 소비자로서는 다른 비교쇼핑 사이트를 방문하지 않고 바로 Google의 비교쇼핑 서비스에 방문하는 예가 늘어나게 되었고, 이로써 다른 비교쇼핑 사이트에 대한 트래픽을 현저하게 줄어들게 하는 효과가 발생한 것이다. 이 점을 이유로 2017년 유럽연합(EU)은 구글에 대하여 과징금을 부과하는 제재처분을 하였는데, 그러나 사실 유럽연합이 문제삼은 행위는 모든 구글 이용자들이 방문하는 일반 검색 결과에서의 노출방식이지, 물품을 구매하고자 하는 이용자들이 방문하는 구글 쇼핑란 내에서의 노출 방식은 아니었다.

그나마 경쟁법적으로 문제될 수도 있는 온라인상에서의 자사우대는 Google과 같은 몇 개의 거대 온라인 플랫폼 기업에 한정된 문제일 수도 있다. 그런 탓에 자사우대라는 용어가 유럽과 미국의 GAFA 억제론이 만든 것에 불과하다는 비판도 있는 것으로 보인다.[4] 그나마 이러한 Google의 자사우대가 경쟁법적으로 위법한지에 대해서도 유럽과 미국 경쟁당국의 시각이 일치하지 않는 실정이다. 미국에서 Google의 자사우대에 대한 우려는 단순한 경쟁법적인 측면에서만 보기 어렵고 정보제공을 통한 여론형성과 관련된 정치의 문제와 관련되어 있다.

---

4) 주진열, "자사우대금지론에 대한 斷想", 본서 제1편 제3장 참조.

유럽연합에서의 우려는 미국의 거대기업에 의한 유럽 경제의 종속이라는 면도 포함되어 있다. 따라서 자사우대라는 이슈를 순수한 경쟁법적인 면에서 보는 것에는 무리가 있다고 본다.

네이버의 경우를 연상시키는 견본사례에 있어서, A 기업이 비교쇼핑서비스 사이트에서 자사 오픈마켓 입점업체를 우대한 것은, 위 Google의 예와는 차이가 있다고 본다. 일단, 견본사례에서 A 기업이 Google과 같은 지위에 있는 기업인지 여부가 불분명하며, 일반검색 사이트에서의 행태가 문제된 것이 아니다. A 기업이 네이버라면 Google의 경우와 마찬가지로 일반검색 서비스 시장에서 시장지배적 지위(2014~2018년 시장점유율 70% 이상)[5]에 있다는 점은 공통적이지만, Google의 경우와 같이 일반검색의 결과에 자사의 비교쇼핑서비스를 상위에 노출한 것이 아니라 비교쇼핑서비스 사이트에 비로소 들어간 후에 나타나는 노출 순위에서의 우대가 문제된 것이라는 점에서 차이가 있는 것이다.

온라인 플랫폼이 자신의 쇼핑사이트에서 자신이 다루는 제품을 최상단에 노출하는 것은 대형마트가 PB상품을 입구 매대에 진열하는 것과 같은 이치로 볼 수 있다. 국내 주요 온라인 쇼핑업체에 접속하는 일은 고객이 백화점에 입장하는 것과 같다고 할 것이다. 특히 제품을 제조사로부터 사들여 되파는 직매입 비즈니스를 벌이는 온라인 플랫폼들은 그야말로 '온라인판 백화점'이다. 내 백화점에 내 물건을 좋은 곳에 놔 팔겠다는 것을 상식적으로 문제 삼는 사람은 별로 없을 것이다. 그런데도 일각에선 여러 온라인 쇼핑 플랫폼에 대해 "심판이 선수로 뛴다"라고 비판해왔지만, 직매입 기반 업체들까지 모두 '심판'이라고 단정 짓는 것은 지나치다.

유럽연합의 구글 제재는 미국 빅테크 기업들에 맞서 연합 내 회원국들의 경제를 보호하는 차원에서 진행한 것으로 평가된다. 향후 규제방향도 구글을 비롯한 일부 거대 온라인 플랫폼 기업에 한정하고 있다. 한편 미국은 시장을 독식하는 플랫폼 경제가 지나치게 커져서 기업의 혁신을 저해하고 나아가 민주주의를 위협하는 단계에 이르렀다고 보면서 비로소 규제론이 급부상했다. 그럼에도 불구하고 공정위가 자사우대 규제를 '검색 서비스 규제'를 넘어 온라인 쇼핑을 포함한 모든 플랫폼 사업자로 대상을 확장한다면 이는 다른 경쟁당국에 비하여 범위가 지나치게 넓다. 공정위는 온라인 플랫폼의 '자사우대'를 대기업 집단들이 경쟁

---

5) 공정위가 최초로 자사우대를 경쟁법적으로 제재한 네이버쇼핑사건의 의결서 참조.

력 열위(劣位)의 계열회사에게 부당한 자금을 지원한 것 마냥 '특혜' 내지 '차별적인 대우'로 해석하고 있을지 모른다. 하지만 온라인 플랫폼의 자사우대는 데이터 경제에 기반해 새로운 서비스나 사업을 전개하는 과정에서 이뤄지는 것이다. 모든 온라인 플랫폼 사업자들이 경쟁사업자와 똑같은 잣대로 대우받는 것을 강요하면 혁신과 도전정신은 사라지게 될 것이다. 온라인 플랫폼의 자사우대를 규제한다고 하더라도 그 대상을 대폭 축소할 필요가 있다.

3. 나가며

자사우대가 고객을 유인하는 면이 있다고 하더라도 그것이 '부당하다'는 평가를 내리기 위해서는, 1) 거짓 정보제공 → 2) 고객의 오인 → 3) 거래로의 유인에 이르는 인과관계나 공정거래저해성 외에, 주체의 요건에 있어서 제한이 필요하다고 본다.[6] 즉, 온라인 플랫폼 업체라고 해서 자사우대로 인한 부당한 고객유인에 있어서의 주체요건을 당연히 충족하는 것이 아니라, 해당 서비스를 이용하는 자들로 하여금 보통의 상인에 대하여 기대하는 수준 이상으로 검색에 있어서의 중립성·투명성을 요구할 수 있는 지위에 있는 자(이 요건은 공정거래저해성 요건과 관련될 수도 있을 것이다)에 한정될 것이고, 거기에 해당하려면 적어도 앞서 본 Google의 예와 같이 공공재 또는 필수설비적인 요소를 갖추고 있다고 평가되는 등 엄격한 요건이 필요할 것이다.

마지막으로 "완벽하게 중립적인 검색결과란 결국 검색자의 의도와 전혀 관련 없는 정렬순서로 링크들을 보여주는 것에 불과하여 검색으로서 전혀 의미가 없는 것"[7]이라는 견해에 전적으로 동의한다. 그리고 노출순위의 결정요소인 적합도, 인기도, 신뢰도 중 특히 '적합도'라는 것이 많은 요소들을 종합하고 분석하여 도출되는 것으로서 하나의 답을 가진 것도 아니라는 점도 간과되어서는 안 될 것이다.

무엇보다도 앞서 본 바와 같은 엄격한 주체요건을 충족하지 않은 온라인 플랫폼 사업자가 알고리즘 디자인 변경을 통하여 시도하는 획일적인 검색결과로부터의 이탈을 '부당한' 고객유인이라는 이유를 들어 규제하는 것은, 자칫하면 소비자에 대한 다양한 편익의 제공을 통하여 소비자의 선택의 폭을 확대시키고

---

6) 손동환, 같은 글 참조.
7) 심재한, 같은 글 참조.

자 하는 온라인 플랫폼 사업자의 혁신적인 노력을 저해할 위험을 가진다고 할 것이다.

[원문 출처]

제1편　플랫폼의 자사우대와 남용규제

제1장　이봉의, "디지털플랫폼의 자사 서비스 우선에 대한 경쟁법의 쟁점", 『법학연구』
　　　제30권 제3호, 연세대학교 법학연구원(2020).

제2장　윤신승, "온라인 플랫폼의 자사우대(Self-preferencing) 규제에 관한 일고(一
　　　考) ― 공정거래법상 시장지배적 지위 남용행위 해당 여부를 중심으로", 『법학논집』
　　　제27권 제3호, 이화여자대학교 법학연구원(2023).

제3장　주진열, 서울대 경쟁법센터 2022년도 제3차 법정책세미나 발표문, 2022.

제4장　정재훈, 서울대 경쟁법센터 2022년도 제3차 법정책세미나 토론문, 2022.

제5장　장품, 서울대 경쟁법센터 2022년도 제3차 법정책세미나 토론문, 2022.

제2편　플랫폼의 자사우대와 불공정거래행위 규제

제1장　심재한, "자사우대 행위에 대한 공정거래법 적용", 『유통법연구』 제9권 제1호,
　　　2022; "온라인 플랫폼의 검색결과 제시와 경쟁촉진 및 소비자 보호" 『유통법연구』
　　　제9권 제2호, 2022.

제2장　손동환, "부당한 고객유인과 자사우대", 『법조』 제71권 제6호, 2022.

제3장　이선희, 서울대 경쟁법센터 2022년도 제3차 법정책세미나 토론문, 2022.

사항색인

[집필진 약력]

이봉의 서울대학교 법학전문대학원 교수

윤신승 전남대학교 법학전문대학원 교수

주진열 부산대학교 법학전문대학원 교수

정재훈 이화여자대학교 법학전문대학원 교수

장 품 법무법인[유] 지평 변호사

심재한 영남대학교 법학전문대학원 교수

손동환 성균관대학교 법학전문대학원 교수

이선희 성균관대학교 법학전문대학원 교수

(이상 집필순)

서울대 경쟁법센터 경제법총서 02
공정거래법상 온라인 플랫폼의 자사우대

초판발행	2023년 8월 20일
지은이	이봉의·윤신승·주진열·정재훈·장품·심재한·손동환·이선희
펴낸이	안종만·안상준
편 집	이승현
기획/마케팅	손준호
표지디자인	이솔비
제 작	고철민·조영환
펴낸곳	(주)박영사
	서울특별시 금천구 가산디지털2로 53, 210호(가산동, 한라시그마밸리)
	등록 1959. 3. 11. 제300-1959-1호(倫)
전 화	02)733-6771
f a x	02)736-4818
e-mail	pys@pybook.co.kr
homepage	www.pybook.co.kr
ISBN	979-11-303-4533-8 94360
	979-11-303-4453-9 (세트)

copyright©이봉의·윤신승·주진열·정재훈·장품·심재한·손동환·이선희, 2023, Printed in Korea

정 가   24,000원